财智睿读

THE GAME STUDY ON UPSTREAM AND
DOWNSTREAM DIVISION OF
LABOR IN GLOBAL VALUE CHAINS

中美全球价值链
上下游分工
博弈研究

田宇涵 ◎ 著

中国财经出版传媒集团

经济科学出版社
Economic Science Press

·北 京·

图书在版编目（CIP）数据

中美全球价值链上下游分工博弈研究／田宇涵著．
北京：经济科学出版社，2024.7. -- ISBN 978 - 7 - 5218 -
6098 - 6

Ⅰ. F125.571.2

中国国家版本馆 CIP 数据核字第 2024P8W113 号

责任编辑：刘战兵
责任校对：隗立娜
责任印制：范　艳

中美全球价值链上下游分工博弈研究

ZHONGMEI QUANQIU JIAZHILIAN SHANGXIAYOU FENGONG BOYI YANJIU

田宇涵　著

经济科学出版社出版、发行　新华书店经销
社址：北京市海淀区阜成路甲 28 号　邮编：100142
总编部电话：010 - 88191217　发行部电话：010 - 88191522
网址：www.esp.com.cn
电子邮箱：esp@esp.com.cn
天猫网店：经济科学出版社旗舰店
网址：http://jjkxcbs.tmall.com
北京季蜂印刷有限公司印装
710×1000　16 开　15.25 印张　250000 字
2024 年 7 月第 1 版　2024 年 7 月第 1 次印刷
ISBN 978 - 7 - 5218 - 6098 - 6　定价：88.00 元
（图书出现印装问题，本社负责调换。电话：010 - 88191545）
（版权所有　侵权必究　打击盗版　举报热线：010 - 88191661
QQ：2242791300　营销中心电话：010 - 88191537
电子邮箱：dbts@esp.com.cn）

前　言

随着经济全球化不断深入，世界各国都在全球范围内进行有效的资源优化配置，产品生产环节不断被改进细分，形成了全球价值链分工格局。中国作为一个发展中国家，近年来发展迅速，在自然资源和劳动密集型产业方面形成了比较优势，从事附加值低的生产活动，处于价值链的低端。美国作为一个发达国家，在技术密集型产业中普遍具有比较优势，主要从事附加值较高的生产活动，处于价值链的高端。两国在全球价值链上下游的分工博弈已成为人们关注的问题。本书主要的研究目标是探索两国在全球价值链中的分工博弈，进而为中国提升在全球价值链中的地位建言献策。

本书在分析中美全球价值链分工状况的基础上，构建了全球价值链上下游分工博弈模型，实证研究了贸易摩擦对两国在全球价值链中上下游分工博弈的影响。本书共分为6章。

第1章是绪论，包括研究背景及意义、文献综述、研究内容、研究思路及方法和创新与不足之处。

第2章是理论基础，包括贸易摩擦、全球价值链分工和产业链博弈的相关理论。

第3章对中美参与全球价值链分工状况进行了分析。对中美两国在全球价值链中的上下游分工地位进行了典型化事实分析，分别从增加值贸易、价值链关联、全球价值链嵌入程度展开研究。2000～2014年，从增加值贸易来看，中国对美国的增加值出口大于美国对中国的增加值出口，且中国对美国的增加值出口更多地分布于低技术制造业、农业、采矿和采石业，而美国对中国增加值出口更多地分布于服务业和高技术制造业；在价值链关联方面，中国对美国的中间品出口规模大于自美国的进口规模，而美国产业前向增加值的平均水平和产业之间差异水平均比中国高；在全球价值链嵌入程度方面，中国在简单全球价值链中更具有规模优势，而美国在复杂价值链中更有竞争力。为了维护在全球的经济、贸易和科技利益，美国针对中国的部分高科技行业加征关税，贸易摩擦由此引发。对双方征税清单进行比较可以看出，美国加征关税产品多于中国，加征规模大于中国。

第4章是中美全球价值链分工博弈模型分析。本章在第三国市场模型中加入了贸易摩擦因素，构建了中美全球价值链上下游分工博弈模型，根据博弈类型（价格博弈和产量博弈）和博弈顺序（同时博弈和先后博弈）求解中间品价格和厂商利润，与垄断优势和关税均有关。中间品价格与垄断优势正向相关，而与关税负向相关。在产量博弈中，同时博弈的中间品价格高于先后博弈，而在价格博弈中，先后博弈的中间品价格高于同时博弈。博弈的先后顺序对企业的利润有影响。在产量博弈中，本国中间品生产企业先后博弈的利润小于同时博弈的利润。在产量博弈、同时博弈和先后博弈中，本国中间品生产厂商的利润随着垄断优势增加而增加。

第5章是中美全球价值链上下游分工博弈的实证分析，从实证角度对中美全球价值链上下游分工博弈进行了进一步量化与分析，从指标设定到实证模型设定、内生性检验、稳健性检验和劳动力异质性分析角度展开研究。本章得出以下结论：从贸易摩擦起始时间和持续时间角度看，中美贸易摩擦会扩大两国的增加值出口差距。贸易摩擦起始时间提前会减少前向增加值差距、增加值前向分解项中的参与复杂全球价值链第一种类型（即中间品出口中由进口商再转出口，最终被来源国吸收的部分）的差距、参与复杂全球价值链第二种类型（即中间品出口中，进口商再转出口，最后被他国吸收的部分）的差距、生产后向长度的差距和全球价值链参与地位的差距。而贸易摩擦持续时间延长会扩大后向增加值差距、增加值前向分解中参与简单全球价值链的增加值的差距（即跨国家生产的简单生产共享价值，中间品出口中由进口商直接吸收部分的差距）、参与复杂全球价值链第二种类型（即中间品出口中，进口商再转出口，最后被他国吸收的部分）的差距，以及增加值后向分解项中参与简单全球价值链的增加值的差距（即跨国家生产的简单生产共享价值，中间品出口中由进口商直接吸收部分的差距和增加值后向分解项中全球价值链增加值之和的差距）。贸易摩擦发生得越早，越会缩短中美在价值链参与地位上的差距，越会扩大中美全球价值链参与度的差距。贸易摩擦持续时间延长会缩小中美两国全球价值链分工参与地位的差距。内生性以及稳健性检验使用了双向固定工具变量回归模型，结论较为稳健。经进一步对劳动力异质性进行分析发现，无论劳动力技能熟练与否，贸易摩擦的持续时间均会拉大美国和中国的出口增加值的差距，而贸易摩擦爆发时间对投入中技能劳动的产业和低技能劳动的产业均会有反向影响，缩小中美两国出口增加值的差距。而且中低技能劳动者的劳动时间和报酬均会影响出口增加值差距：劳动报酬减少会扩大出口增加值差距，劳动时间延长会缩减出口增加值差距。

因此，中国处于全球价值链的低端，而美国居于全球价值链的高端，可以通过垄断优势和关税调节中间品价格，提高企业利润。且在产量博弈的产业中，本国中间品生产企业应选择可获得更高利润的同时博弈。贸易摩擦持续时间会扩大两国全球价值链分工收益的差距，贸易摩擦发生时间针对不同的全球价值链指标影响不同。

基于研究结论，本书提出了相应的政策建议，包括：在产业方面，加快产业结构优化调整，培育战略性新兴产业，提升产业竞争力；在科技方面，加快科技研发，全面提升我国自主创新能力；在对外贸易方面，稳定对外开放政策，积极拓展海外市场，转变外贸发展模式，减少贸易摩擦。

由于 WIOD 数据库中的最新数据为 2014 年的数据，所以本书从中截取 2000～2014 年的数据，对中美两国在全球价值链中的分工及地位进行分析，其结论对于未来提高我国企业在全球价值链中的地位仍有较大的借鉴价值。

目　录

第1章

绪　　论

1.1　研究背景及意义

1.1.1　研究背景

近年来，欧美等西方国家的贸易保护主义盛行，逆全球化态势愈发明显，严重影响了全球贸易的发展，对全球价值链分工造成了巨大的影响，而中美在全球价值链分工中的博弈将会是一个长期反复的过程。

中美价值链分工博弈不仅会影响双边贸易发展，而且会影响两国的经济利益。由价值链分工引起的贸易摩擦不仅会使得中间品贸易成本加大，还可能造成全球价值链断裂。目前来看，中国的供应链发生了巨大的变化。低成本产业已经转移到其他地区，大多数欧洲公司已经实现了在欧洲本地的扩张，并进一步将其供应链转移到中国。中美作为两个全球经贸大国，双方在全球价值链中的分工会对各自的经济和就业产生重要的影响。

新发展格局下，全球价值链分工的关系成为稳定国际循环的基础。中共十九届五中全会通过的《中共中央关于制定国民经济和社会发展第十四个五年规划和二〇三五年远景目标的建议》指出，要加快构建以国内大循环为主体、国内国际双循环相互促进的新发展格局。因此，应充分发挥对外贸易大国的优势，稳步发展高水平开放型经济，促进内外部市场和规则良好对接，形成国内与国际相互促进的良性循环。

1.1.2 研究意义

中美贸易竞争对全球经济、政治产生了广泛而深刻的影响。本书形成的由"理论基础—典型化事实分析—中美企业全球价值链分工博弈模型—实证分析—结论与政策建议"为主线的分析框架，不仅可为中国企业应对中美贸易摩擦带来的冲击提供理论依据，而且对于推动中国企业在全球价值链的地位提升乃至对全球价值链分工的研究都具有较强的理论和应用价值。全球价值链上下游分工博弈理论，目前集中于实证检验，本书试图将中美贸易摩擦与博弈模型和第三国贸易模型进行整合，探索中美贸易摩擦对全球价值链分工的影响机理。

1. 理论价值

第一，使用博弈论方法丰富了全球价值链理论研究。在国际关联中，上下游企业的合作均是以最优博弈策略为基础。通过使用博弈论方法，动态分析企业进出口策略和行为，对中美全球价值链分工博弈模型进行分析，在第三国市场模型中加入贸易摩擦因素，构建了中美全球价值链上下游分工博弈模型，通过同时博弈和先后博弈来对全球价值链进行博弈策略研究，从策略制定的理论基础出发，分析中美贸易摩擦背景下的博弈模式，解读贸易双方博弈利润的影响因素，全面深入地对上下游企业进行基础性研究。

第二，中美全球价值链上下游分工博弈问题的研究丰富了国际贸易摩擦相关理论和全球价值链分工问题的实证研究。通过分析中美贸易摩擦背景和全球价值链分工问题，全面深入地对中美贸易摩擦和全球价值链分工问题进行基础性研究，从实证模型角度对全球价值链上下游分工博弈研究进行进一步量化与分析，为贸易摩擦政策的分析提供理论支持。

2. 应用价值

第一，有助于借鉴应对中美贸易摩擦策略的方法。本书对中美贸易摩擦进行了基础性研究，从贸易保护理论基础入手，梳理中美贸易摩擦的演变，把两国全球价值链经贸合作分工和两国经贸政策相结合，为进行中美贸易政策研究提供了基础。

第二，有利于促进中国企业全球价值链地位提升。使用博弈论的方法为参与全球价值链制定最优博弈策略，定量分析收益。构建的竞争动态博弈战略正与当前国际形势相匹配，有利于提高行业对贸易政策不确定性带来的风险的抵御能力，提升中国企业的全球价值链地位。本书基于中美贸易摩擦的背景，深度解读中国在全球价值链中的贸易战略，从而制定生产发展规划，制定与大环境相匹配的博弈战略，形成与国家贸易政策和经济战略的科学、准确衔接。

1.2　文献综述

本书主要集中于中美贸易摩擦研究、全球价值链上下游博弈和中美参与全球价值链分工研究，主要分为以下三部分。

1.2.1　关于中美贸易摩擦研究

1. 中美贸易摩擦的起因

现有文献主要从政治因素、经济因素和技术问题解释产生贸易摩擦的原因。格罗斯曼和赫尔普曼（Grossman and Helpman，1995，1996）建立了具有微观基础的保护待售（protection for sale）模型，通过数理模型具体化了政治利益和贸易冲突的作用机制。该模型主张政府应做出不但保证公民的公共福利还要维护利益集团的政治捐献的决策，在考虑利益集团影响下，来制定国际贸易政策。鲍德温和马吉（Baldwin and Magee，2000）运用联立方程模型和数值模拟方法，进一步论证了格罗斯曼和赫尔普曼（Grossman and Helpman，1995，1996）的保护待售模型，再次明确利益集团的政治捐献会在很大程度上影响贸易政策的制定，政治家可以将贸易政策视为"可用于出售的"。戈莫里和鲍默尔（Gomory and Baumol，2003）的国际利益冲突理论是政治因素理论的主流观点，该理论认为在国际贸易中，多重性的贸易均衡结果可使落后国家技术升级到一定水平，但也会导致发达国家贸易利益受损的后果，从而导致双方发生贸易冲突。何宇等（2020）认为，从政治因素的观点出发，贸易可看作一种国家利益的分配行为。

就经济因素而言，就业率、贸易逆差等都是造成贸易摩擦的重要原因。纳瓦罗和奥特里（Navarro and Autry，2011）、巴米耶等（Bamieh et al.，2017）、芬斯特拉和萨萨哈拉（Feenstra and Sasahara，2018）认为中国的出口补贴政策或者广泛使用廉价劳动力等所谓不平等方式，会导致美国制造业衰落，失业率上升。詹姆斯（James，2000）、布洛尼根和鲍恩（Blonigen and Bown，2003）、普鲁萨（Prusa，2005）、张先锋等（2018）认为，中美贸易失衡正在不断恶化，而导致中美频繁的贸易冲突的根本原因是美国对中国持续贸易逆差以及中国贸易竞争机制和经济结构转型。王晓星和倪红福（2019）认为，如果福利作为衡量贸易保护程度的指标，中国对美国的贸易保护程度会显得相对更高，所以美国以"不公平贸易"为借口对中国大打"贸易战"。

而王直等（Wang et al.，2018）研究全球价值链得出了不同的结论。研究发现，美国从中国进口商品通过三个渠道影响美国就业：一是直接竞争效应，它减少了制造业企业的就业；二是供应链对美国上游企业的影响，那些不直接与中国进口商品竞争，只是为其他美国企业提供中间产品的企业，被挤出市场，就业也会相应减少；三是得益于从中国进口的中间产品，美国的下游企业扩大并增加了工作岗位。直接竞争效应只影响少数行业，而下游渠道几乎影响整个美国经济，包括服务业。美国与中国的贸易往来给全美平均带来了1.27%的就业增长，平均75%的美国工人因与中国的贸易而获得了工资增长。芬斯特拉等（Feenstra et al.，2018，2019）强调在研究贸易对美国就业的影响时，不仅要考虑制造业的负面影响，还要考虑美国服务出口的扩大对就业的积极促进作用。同时考虑这两种效应后，他们发现1995～2011年美国对华贸易和对外贸易对就业的总体效应为正。李和易（Lee and Yi，2018）构建了一个多国一般均衡模型，其中生产是多阶段的，不同的生产阶段对应不同的生产率和要素密度。贸易成本的下降导致国家具有比较优势和生产阶段的专业化，这改变了对劳动力的需求，并导致更多的工人流向与其比较优势相匹配的部门。

就技术进步因素而言，杨飞等（2018）基于保护待售模型，解释了中国的技术追赶是美国在保护自身利益集团的情况下对中国进行贸易调查的原因。中国通过提高自主创新水平来提升在全球价值链中的地位，可能会导致中国与发达国家在全球价值链中的利益重叠，从而引发贸易冲突（余振等，2018）。何宇等（2020）认为，在全球价值链分工中，国家间的技术竞争不会直接导致国家层面的零和博弈，技术进步不仅创造了新的产业，也创造了新的需求。乔小勇等（2021）发现，中国技术进步引致的产业价值链升级

与美国对华发起反倾销和实施制裁的数量和概率成反比，而增加值贸易顺差
与美国对华发起反倾销和实施制裁的数量和概率成正比。汤志伟等（2021）
在中美贸易摩擦背景下，对"卡脖子"技术的概念和内涵进行了分析，得
出"卡脖子"技术的识别原理和方法，以电子信息产业为例，通过问卷调
查法收集关键核心技术 35 项，从中识别出"卡脖子"技术 13 项，得出电
子信息产业"卡脖子"技术基础性特征突出、集成电路"卡脖子"威胁大、
高端软件相对安全的结论。

2. 中美贸易摩擦的影响

学者进一步对中美贸易摩擦的影响进行了量化研究，分别从对中国、对
美国和对其他国家的影响角度进行了梳理。

（1）中美贸易摩擦对中国的影响。龙小宁等（2018）基于 2000~2006
年企业产品微观数据，发现美国对华反倾销措施显著增加了受影响企业销至
美国的非倾销产品出口额和出口量，即存在出口产品种类的溢出效应，这一
效应随企业所有制不同以及是否为多行业企业而有所不同。鲍晓华和陈清萍
（2019）在异质性企业理论模型的基础上，发现反倾销通过调查效应和成本
效应同时降低了下游企业的出口概率和出口额，高生产率企业出口降幅较
小，并且这一负面影响将在 3~5 年内持续存在。李春顶等（2018）利用一
般均衡模型模拟了中美之间相互征收 25%、35%、45% 和 55% 进口关税所
带来的经济影响。结果表明，在 45% 关税的相互征收下，中国的出口和进
口分别下降了 11.77% 和 2.67%，而美国的出口和进口分别下降了 6.11% 和
4.58%。

（2）中美贸易摩擦对美国的影响。奥托等（Autor et al.，2013）认为，
失衡的中美贸易以及美国各区域间的劳动力低流动性会导致传统工业区遭受
中国进口制造业的强大冲击，会使就业岗位进一步减少，并且失业者无法完
成全国范围内的流动性转移，只能从事本地区非制造业部门（如服务部门）
工作，造成挤出效应。从他们的估计可以得出，中国进口的增加会使美国制
造业就业率下降 1/4 左右。奥托等（Autor et al.，2016）支持了这个观点，
认为中国进口冲击会造成下列负面影响：冲击导致部门产出下降，上游部门
需求下降，进口冲击对美国上游产业造成负面影响。皮尔斯和肖特（Pierce
and Schott，2016）认为，关税下降带来中国进口的增加，导致美国 2000 年
以后制造业就业的下降。樊海潮等（2020）使用量化分析方法得出中美贸

易摩擦会恶化两国的总体福利水平，但整体而言对各国福利水平的影响均小于1%。郭等（Guo et al.，2018）在 Eaton - Kortum 多国多部门一般均衡模型的基础上，对美方关税制裁对于中美双方各个工业领域经济指标的影响进行预测，如果美国政府贯彻特朗普在总统竞选期间宣布的对中国进口商品增加45%关税的计划，那么国际贸易将受到巨大的负面影响。穆罗等（Muro et al.，2018）梳理了中国针对美国232调查发布的128个税目和中国针对美国301调查发布的106个税目，并将其与美国各州和相应的就业相匹配，认为中国的反制清单针对的都是美国共和党与民主党所在州的龙头行业。樊海潮和张丽娜（2018）在梅利兹和奥塔维亚诺（Meliz and Ottaviano，2008）可变利润加成的异质性企业模型基础上，融入企业进口中间品行为，且利用量化分析，探讨进口中间品和最终品关税对一国福利水平的影响，发现美国单方面提高进口中间产品的关税时，其福利水平会恶化，而当美国提高进口最终产品的关税时，其福利水平会提高。

（3）中美贸易摩擦对他国的影响。在全球价值链分工下，贸易摩擦中被制裁的经济体很可能只参与整个全球出口产品生产链中的某一部分生产过程。受制裁国家出口生产的减少将导致其进口投入的下降，而中间投入的进口可能来自许多经济体，甚至是贸易保护的发起者（田开兰和杨翠红，2016）。全球价值链分工时代的贸易摩擦很可能会使价值链中的所有经济体都遭受损失，损失的程度取决于价值链的划分和各经济体之间中间商品贸易的相关程度（杨翠红等，2020）。贝克斯和施罗特（Bekkers and Schroeter，2020）研究发现，中美关税上升导致两国贸易减少，且使得东亚价值链重塑，全球经济下滑0.1%，贸易政策不确定性增强。

谢建国和王肖（2021）通过中美贸易细分产品数据，考量了中美贸易冲突对中美贸易的影响，研究得出中美贸易冲突对于第三国贸易转移效应显著。从时间角度来看，郭晴（2020）发现，中美双方经济贸易摩擦的持续时间越长，对两国宏观经济的负面影响就会越大。无论从短期、中期还是长期来看，中美经济贸易摩擦都会导致中美两国全球出口市场份额大幅下降，而与美国有密切贸易往来的墨西哥和加拿大，与中国有密切贸易往来的日本、韩国、东盟等地区将成为最大受益者。王晓燕等（2021）通过梳理文献发现，加征关税会减损中美两国福利水平，除此以外，还会恶化全球贸易形势并对第三国产出有溢出影响，具体方向取决于受影响国贸易结构及其与中美两国在特定产业的竞争关系。贝克斯和施罗特（Bekkers and Schroeter, 2020）基于事后经验分析和事前模拟分析对中美贸易争端进行了分析，结果显示，中美贸易争端将对全球国内生产总值（GDP）和全球贸易产生0.1%和0.6%的较小影响。

1.2.2 关于全球价值链上下游分工博弈的研究

1. 全球价值链上下游分工影响因素

关于全球价值链上下游位置的测算指标有安特拉斯和肖尔（Antràs and Chor, 2013），安特拉斯、肖尔和蒂鲍特（Antràs, Chor and Thibault, 2012），法利（Fally, 2011）构建的出口上游度（upstreamness），王直等（Wang et al., 2017a, 2017b）构建的全球价值链位置指数以及全球价值链地位指数。根据研究问题，本书主要从影响上下游度的因素进行文献梳理。

第一，全球价值链上下游生产分工分布特征与技术以及要素禀赋有关。鲍德温和维纳布尔斯（Baldwin and Venables, 2013）从外包决策的角度分析了全球价值链中的生产结构。在此研究中，产品的生产结构被分为两种类型：蛛形和蛇形。在实际生产中，两种组织方式可以混合出现。均衡分工的最终格局不仅是由国家间要素禀赋的差异决定的，还受各环节间协调成本的影响，与生产结构有关。科斯蒂诺特等（Costinot et al., 2013）则从技术差异的角度来看，技术差异表现为一个国家在生产中的误差概率与国家之间的生产率之间的绝对差异（生产率高的国家在生产的每一步都有较低的误差概率），这决定了分工上的比较优势。由于在生产的后期犯错误的成本很高，生产率高的国家集中在更接近最终产品的价值链下游生产。何宇等（2020）得出了相反的结论：通过构建开放经济下的多阶段全球价值链生产模型，发现在多阶段全球价值链生产模型中，技术水平高、劳动要素成本高的国家倾向于专业化生产的全球价值链的上游阶段，而技术水平低、劳动要素成本低的国家倾向于专业化生产的全球价值链的下游阶段。原因在于，当企业的技术水平低于其他国家的企业时，企业在下一阶段购买的产品份额更接近于零；在一定的其他条件下，当其他国家的企业平均工资水平较低时，企业的要素利用成本相应较小，在全球价值链中的嵌入优势较大。相应地，劳动要素密集度低（技术水平高）的国家在上游生产阶段专业化生产会更有优势，而劳动要素密集度高（技术水平低）的国家在下游生产阶段专业化生产会更有优势。

第二，全球价值链上下游生产分工分布特征与需求弹性有关。安特拉斯和肖尔（Antràs and Chor，2013）首次在新贸易理论的框架下，结合产权理论和连续生产模型，将全球生产视为一个连续的序列过程，建立了一个选择制造商组织形式的模型。价值链上所有权的最优分配取决于生产阶段是顺序互补还是替代。当最终生产者面临的需求弹性大于投入的可替代性，且投入依次互补时，存在唯一的"临界值"生产阶段，对临界值之前的相对上游阶段进行外包，而对临界值之后的相对下游的所有阶段进行整合。崔琨和施建淮（2020）研究发现，在外国加征中间品或最终品进口关税的条件下，相较于稳定其他通胀指标，该国采取稳定中间品生产者物价指数（PPI）通胀的规则可以有效降低自身经济波动，最小化本国福利损失，外国对不同类型产品加征进口关税，虽然能够提升其相应类型产品的产出和就业，但会导致显著的消费恶化和福利水平下降。

第三，全球价值链上下游生产分工分布特征与成本有关。针对生产环节的特征，雅库比克和施托尔岑堡（Jakubik and Stolzenburg，2019）分析了高附加值环节和低附加值环节，低附加值环节的成本可变程度较大，而高附加值因需要大量的固定成本投入可变程度较小，且发现在同一国家中，出口增加值率越低的产业，贸易成本变动越大。国外增加值率从25%增长到75%，贸易成本会提高237%。约翰逊和莫克斯尼斯（Johnson and Moxnes，2019）通过构建多阶段制造业价值链贸易的定量模型，研究了比较优势和贸易成本如何塑造全球价值链和贸易往来的结构，随着贸易成本水平的下降，由于价值链的内生重组（增加出口平台的生产），双边贸易对贸易成本的弹性增加。

第四，全球价值链上下游生产分工分布特征与增加值率有关。张鹏杨和唐宜红（2018）研究发现，上游度和中国企业出口国内增加值率之间有显著的正相关关系，验证了"微笑曲线"的存在。潘文卿和李跟强（2018）发现，中国制造业行业层面在产出供给链和投入需求链都存在位置与增值能力之间的"微笑曲线"关系。高翔等（2019）分析了产业上游度及企业出口国内增加值率，发现2000~2011年中国制造业的"上游"趋势明显。然而，上游度与企业出口国内增值率之间不存在"微笑曲线"关系，加工贸易企业的"微笑曲线"更明显。

2. 贸易摩擦与全球价值链

第一，价值链中上游贸易摩擦会影响下游的生产成本。克鲁伯和斯基斯（Krupp and Skeath，2002）、科宁斯和范登布什（Konings and Vandenbussche，2013）、布洛尼根（Blonigen，2015），以及范登布什和维格拉恩（Vandenbussche and Viegelahn，2016）等也研究了本国上游产业反倾销诉讼对下游产业的影响。以上文献认为，上游企业提起反倾销诉讼会增加下游产业使用相关中间产品的成本，对其出口产生负面影响。加万德等（Gawande et al.，2012）认为代表上下游的游说集团竞争是内生贸易政策的重要的决定因素，且研究了上下游厂商对贸易政策的竞争结果。德比耶夫等（De Bièvre et al.，2016）、耶尔德勒姆（Yildirim，2017）、耶尔德勒姆（Yildirim，2018）、金和斯皮尔克（Kim and Spilker，2018）认为上述负面影响将导致下游产业依赖中间产品进口，游说政府撤回或阻止实施贸易摩擦，或与伙伴国达成妥协，从而减少可能的负面影响。

第二，全球价值链上下游分工地位变动会影响贸易摩擦。余振等（2018）认为，一国参与全球价值链重构使其在全球价值链中的地位不断攀升，将挤压他国利润空间，引发摩擦，而全球价值链参与度的不断加强，将提高他国对该国的依赖度，从而有利于尽快结束贸易摩擦。宋春子（2014）认为，全球价值链分工这种新型国际分工形式具有"天然"的不平等性，各国在全球价值链分工中地位的差异性、动态性和利益获取的非均衡性必然导致各国控制与反控制的较量，进而导致全球经济失衡。韩晶和孙雅雯（2020）认为，一国（地区）相对于中国来说，其全球价值链参与程度和全球价值链参与地位的提升会显著降低该国对中国的关税。对于全球价值链参与程度和全球价值链参与地位较高的国家（地区），其全球价值链参与程度和全球价值链参与地位的提升对降低该国对中国关税的显著性关系更强；对全球价值链参与程度和全球价值链参与地位较低的国家（地区），其全球价值链参与程度和全球价值链参与地位对关税的边际效应更大，中美贸易摩擦也印证了以上结论。

第三，贸易摩擦对主要征税产业全球价值链分工的影响。张志明和杜明威（2018）利用多区域投入产出（MRIO）模型，并结合国际投入产出表，对中美贸易摩擦的贸易效应进行测算，发现中美贸易摩擦会不同程度地减损与中美两国存在价值链联系的所有经济体的出口贸易，并且美国出口贸易利益所遭受损失会显著大于中国出口贸易利益所遭受损失。史本叶和王晓娟（2021）发现全球价值链在某种程度上类似于一个保险机制，美国加征关税将显著降低中国对美出口中的第三国增加值率，而对国内增加值率影响并不显著。

第四，贸易摩擦对其他产业价值链的影响。张先锋等（2018）构建了两国三种产品的出口博弈模型，发现当产品为低端产品或处在中端产品中较高水平或高端产品中较高水平时，出口产品质量升级有利于减少进口国对中国企业出口的倾销认定。当产品质量处于中端产品中较低水平或高端产品中较低水平时，出口产品质量升级将会伴随与国际同类产品的竞争加剧，这将会增加进口国对中国企业出口的倾销认定。马弘（2018）和苏庆义（2018）研究表明，美国对中国"301调查"的打击面是比较分散的，但主要集中在机械机床、铁道车辆、医疗器械和航空航天装备等领域，这更印证了美国遏制中国制造业发展的观点。杨军等（2020）发现贸易摩擦对不同行业的区域价值链均呈现促进效应，其中电子产业的增长最多，其次是汽车业、纺织业，这主要与不同行业参与全球价值链程度不同有关。

1.2.3 关于中美参与全球价值链分工的研究

1. 美国和中国参与全球价值链的特征

苏庆义和高凌云（2015）测算了出口上游度，发现美国产业上游度和产业增加值率具有较强的负相关关系，同时也计算了中国在40个经济体中的排名情况，发现中国整体出口上游度处于相对上游的位置。蔡礼辉等（2020）发现中国制造业参与全球价值链（GVC）分工地位指数总体小于美国同期值，美国制造业在GVC分工中处于相对上游的环节，这与中国制造业后向参与GVC分工程度较高是一致的。与美国相比，中国在全球价值链分工中不具竞争优势，中美贸易摩擦对双方GVC分工有着不同程度的影响。在新冠疫情背景下，李括（2021）研究发现，美国为了维持在全球价值链中的主导地位，通过双边脱钩和区域拆解战略达到重构全球价值链的目的，但受全球价值链体系中权力与相互关系逻辑的制约，将面临两个方面的阻力：一是既有市场关联导致的经济路径依赖；二是制度规范重构中的政治成本和制度耗散。谢锐等（2020）认为，全球价值链分工格局的变化有助于各国获取更多来自中国和德国的增加值溢出，但抑制了各国获取美国的增加值溢出，金融危机对全球价值链的冲击不利于各国共享中国、美国和德国的经济增长成果。

全球价值链分工使美国等发达国家能够将低附加值、低效率的生产任务外包给低工资水平的发展中经济体，同时专注于高附加值、高效率的生产任务。这种专业化分工可以降低生产成本，提高生产率，优化资源配置，促进新技术研发和产业升级（Bhagwati et al.，2004；Baldwin and Robert – Nicoud，2014）。而作为一个发展中经济体，中国可以通过承接发达经济体的外包生产任务来参与全球价值链，而不需要掌握这些产品的所有生产环节和生产技术。一方面，从发达国家进口的中间产品含有更多的技术含量（Amiti and Konings，2007），价值链中的技术溢出效应有利于提高发展中国家出口产品的质量，这种溢出效应在外国直接投资和产品进口中更为明显（Harding and Javorcik，2012）。另一方面，全球价值链分工可能会将发展中经济体锁定在价值链低端，吕越等（2018）研究发现，嵌入全球价值链对中国制造业企业的研发创新行为具有显著的抑制作用，对外资企业、加工贸易企业以及高技术企业的作用尤其明显。

2. 全球价值链分工下中美相关性

卢福财和胡平波（2008）研究发现，在构建或维护全球价值网络过程中，跨国公司可以根据自身的利益要求来主动选择或放弃没有核心能力的发展中国家企业，从而迫使发展中国家企业接受不利于自身发展的合作契约与协议。美国试图在"边缘化"中国基础上重构全球价值链，梅尔泽（Meltzer，2016）从中国与亚洲价值链的联系以及美国部分州（亚拉巴马州、蒙大拿州）因进口中国产品而产生的经济增长来看，中美关系的最佳选择是合作。李鑫茹等（2018）发现，由于中美出口对外依赖程度不同，2012年中国对美国出口拉动的国内增加值中仅有87.7%属于中国国民收入，而美国对中国的出口增加值中属于美国国民收入的占比则高达96.2%。王晓星和倪红福（2019）发现，与中国相比较，美国从中国进口的产品更具可替代性。当中国减少出口或提高进口产品的价格时，美国有更多的选择。中国对美国芯片和其他技术密集型产品的依赖程度高于美国对中国的依赖程度。

对于中美"脱钩"问题，蔡中华等（2021）研究发现，2018年后美国申请人在竞争程度较高的计算机技术、数字通信等六个领域调整了专利申请策略，降低了中美技术布局关联，最有可能在这些领域推动"技术脱钩"。

王明国（2020）研究发现，国际制度脱钩是中美关系复杂深刻变化的重要特征，国际制度层面竞争恶化加剧了中美经贸和科技"脱钩"，这主要表现为政治、规则、观念和功能联结的"脱钩"。其中，政治联结的脱钩决定了规则联结和功能联结的脱钩，而观念联结的脱钩更具深层意义。傅梦孜和付宇（2020）研究发现，中国和美国作为全球第一和第二大经济体，"脱钩"不仅对中美关系产生深远影响，也势必对现存国际秩序乃至经济全球化的走向形成重大冲击。葛琛等（2020）从供应链安全视角进行研究，发现美国早已构建了经济安全体系，制定了国家供应链安全战略，所以受新冠疫情影响较小，而中国应当借鉴经验，建立独立完整的供应链安全系统。

1.2.4 贸易摩擦对中美全球价值链分工差距影响研究

宋春子（2014）对全球价值链分工对国际贸易摩擦的影响进行研究发现，中国在全球价值链分工中的地位与中国遭受到的贸易摩擦的广度和深度呈正相关。余振等（2018）通过三国模型从行业收益角度分析了全球价值链地位以及参与度的提升对贸易摩擦的影响，研究发现中国参与全球价值链重构与中国自身遭遇的贸易摩擦有"催化剂效应"和"润滑剂效应"。

1.3 研究内容和研究思路

1.3.1 研究内容

本书主要对中美全球价值链上下游分工博弈进行研究，研究内容包括六个部分。

第1章是绪论，是中美全球价值链上下游分工博弈的研究基础。主要阐述研究意义、文献综述、研究内容、研究框架、研究思路、研究方法、创新与不足之处。

第2章从贸易摩擦、全球价值链分工和产业链博弈论三个方面阐述本书研究的理论基础，夯实本书的理论基础。首先，贸易摩擦理论主要从贸易保护理论、最优关税理论和关税传导理论进行分析。其次，全球价值链分工理论包含动态比较优势理论、外包理论和全球价值链治理理论。最后，产业链博弈论主要阐述了产业链相关概念、产业链博弈、协调与整合以及全球价值链博弈理论研究的新发展。

第 3 章分析了中美参与全球价值链分工状况。在全球价值链分工体系下，美国作为高端制造业、知识产业和服务业的主要出口国，处于全球价值链微笑曲线的两端。中国位于全球价值链微笑曲线的中间阶段，在生产、组装和出口劳动密集型加工步骤中，中国主要是参与产品加工、组装和低端制造，并依靠其低廉的劳动力成本和资源优势。首先，本章从时间比较和产业比较分析中国企业的增加值贸易。其次，分析中国企业对他国的前向和后向关联，可以重点比较分析中美之间的价值链关联。最后，进一步测算并分析中国企业在全球价值链的嵌入程度。

第 4 章构建了全球价值链上下游分工博弈理论模型，对全球价值链上下游分工博弈进行了分析。本章基于布兰德和斯宾塞（Brander and Spencer，1985）第三国市场模型，并参考谢申祥和蔡熙乾（2018）的模型，构建了一个全球价值链第三国市场模型，并构建了征收进口关税政策的博弈模型。通过设定假设条件，从产量博弈、价格博弈、同时博弈和先后博弈的角度分析全球价值链上下游企业的策略和收益，并求解纳什均衡。中国在全球价值链中选择最优博弈策略，是保障国家稳定发展、产业升级的重要任务。

第 5 章是全球价值链上下游分工博弈的实证分析。在从理论模型得到全球价值链分工博弈策略和收益的基础上，继续从实证角度分析贸易摩擦对全球价值链博弈带来的影响。本章主要采用 2000 ~ 2014 年 WIOD 数据库、UIBE 数据库和 TTBD 数据库中的数据，构建了全球价值链上下游分工博弈的实证模型，通过面板回归对中美在全球价值链上下游分工中的博弈进行实证分析。首先，本章对主要指标进行了界定和度量。将贸易伙伴国对中国某行业开始发起反倾销调查的年份定义为贸易摩擦开始的年份，将反倾销调查时间定义为贸易摩擦持续时间。贸易摩擦中开始征税的时间以及持续时间，对全球价值链的分工造成较大影响。被解释变量为全球价值链差距变量，主要有增加值出口相对值差距、中间品出口相对值差距、全球价值链参与度相对值差距、全球价值链前向参与度相对值差距、全球价值链后向参与度相对值差距、全球价值链参与地位相对值差距、前向生产长度相对值差距、后向生产长度相对值差距以及增加值前向分解和后向分解的差距的相关指标。价值链差距变量是对绝对指标使用差值法求出差距，对相对指标使用比值法求出差距，以代表两国博弈的结果。其次，对中美贸易摩擦数据和代表两国博弈的指标中美全球价值链差距变量进行面板回归，并检验内生性。再次，进行稳健性研究，用替换样本数据的方法进行稳健性研究。最后，就劳动力异质性进行分析。

第6章是结论与政策建议。总结前文的理论与实证研究，可以发现贸易摩擦对全球价值链博弈产生了很大的影响，影响到全球价值链的利润分配和差距。贸易摩擦持续时间会扩大两国的全球价值链分工收益的差距，会缩小中美两国全球价值链分工参与地位的差距。贸易摩擦发生时间针对不同的全球价值链指标影响不同。本书进一步从劳动力异质性角度进行了回归研究，无论劳动力技能是否熟练，贸易摩擦的持续时间均会拉大美国和中国的出口增加值的差距，而贸易摩擦爆发时间对投入中技能劳动的产业和低技能劳动的产业均会有反向影响，缩小中美两国出口增加值差距。而且中低技能劳动者的劳动时间和报酬均会影响出口增加值差距：劳动报酬会扩大出口增加值差距，劳动时间会缩小出口增加值差距。因此要注重国内经济的发展，推动国内和国际产业链的双向循环；转变经济发展方式、推进产业结构调整必须注重高科技制造业的发展；促进经济增长，必须注重产品的自主创新和国际品牌建设。基于研究结论，本章从以下四个方面提出政策建议：在产业方面，加快产业结构优化调整，培育战略性新兴产业，提升产业竞争力；在贸易成本方面，优化营商环境，促进贸易自由化程度；在科技方面，加快科技研发，全面提升中国自主创新能力；在对外贸易方面，稳定对外开放政策，积极拓展海外市场，转变外贸发展模式，减少贸易摩擦。

1.3.2 研究思路

本书的研究思路如图1-1所示。

1.4 研究方法

本书在具体研究过程中注重产业经济学、技术经济学与国际贸易理论等多学科理论交叉与融合。具体采用的研究方法如下：

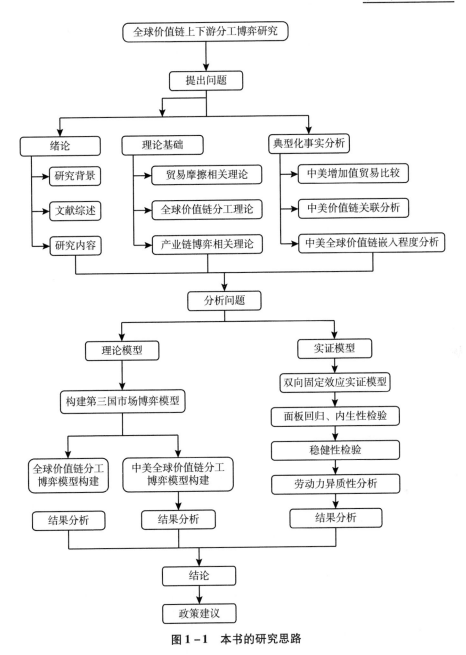

图 1-1 本书的研究思路

第一，对基础研究进行系统分析的研究方法。在理论模型方面，本书对全球价值链博弈进行基础性研究，从博弈的假设条件、策略和收益进行一般性分析。最后分析中美企业全球价值链的博弈。本书通过构建中美全球价值链上下游分工博弈模型，并在第三国市场模型中加入贸易摩擦因素，分别从价格和产量两方面进行博弈，并在不同博弈顺序（同时博弈和先后博弈）中求解中间品价格和厂商利润，得出二者均与垄断优势和关税具有相关性。

第二，对典型化事实进行比较分析的研究方法。针对研究内容，收集国内外相关研究资料，了解贸易保护和全球价值链相关理论的最新研究动态，同时通过信息收集及数据处理，掌握中国产业增加值出口现状，从时间和产业角度比较分析了中美两国增加值贸易、价值链关联、全球价值链嵌入程度，总结了中美两国全球价值链的现状和特点。

第三，理论研究与实证分析相结合的研究方法。借鉴和采用多种分析方法，注重理论的有机融合，梳理相关研究文献和基础理论成果，采用理论综合、实证研究和比较研究等方法，对中国在中美贸易摩擦中遇到的冲击进行理性的、科学的分析，并提出可行的政策选择。

1.5 创新与不足之处

本书的创新之处主要体现在以下几个方面：

首先，构建全球价值链上下游分工博弈模型。全球价值链上下游分工博弈理论尚未成形，仅局限于实证回归和模拟，本书尝试将中美贸易摩擦与博弈模型和第三国贸易模型进行融合，探索其具体的影响机理，构建理论分析框架。本书将博弈论引入全球价值链分析中，提供了一个全新的价值链研究视角，丰富了全球价值链理论研究，完善了全球价值链基础资料库的构建。全球价值链分工博弈模型的构建对于全球化发展而言意义重大，虽然中国在高科技产业存在短板，在全球价值链中处于低端地位，但可通过博弈分析在不同情况下达到自身利益最优化的效果，进而达到极大程度地提升本国经济发展水平的目的。

其次，对中美增加值贸易、中美价值链关联和中美全球价值链嵌入程度三个方面进行分析比较。运用典型化事实分析方法对全球价值链问题进行全面深入研究。中美增加值贸易从产业与时间两个方面进行比较分析；中美价值链关联分析从中间品关联和增加值关联进行产业和时间两个方面的比较分析；中美全球价值链嵌入程度从全球价值链参与度与全球价值链参与地位方面进行比较分析。全面深入地对全球价值链问题进行基础性研究，可以为贸易政策分析提供理论支持。

最后，全面深入研究了中美全球价值链上下游分工博弈的影响。本书通过构建中美全球价值链分工差距指标，并以此代表中美全球价值链上下游分工博弈。具体包括中美两国增加值贸易差距、中间品进出口额差距、前向分解的增加值差距、后向分解的增加值差距、全球价值链参与度差距和全球价值链参与地位差距。其中前向分解的增加值和后向分解的增加值又可以分别分解为五个部分：一国生产的最终品的价值及 GDP 的前向分解和后向分解中一国最终品价值中用于本国消费部分、一国最终品价值中用于国外消费部分、参与简单全球价值链即跨国家生产的简单生产共享价值部分、参与复杂全球价值链第一种类型、参与复杂全球价值链第二种类型。在中美两国前向分解增加值和后向分解增加值的实证研究中，分别就这五个部分的差距进行深入研究，研究发现贸易摩擦的持续时间会拉大中美在全球价值链的差距，而贸易摩擦的发生时间对中美在全球价值链差距的影响结果相反，其影响结果是：缩小增加值前向分解项中的参与复杂全球价值链第一种类型（即中间品出口中由进口商再转出口，最终来源国吸收的部分）的差距；缩小参与复杂全球价值链第二种类型（即中间品出口中，进口商再转出口，最后被他国吸收的部分）的差距；缩短生产后向长度；缩小全球价值链参与地位的差距。

本书的不足之处是：由于 WIOD 数据库中最新数据为 2014 年的数据，本书选取数据年限为 2000~2014 年，因此在实证中无法研究本次中美贸易摩擦对全球价值链分工博弈的影响。

第 2 章

理 论 基 础

本章将详细论述贸易摩擦的分类，并在此基础上对贸易摩擦理论、全球价值链分工理论和产业链博弈理论三个方面进行详细阐述。

2.1 贸 易 摩 擦

不同的学者对贸易摩擦有不同的界定。王厚双（2002）从经济战的视角将贸易摩擦（贸易战）定义为经济战的一种表现形式：贸易摩擦是指为了本国的国家利益，为了本国的经济、政治和军事需要，为了争夺商品销售市场而展开的限制进口与扩大出口的激烈对抗。赵瑾（2002）对贸易摩擦做了如下定义和分类：贸易摩擦是贸易双方由贸易利益引起的冲突与对立，可分为四类，即微观经济摩擦、宏观经济摩擦、投资摩擦、制度摩擦。

2.1.1 微观经济摩擦

微观经济摩擦是指在经济活动中，特别是在国际贸易和投资领域，由于各种因素导致的企业、行业或地区之间的经济互动中的冲突和障碍。这种摩擦可能源于多个方面，包括但不限于贸易政策、市场竞争、文化差异、技术标准等。以下是对微观经济摩擦的详细解释。

1. 定义与概念

微观经济摩擦指的是在微观经济层面（如企业、行业或地区间），由多种因素引发的经济互动中的冲突与阻碍。这些摩擦可以具体表现为贸易摩擦、投资摩擦、制度摩擦等不同形式。

2. 产生的原因

（1）贸易政策差异。各国间贸易政策（包括关税、非关税壁垒、反倾销措施等）的多样性，可能引发微观经济摩擦。例如，一国对另一国产品实施高关税，可能导致后者出口企业成本攀升、竞争力受损。

（2）市场竞争加剧。全球化背景下，企业间的竞争愈发激烈。为争夺市场份额和利润，企业可能采取价格战、技术竞争、品牌建设等多种策略，这些竞争手段有时会导致企业间的摩擦与冲突。

（3）文化差异的影响。国家和地区间的文化差异可能成为微观经济摩擦的源头。在跨国投资和经营中，文化差异可能带来沟通障碍、管理冲突等问题，进而影响企业运营效率和市场竞争力。

（4）技术标准不一。不同国家和地区间的技术标准差异也可能导致微观经济摩擦。当一国产品不符合另一国技术标准时，可能面临出口受阻或退货风险。

3. 表现形式

（1）贸易摩擦。主要体现在关税壁垒、非关税壁垒、反倾销措施等贸易限制上，这些摩擦可能导致出口企业成本上升、竞争力下降，同时也可能对进口国的消费者福利造成不利影响。

（2）投资摩擦。主要表现为外资进入限制、投资审查以及政策不确定性等导致的投资障碍。这些摩擦可能妨碍外资流入和跨国公司的投资活动，进而对全球经济的增长和稳定产生负面影响。

（3）制度摩擦。主要表现为国家间制度差异和冲突造成的经济互动障碍。例如，法律制度、监管制度、市场规则等方面的差异，可能使企业在跨国经营中面临制度风险和不确定性。

4. 影响与应对

微观经济摩擦对企业运营及全球经济均带来一定影响。对企业来说，这类摩擦可能导致成本增加、市场受限、竞争力削弱等问题；而从全球经济视角看，这类摩擦则可能阻碍贸易与投资活动，导致全球经济增长速度放缓。

为应对微观经济摩擦，企业和政府可采取一系列策略。企业方面，可通过增强技术研发、提升产品质量与竞争力来有效应对贸易摩擦；政府方面，则可通过深化国际合作、推动贸易自由化与便利化措施,以降低投资与制度方面的摩擦。同时,企业与政府还需密切关注全球经济形势及政策变动,灵活调整经营策略与政策措施,以妥善应对不断变化的微观经济摩擦挑战。

2.1.2 宏观经济摩擦

宏观经济摩擦是指在宏观经济层面,由于国家之间或国家内部经济政策、制度差异、贸易不平衡等因素引发的宏观经济互动中的冲突和障碍。这种摩擦不仅影响双边或多边政治和经济发展,还可能引发地区性或世界性经济危机。以下是对宏观经济摩擦的详细介绍。

1. 定义与概念

宏观经济摩擦主要源于不同国家在宏观经济政策、贸易结构及制度环境等方面存在的差异与冲突,这些差异和冲突可能引发各国在货币政策、财政政策、汇率政策等领域的摩擦,进而对全球经济的稳定与发展造成影响。

2. 产生的原因

(1) 贸易不平衡是引发宏观经济摩擦的一个主要原因。当一国对另一国存在显著的贸易顺差或逆差时,可能促使贸易伙伴国采取反倾销、反补贴等举措,进而触发贸易摩擦。此类摩擦有可能升级,对两国间的政治和经济关系造成不良影响。

(2) 经济政策差异同样可能导致宏观经济摩擦。例如,货币政策的差异可能引发汇率波动,对国际贸易和投资产生影响;而财政政策的差异则可能影响国际资本流动和债务状况。

(3) 制度环境差异也是宏观经济摩擦的一个重要诱因。不同国家间的法律制度、监管制度、市场规则等可能存在的差异,会增加跨国企业在经营过程中面临的制度风险和不确定性。

3. 表现形式

(1) 汇率摩擦是宏观经济摩擦的一种重要表现。一国货币的升值或贬值可能影响其出口和进口,从而引发贸易伙伴国的不满和反击。此类摩擦有可能升级为贸易战、货币战等。

(2) 贸易战也是宏观经济摩擦的一种表现形式。在两国之间存在显著的贸易不平衡或贸易摩擦时,双方可能会采取加征关税、限制进口等反击措施，从而触发贸易战。贸易战可能导致全球贸易环境恶化，对全球经济增长产生不利影响。

（3）金融市场摩擦表现为国际资本流动的不稳定性和波动性增加。由于各国金融制度和监管的差异，国际资本流动可能会变得更加不稳定，进而影响全球金融市场的稳定性。

4. 影响与应对

宏观经济摩擦对全球经济具有深远的影响，可能导致经济增长放缓、贸易保护主义加剧以及国际投资缩减等一系列负面后果。为了有效应对这一挑战，各国政府和企业需采取以下策略。

（1）深化国际合作。各国政府应增强宏观经济政策的协调与合作，共同应对全球经济摩擦。这包括加强政策沟通、信息共享以及合作机制的建设，以降低政策冲突和摩擦的风险。

（2）促进贸易自由化。政府应积极推动贸易自由化进程，通过降低关税和非关税壁垒，扩大市场准入。同时，加强多边贸易体制的建设，以促进全球贸易的平衡和可持续发展。

（3）优化制度环境。为了降低制度风险和不确定性，各国政府需要不断完善制度环境，提高政策的透明度和稳定性。这包括加强监管和执法力度，以保护企业和投资者的合法权益。

（4）强化企业风险管理。企业应积极加强风险管理，提高应对宏观经济摩擦的能力。这可以通过多元化市场布局、优化供应链管理等措施来实现，以降低外部经济环境对企业经营的影响。

2.1.3　投资摩擦

1. 定义与含义

投资摩擦是指在投资过程中，因多种内外部因素导致的投资活动不顺畅、成本上升或效率下降的现象。这些摩擦可能源自市场环境、政策环境、文化差异、信息不对称等多个维度，对投资者的决策和行动产生不利影响，进而影响投资活动的整体成效。

2. 产生的原因

（1）市场波动。金融市场的波动性是投资摩擦的一个重要诱因。市场价格的快速变动增加了投资者准确判断投资机会的难度，带来了更大的不确定性和决策挑战。

（2）资金短缺。资金短缺同样是导致投资摩擦的一个重要原因。当投资者面临资金不足时，可能无法按原计划进行投资，从而导致投资活动的延误或取消。

（3）政策变化。政策变化也是引发投资摩擦的一个重要因素。政府政策的调整或变动可能直接影响投资项目的可行性和盈利能力，增加了投资者所面临的不确定性。

（4）文化差异。在跨国投资中，文化差异是投资摩擦的一个常见来源。不同国家和地区的文化背景、商业习惯、法律法规等存在差异，这可能导致投资者在投资过程中遇到各种困难和挑战。

（5）信息不对称。信息不对称是投资摩擦的普遍原因。投资者在投资过程中可能无法获得充分、准确的信息，这可能导致决策失误或投资效果不佳。

3. 投资摩擦对投资者的影响

（1）减少投资收益。投资摩擦可能导致投资活动的延误、取消或成本上升，从而降低投资者的收益。

（2）提升投资风险。投资摩擦可能增加投资活动的不确定性和风险，使投资者面临更大的潜在损失。

（3）影响投资信心。频繁的投资摩擦可能削弱投资者的信心，使其对投资活动产生疑虑和担忧，进而影响其投资决策和行动。

4. 减少投资摩擦的策略和建议

（1）优化投资配置。投资者应根据自身的投资目标和风险承受能力，合理配置资产，选择恰当的投资项目和策略，以降低投资摩擦的风险。

（2）提升投资效率。投资者应密切关注市场动态和政策变化，及时调整投资策略和行动，以提升投资效率并降低投资摩擦的影响。

（3）降低投资成本。投资者应通过多种途径获取投资信息，以降低信息获取成本；同时，通过优化投资决策和行动，降低投资过程中的各种成本，从而提高投资收益。

（4）强化风险管理。投资者应建立完善的风险管理体系，对投资风险进行识别、评估和控制，以降低投资摩擦带来的风险。

（5）推动国际合作与交流。在跨国投资中，投资者应加强与国际合作伙伴的沟通与交流，了解不同国家和地区的文化背景、商业习惯、法律法规等，以降低文化差异带来的投资摩擦。同时，积极参与国际投资合作和交流活动，共同促进全球投资环境的改善和优化。

2.1.4 制度摩擦

1. 定义与含义

制度摩擦是指在不同制度环境或同一制度内部，因制度间的差异、冲突或制度本身的不完善而产生的经济活动中的阻碍和摩擦。这种现象可能出现在国家之间、地区之间、行业之间乃至企业内部，对资源的有效配置和经济的健康发展造成不利影响。

2. 产生的原因

（1）制度差异。不同国家、地区或行业间，法律制度、监管制度、市场规则等存在差异。这些差异可能引发经济活动中的摩擦与冲突，增加交易成本，降低经济效率。例如，中美两国在贸易、投资等领域的制度差异，导致双方在贸易谈判、投资审查等方面存在摩擦和分歧。

（2）制度冲突。在同一制度内部，不同制度安排间可能存在冲突与矛盾。这些冲突可能源于制度设计的不完善、执行的不一致或制度变迁的滞后等因素。例如，在转型期，新旧制度间的冲突可能导致经济活动中的混乱与不确定性。

（3）制度不完善。某些制度可能存在缺陷或不足，如设计不合理、执行不力等。这些不完善之处可能导致经济活动中的漏洞与弊端，增加制度摩擦的风险。例如，金融监管制度的不完善可能造成金融风险的发生与传播。

3. 制度摩擦的影响

（1）提高交易成本。制度摩擦可能引发经济活动中的信息不对称、沟通障碍等问题，从而导致交易成本和风险的增加。

（2）降低经济效率与竞争力。制度摩擦可能导致资源错配、市场扭曲等不利情况，进而降低经济效率和整体竞争力。

（3）阻碍经济合作与繁荣。制度摩擦可能增加国际经济合作和地区一体化进程中的难度与阻力，对经济的发展和整体繁荣构成阻碍。

4. 减少制度摩擦的策略和建议

（1）强化制度建设与改革。通过完善制度设计、加强制度执行力度及推动制度变迁，减少制度间的差异与冲突，进而降低制度摩擦的风险。

（2）促进制度间的协调与合作。加强不同制度间的协调与合作，推动制度间的互补与融合，以降低制度摩擦所带来的影响。

（3）加强制度宣传与教育。提升公众对制度摩擦的认知与理解，增强公众的制度意识与责任感，从而降低制度摩擦的社会成本。

（4）运用现代科技手段。借助互联网、大数据等现代科技手段，提高制度执行的透明度与效率，以降低制度摩擦的潜在风险。

2.2　贸易摩擦相关理论

2.2.1　贸易保护理论

1. 背景

贸易保护理论是国际贸易领域的一个重要理论，它主张国家应采取一系列政策措施来限制进口，旨在保护本国产业和市场免受外国竞争的冲击。该理论在经济发展史上具有悠久的历史和深远的影响。本节将对贸易保护理论的核心观点、发展历程、主要实施措施、其产生的影响及存在的争议进行详细阐述，并对该理论进行归纳与总结。

2. 贸易保护理论的核心观点

贸易保护理论的核心观点是：通过实施进口限制措施，保护本国产业与市场，以此推动国内生产力的发展，并提升国家在国际经济中的竞争力。这一观点主要基于以下几个方面的考量：

（1）保护幼稚产业。某些新兴产业在初创阶段可能难以与外国成熟产业相抗衡，因此需要有一定的保护时间来成长壮大。贸易保护措施可以为这些产业提供必要的成长空间和发展机会。

（2）维护国家经济安全。贸易保护能够确保国内关键产业和资源的稳定供应，防止外国资本和技术对本国经济造成过度冲击和控制，从而保障国家经济的整体安全。

（3）促进就业与经济增长。通过保护国内产业，可以创造更多的就业机会，推动经济增长，进而维护社会稳定。

3. 贸易保护理论的发展历程

贸易保护理论的发展历程漫长且复杂，它随着全球经济格局的演变和各国经济政策的调整而不断演进。

（1）早期萌芽阶段。贸易保护理论的早期萌芽可以追溯到 15 ~ 17 世纪的欧洲，这一时期正值欧洲资本原始积累阶段，重商主义应运而生。重商主义代表商业资本的利益，主张国家通过贸易保护手段增加财富，如管制金银货币、垄断对外贸易、鼓励出口和限制进口等，以扶植本国产业发展并实现贸易顺差。此阶段的贸易保护理论主要聚焦于金银财富的积累，主要政策手段包括关税壁垒和外汇管制。

（2）自由贸易理论的挑战与贸易保护的调整。19 世纪中期至 20 世纪初，随着工业革命的发展，英国等发达国家实现了工业化并占据了世界市场优势地位。在此背景下，自由贸易理论逐渐兴起，亚当·斯密和大卫·李嘉图等经济学家提出了基于绝对优势和比较优势的国际贸易理论，主张通过自由贸易实现互利共赢。然而，与英国的自由贸易政策相对，美国、法国和德国等国家则采取了贸易保护政策，以保护本国的农业、民族工业，扶植新兴工业的发展。这一时期的贸易保护理论开始强调对国内幼稚产业的保护，主张通过关税壁垒等手段扶持本国产业。

（3）凯恩斯主义与新重商主义的兴起。20 世纪 30 年代，全球经济陷入大萧条，各国失业严重，国际贸易受到极大冲击。在此背景下，凯恩斯主义经济理论受到重视。凯恩斯主张国家通过财政政策和货币政策干预经济，刺激有效需求，实现充分就业。在国际贸易方面，他提出了新重商主义思想，主张通过贸易保护政策保护国内产业和就业。凯恩斯认为，一国总投资包括对内投资和对外投资，对外贸易顺差可增加本国对外投资，进而促进国内经济发展。因此，他主张通过关税壁垒和外汇管制等手段限制进口，保护国内产业免受外国商品竞争。

（4）新贸易保护主义的兴起与演变。20 世纪 70 年代以后，随着经济全球化的发展和国际竞争的加剧，新贸易保护主义开始兴起。与传统贸易保护主义相比，新贸易保护主义在保护对象、手段和方式上有所不同。它不再仅关注对国内幼稚产业的保护，而是更加关注对高新技术产业和知识产权的保护；在保护手段上，新贸易保护主义更多地采用非关税壁垒等隐蔽性更强的手段；在保护方式上，它更强调国际合作和协调，以实现全球范围内的互利共赢。

新贸易保护主义主要包含以下几个核心方面：第一，加强对高新技术产业和知识产权的保护。随着科技的进步和知识产权重要性的日益提升，各国开始加大对高新技术产业和知识产权的保护力度。这包括制定严格的知识产权法律与政策，强化知识产权执法，以及采取其他多项措施来维护本国的高新技术产业和知识产权。第二，运用非关税壁垒等更为隐蔽的手段。与传统的关税壁垒相比，非关税壁垒更为隐蔽且灵活，能够有效限制外国商品的进口。这些非关税壁垒涵盖进口配额、进口许可证制度、反倾销和反补贴措施等多种形式。第三，注重国际合作与协调。在全球化的背景下，各国经济联系日益紧密，贸易保护主义已不再是单个国家能够独自应对的问题。因此，新贸易保护主义强调国际合作与协调，通过国际组织和多边贸易协定等机制来规范国际贸易秩序，以实现全球范围内的互利共赢。

4. 贸易保护的主要措施

贸易保护是为了保护国内产业与市场，通过一系列政策手段限制外国商品进口或鼓励本国商品出口。贸易保护措施虽在不同历史时期和不同国家有所不同，但总体上可归为关税壁垒和非关税壁垒两大类。

（1）关税壁垒。关税壁垒是贸易保护中最基本且常见的措施，主要通过征收高额进口关税来限制外国商品进口。其主要形式包括：一是进口关税。对进口商品征收的税费，可按从价税（按商品价值的一定比例征收）或从量税（按商品数量或重量征收）形式征收。进口关税的高低直接影响进口商品的成本和价格，从而起到限制进口的作用。二是进口附加税。在进口关税基础上额外征收的税费，通常针对特定情况或政策目标而设立，如反倾销税就是针对外国商品倾销而征收的进口附加税。三是进口环节增值税。一些国家在进口商品进入国内市场时，还会征收进口环节增值税，这也是一种间接的关税壁垒。

关税壁垒的优点在于操作简单、效果显著，但也可能导致进口商品价格过高，影响国内消费者利益，甚至引发贸易战和其他国家的报复，对国际贸易关系造成不利影响。

（2）非关税壁垒。非关税壁垒指除关税外其他限制进口的措施，形式更加多样和隐蔽。其主要形式包括：一是进口配额和进口许可证制度。通过限制进口商品数量和种类来实施保护，政府制定进口配额并分配给进口商，或要求进口商在进口前必须获得政府颁发的许可证。二是外汇管制。国家通过对外汇的管制来限制进口，如限制外汇的购买和使用来限制进口商品的外汇支付。三是技术性贸易壁垒。通过制定严格的技术标准、卫生检疫规定等来限制进口，要求进口商品符合特定标准或经过特定认证。四是绿色壁垒。以保护环境和人类健康为由采取的贸易限制措施，如要求进口商品符合特定环保标准或经过特定环保认证。五是社会壁垒。以劳工权益、人权等问题为由采取的贸易限制措施，要求进口商品在生产过程中符合特定社会标准或条件。

非关税壁垒的优点在于形式多样、隐蔽性强，能更好地适应不同国家的实际情况和政策需求，但同时也可能导致贸易歧视和贸易扭曲，对国际贸易关系造成不利影响。

5. 贸易保护的影响及争议

贸易保护是一个复杂且多维度的议题，它涉及国家经济、产业发展、消费者利益以及国际关系等众多层面。

（1）贸易保护的影响。

①对国内产业的影响。一是保护本国产业。贸易保护的主要目标是为国内产业提供庇护，使其免受外国竞争的冲击。通过实施进口限制或提高关税等手段，为国内产业创造更大的市场空间和发展机遇。二是抑制创新。长期的贸易保护可能导致国内产业缺乏竞争压力，进而抑制创新和技术进步。在缺乏竞争的市场环境中，国内企业可能缺乏改进产品和服务的动力。

②对消费者的影响。一是价格上涨。贸易保护通常会导致进口商品价格上涨，因为关税和其他贸易壁垒增加了商品的成本。这可能对消费者造成经济负担，降低他们的购买力。二是选择减少。贸易保护还可能限制消费者的选择范围，因为一些优质的进口商品可能因贸易壁垒而无法进入国内市场。

（2）对国际贸易关系的影响。一是可能会导致贸易摩擦。贸易保护主义措施往往引发其他国家的反制措施，导致贸易摩擦和紧张关系升级。例如，当一国提高关税时，其他国家可能会采取报复性措施，从而引发贸易战。二是可能造成全球经济增长放缓。贸易保护主义限制了商品和服务的自由流动，抑制了国际贸易的增长，进而可能导致全球经济增长放缓。

（3）对贸易保护的争议。

①在国家利益的平衡方面，贸易保护主义者认为，保护国内产业和就业是国家利益的重要组成部分。他们主张通过贸易保护措施来维护国内产业的竞争力，确保国家经济的稳定和发展。自由贸易支持者认为，贸易保护主义会损害全球经济的整体利益。主张通过自由贸易来促进商品和服务的自由流动，实现全球资源的优化配置和经济增长。

②在长期与短期利益的权衡方面，贸易保护主义者通常关注短期内的国家利益，认为通过贸易保护措施可以迅速保护国内产业和就业。然而，这种短期利益可能以牺牲长期利益为代价，如抑制创新、降低竞争力等。自由贸易支持者更注重长期利益，认为通过自由贸易可以促进全球经济的增长和繁荣，从而为各国带来更大的利益。

③在公平与效率的权衡方面，贸易保护主义者认为贸易保护可以确保国内产业的公平竞争环境，防止外国商品通过不公平手段进入国内市场。然而，这种保护也可能导致市场扭曲和效率低下。自由贸易支持者主张通过市场机制来实现资源的优化配置和效率最大化，认为贸易保护会破坏市场的公平竞争环境，降低经济效率。

综上所述，贸易保护是一个复杂且多维度的议题。在制定贸易政策时，各国需要全面考虑国家利益、长期与短期利益、公平与效率以及国际合作等多个方面的因素，以实现经济的可持续发展和互利共赢。

6. 与贸易保护相关的理论

贸易保护理论是一个复杂且重要的理论体系，对国际贸易领域产生了深远的影响。通过实施贸易保护措施，国家能够为本国产业和市场提供庇护，使其免受外国竞争的冲击。然而，这样的措施也可能引发国际贸易摩擦和争端。因此，在制定贸易政策时，各国需要全面权衡利弊得失，力求找到既保护本国利益又推动全球贸易自由化进程的平衡点。与此同时，加强国际合作与沟通也是缓解贸易保护主义带来的负面影响的重要途径之一。

与贸易保护相关的理论主要有贸易条件效应理论、有效保护理论、贸易制裁理论等。

（1）贸易条件效应理论。贸易条件效应理论深入探讨了在建立关税同盟后，同盟内部国家与外部国家间进出口商品贸易条件的变化情况。该理论在国际贸易关系领域占据核心地位，有助于我们理解关税政策如何影响一国的贸易条件及其整体福利水平。

贸易条件效应指的是关税同盟成立后，同盟内国家与同盟外国家在进出口商品贸易条件上所发生的变化。它主要聚焦于关税政策对进口国贸易条件的影响，以及这种影响如何进一步波及国内生产、消费和福利层面。

贸易条件效应的核心观点如下：一是关税同盟的贸易转移与大国效应。贸易转移指的是同盟内国家减少从同盟外国家的进口，转而增加从同盟内其他国家的进口。这种现象在大国中尤为显著，因为大国进口量的减少可能导致外部市场供应价格下降。相比之下，小国进口量的减少对国际市场供求关系的影响微乎其微，因此其关税贸易条件效应通常不明显。二是贸易条件的变化与福利影响。关税同盟的贸易条件改善，意味着该国出口商品价格相对于进口商品价格上升。这种改善可通过降低进口商品价格或提高出口商品价格来实现。贸易条件的改善往往能提升同盟成员国的社会福利水平，因为进口价格的降低使消费者能够购买更多商品，而出口价格的上涨则增加了生产者的收入。

贸易条件指数是衡量一国贸易条件变化的关键工具，通过出口价格指数与进口价格指数的比值来计算。若贸易条件指数大于 1，则表明出口价格相对于进口价格上升，贸易条件得到改善；反之则表明贸易条件恶化。

贸易条件效应受多种因素共同影响：一是关税水平。关税水平是影响贸易条件效应的关键因素。关税同盟提高对外关税时，外部供应者为维持出口量可能会降低出口价格，导致同盟内进口商品价格下降，进而改善贸易条件。反之，关税水平下降可能导致贸易条件恶化。二是同盟内外市场的供求关系。同盟内外市场的供求关系也是重要因素。同盟内国家减少从外部进口可能导致外部市场供应价格下降，从而改善同盟成员国的贸易条件。但这一效应主要适用于大国。三是商品的需求弹性。不同商品的需求弹性对贸易条件效应的影响各异。需求弹性较高的商品在关税提高时可能导致进口量大幅下降，迫使外部供应者降价价格以维持出口量，从而改善同盟成员国的贸易条件。而需求弹性较低的商品则可能受关税影响较小。四是汇率波动。汇率波动也可能对贸易条件效应产生影响。汇率变化会影响进出口商品的成本和价格，但长期来看其影响近似中性，因为汇率由进出口贸易和国际资本流动决定，并会回归均衡位置。五是产业结构变化。产业结构变化同样影响贸易条件效应。一国产业结构从以初级产品出口为主转向以制成品出口为主时，其贸易条件可能得到改善。反之，产业结构未能及时升级可能导致贸易条件恶化。六是技术进步。技术进步是影响贸易条件效应的另一个重要因素。它可提高生产效率、降低生产成本，增强本国产品在国际市场上的竞争力。然而，技术进步的利益在发达国家和发展中国家间分配不均，可能导致发展中国家的贸易条件恶化。

（2）有效保护理论。有效保护理论亦称关税结构理论或有效关税理论，是国际贸易理论的一个重要组成部分。其核心在于探究关税政策如何影响一国特定产业的实际保护程度，尤其关注在涉及中间产品投入时，如何精确评估一种产品所受的实际保护水平。这一理论为政策制定者提供了制定关税政策的理论依据，有助于推动国家产业结构的优化和福利水平的提升。

有效保护理论是一种衡量产品实际受保护程度的理论，它综合考虑了关税政策对最终产品和中间投入物的影响。该理论起源于 19 世纪，随着国际贸易的持续发展，越来越多的学者开始关注关税政策对一国产业竞争力的影响。进入 20 世纪后，有效保护理论逐渐走向成熟，并在国际贸易政策中得到了广泛的应用与推广。

有效保护理论的核心观点如下：一是关税对产业保护的实际效果。有效保护理论强调，关税政策对产业的保护效果并非仅由最终产品的关税税率所决定，而是受到整个关税结构的影响。具体而言，如果一国对生产最终产品所需的原材料或中间产品也征收关税，那么关税对最终产品的保护效果将被削弱。因此，在评估关税政策对产业的保护效果时，需要全面考虑关税政策对生产过程各个环节的影响。二是有效保护率的计算与意义。有效保护率（ERP）是衡量关税政策对产业实际保护程度的重要指标。其计算公式为：$ERP = \dfrac{V' - V}{V} \times 100\%$，其中 V′代表征收关税后单位进口产品的附加价值，V 代表无关税时该产品的附加价值。有效保护率实际上反映了征收关税后被保护产业单位产品附加值的增加率。若 ERP 大于 0，表明关税政策提高了产业的附加值，产业受到了保护；反之，则说明产业未受到保护或受了损害。有效保护率受多种因素影响，包括关税税率、投入品关税税率、投入品在最终产品中的比重、加工增值率等。三是关税结构对产业竞争力的影响。有效保护理论认为，关税结构对产业的竞争力具有显著影响。若一国对进口原材料或中间产品征收低关税，而对最终产品征收高关税，这种关税结构将有助于提高产业的附加值和竞争力。因为低关税降低了进口原材料或中间产品的成本，而高关税则使国内最终产品在国际市场上具有价格优势。然而，若关税结构不合理，如对进口原材料或中间产品征收高关税，而对最终产品征收低关税，则会导致产业的附加值降低和竞争力下降。

有效保护理论作为一种经济理论，其核心在于通过政策手段实现对国内产业的有效保护，以促进其健康发展和提升国际竞争力。这一理论在实践中的应用涉及多个方面，同时也面临着一些挑战。

有效保护理论的应用主要涉及以下几个方面：一是关税政策的应用。关税政策是有效保护理论最直接的应用方式。通过合理设置进口关税，可以实现对国内产业的直接保护，不仅可以提高进口商品成本、降低其市场竞争力，更重要的是通过关税的引导作用，可以促使国内产业进行结构调整和升级，提升整体竞争力。例如，发展中国家为保护幼稚产业，常采取高关税政策，以限制外国商品进口，为国内产业提供发展空间。二是非关税壁垒的应用。除了关税政策，非关税壁垒也是有效保护理论的重要实践方式，包括进口配额、进口许可证、技术性贸易壁垒等多种形式。这些措施通过限制进口数量、提高进口门槛等方式，为国内产业提供更为严格的保护。例如，一些国家为保护本国环境或消费者利益，制定了严格的技术标准和卫生检疫规定，对进口商品进行严格的检测和审查，从而限制其进入国内市场。

有效保护理论的实践应用需要政策之间的协调与配合，包括财政政策、产业政策、贸易政策等。例如，在财政政策方面，可以通过提供税收优惠、财政补贴等方式支持国内产业发展；在产业政策方面，可以通过制定产业发展规划、引导企业技术创新等方式提升产业国际竞争力；在贸易政策方面，则需根据国际市场变化和国内产业发展情况，灵活调整关税和非关税壁垒等措施，以实现有效保护。

有效保护理论的实践应用也面临着一些挑战。首先，确定合理的保护水平是一个难题，过高的保护水平可能导致国内市场扭曲、效率低下等问题，而过低的保护水平则可能无法起到有效的保护作用。因此，需根据国内产业实际情况和国际市场变化灵活调整保护水平。其次，平衡保护国内产业与促进国际贸易的关系也是一个重要问题。在实践中，需注重政策之间的协调与配合，以实现国内产业健康发展和国际贸易繁荣。

（3）贸易制裁理论。贸易制裁理论在国际贸易政策中占据重要地位，其核心是一国或多国政府通过采取一系列经济措施，对另一国进行贸易限制或禁止，旨在实现特定的政治、经济或安全目标。作为国际关系中的一种关键外交手段，贸易制裁背后蕴含着复杂的国际关系和经济利益纠葛。

贸易制裁是一国或多国政府通过法令对另一国采取的强硬经济措施，旨在断绝双方的经济和贸易关系。其背景可追溯至国际关系中的政治、经济、安全等多重因素。随着国际政治经济形势的演变，贸易制裁逐渐被用作一种外交手段，以应对目标国家的不当行为或政策。同时，国际贸易体系的发展和变化，以及国际社会对某些国家或实体的关注和关切，也为贸易制裁提供了背景支持。

贸易制裁的目的和原因是多元化的。首先，它旨在通过经济压力迫使目标国家改变不当行为，从而维护国际贸易秩序和公平竞争环境。这些不当行为可能包括违反国际贸易规则、侵犯他国利益或进行不正当贸易行为等。其次，贸易制裁也可作为一种政治手段，用于对抗其他国家的政策或行为，如回应侵略行为、支持恐怖主义活动等问题。此外，贸易制裁还可用于维护国家安全和保护国内产业，免受不公平竞争的冲击。

贸易制裁的类型和措施多种多样，常见的贸易制裁措施包括以下一些：一是经济制裁。通过限制贸易、金融和投资等手段，对目标国家进行经济打压和惩罚，如禁止或限制进出口、冻结资产、停止贷款和投资等。二是武器禁运。禁止向目标国家出口武器和军事装备，以阻止其军事扩张或侵略行为。三是旅行限制。限制目标国家政府官员、军事人员和相关人员的出入境自由，以施加外交压力。四是金融制裁。限制目标国家的金融活动和资金流动，如冻结资产、限制与国际金融机构的合作、禁止提供贷款和金融支持等。五是技术限制。阻止目标国家获得先进技术和关键技术，以遏制其军事和技术发展。六是外交制裁。限制目标国家的外交活动和国际交往，如断交、撤销外交使团、限制国际会议和组织的参与等。

贸易制裁的实施对被制裁国家和其他相关国家都会产生深远影响。被制裁国家的经济将受到严重冲击，出口和进口受限，进而影响国内生产和就业。同时，由于全球贸易的紧密相连性，一国的制裁可能对其他国家的供应链产生连锁影响，导致全球经济不稳定。然而，贸易制裁也面临着诸多挑战，如制裁措施可能被绕过或逃避、易引发贸易摩擦和贸易战，以及需要权衡利弊得失以避免过度保护带来的负面影响。

2.2.2　最优关税理论

1. 背景

最优关税理论是国际贸易学中的一个核心理论，主要探究一国如何设定合理的关税水平以实现社会福利的最大化。在全球经济一体化和贸易自由化的大背景下，这一理论为各国制定关税政策提供了重要的理论依据和实践指导。

2. 最优关税的定义

最优关税也被称为最佳关税或最适关税，指的是能够使一国贸易条件的改善相对于其贸易量减少的负面影响所带来的净收益达到最大化的关税水平。这一理论主要关注关税税率与国家福利水平之间的关系，并致力于找到一种能够使国家福利最大化的关税政策。

3. 核心观点

（1）关税的双重影响。最优关税理论的核心在于探讨如何设定关税水平以使一国的社会福利水平达到最大化。这一理论深入分析了关税对一国福利水平的双重影响。

①关税对一国福利水平的积极影响。一是改善贸易条件。在一定条件下，关税能够改善一国的贸易条件，使该国从关税中获得收益。具体来说，关税能够降低进口商品的价格，提高出口商品的价格，从而优化一国的贸易条件。二是增加财政收入。关税可以为政府带来额外的税收收入，这种以增加财政收入为目的的关税被称为财政关税。这些收入可以用于支持国内产业的发展或提供公共服务。三是保护国内市场。关税可以保护国内市场，特别是可以保护国内的幼稚产业或需要扶持的产业。通过征收关税，可以降低外国商品在国内市场的竞争力，为国内产业提供发展空间。四是调节国内市场的物价和供应。关税还可以作为调节工具，帮助稳定国内经济。例如，在供应短缺的情况下，通过提高关税可以减少进口，从而稳定国内价格。

②关税对一国福利水平的消极影响。一是扭曲生产和消费行为。关税的存在会导致生产者和消费者偏离最优决策，选择次优的产品组合和生产方

式，从而使一国为此付出成本。二是增加消费者负担。关税通常会被加到商品售价中，从而增加消费者的开支。这对于那些依赖进口商品的家庭来说，可能会带来额外的经济压力。三是保护过度与保护落后。过高的关税可能会导致国内产业在缺乏竞争的环境中发展缓慢，甚至陷入停滞。长期的高关税保护还可能使国内产业变得依赖政府支持，缺乏自我创新和发展的动力。四是恶化贸易伙伴关系。过高的关税可能引发贸易伙伴的不满和报复，导致贸易战或贸易壁垒的升级。这不仅会损害双方的利益，还可能对整个国际贸易体系造成破坏。

（2）最优关税的确定。最优关税的确定取决于关税税率的变化对国家福利水平的影响。在关税税率较低的情况下，提高关税税率能够改善贸易条件，使国家从关税中获得更多的收益。然而，随着关税税率的提高，其成本的增长速度将逐渐超过收益的增长速度。因此，存在一个最优关税税率，使国家从贸易条件改善中获得的收益恰好等于实行关税的成本。当关税税率超过该点时，成本将超过收益，导致社会福利的绝对下降。

（3）大国与小国的差异。最优关税理论主要关注大国的关税政策。这是因为小国的关税政策不会引起商品国际价格的变化，其关税政策只能导致贸易量的减少，而不能改善贸易条件。因此，小国没有最优关税。而对于大国来说，由于其进出口商品在世界市场上占有较高的比重，因此可以通过设定合适的关税税率来改善贸易条件，实现社会福利的最大化。

4. 影响因素

（1）供给弹性。最优关税的水平与外国出口商货物的供给弹性密切相关。供给弹性是指价格变动1%时引起供给量变动的程度。一般来说，出口国供给弹性越小，其最佳关税越大；反之，出口国供给弹性越大，其最佳关税越小。

（2）贸易条件。贸易条件的改善是确定最优关税的关键因素。当关税税率的提高能够改善贸易条件时，国家可以从关税中获得更多的收益。然而，随着关税税率的进一步提高，贸易条件的改善速度将逐渐减缓，直至达到最优关税税率。

（3）贸易伙伴国的反应。最优关税的确定还需要考虑贸易伙伴国的反应。如果贸易伙伴国采取报复性措施，如提高对本国商品的关税，那么本国的福利水平可能会受到负面影响。因此，在制定最优关税政策时，需要充分考虑国际政治经济环境以及贸易伙伴国的态度和反应。

5. 最优关税理论的应用

最优关税理论在国际贸易实践中具有广泛的应用。各国政府可以根据本国的实际情况和需要，通过设定合适的关税税率来改善贸易条件、保护本国产业和市场、促进经济增长和就业等。例如，在高新技术产业领域，一些国家可能通过设定较高的关税税率来保护本国产业的发展；在农产品领域，一些国家可能通过设定关税配额等措施来保障国内市场的稳定供应。

6. 与其他理论的关联

最优关税理论与比较优势理论、自由贸易理论等国际贸易理论存在一定的关联和互补性。比较优势理论认为国家间比较优势的差异是国际贸易产生的基础，而最优关税理论则是在此基础上探讨如何通过设定合适的关税税率来实现国家福利的最大化。自由贸易理论主张消除贸易壁垒、实现商品和服务的自由流通，而最优关税理论则是在承认国际贸易中存在摩擦和壁垒的前提下，探讨如何通过关税政策来优化贸易结构、提高国家福利水平。

7. 进口渗透率

进口渗透率也会影响关税制定。进口渗透率也被称为进口渗透度，反映了一国某年某产业（或产品）的进口量占其消费总量的比重，即渗透程度的高低。其计算公式为：

$$进口渗透率 = 进口数量 / 国内消费数量$$

其中，进口数量指的是一国某年某产业（或产品）的进口数量，国内消费数量则包括该产业的进口数量和国内生产量，但不包括出口量。

进口渗透率受多种因素的共同影响：一是政策及控制因素，特别是政府的外贸政策。开放的外贸政策会吸引更多境外企业进入本国市场，增加进口产品的种类和数量，从而提高进口渗透率；而保守的外贸政策则会限制进口，导致进口渗透率降低。二是消费者的消费能力。随着消费者收入的增加和消费能力的提高，他们更有可能购买进口商品，这种消费行为的转变会直接导致进口渗透率的上升。三是运输与物流的便利度。完善的物流体系和低廉高效的运输成本能够促进进口商品的销售，从而提高进口渗透率。四是货币汇率的变动。本国货币贬值会提高进口商品的价格，降低其市场竞争力，从而减少进口量，降低进口渗透率；而本国货币升值则会使进口商品相对便宜，增加其市场需求，进而提高进口渗透率。五是行业特征。行业的进口替代弹性以及经济效率和社会影响都会影响进口渗透率的高低。六是全球贸易环境的变化。国际贸易协议的签订、贸易壁垒的降低或提高以及国际贸易摩擦等都会对进口渗透率产生影响。

　　进口渗透率作为一个重要的经济指标，具有多方面的经济意义。第一，进口渗透率的高低直接反映了一国市场的开放程度和投资环境。高进口渗透率通常意味着该国政府对外贸政策较为开放，市场准入门槛较低，能够吸引更多的境外企业进入本国市场，有利于国际贸易的开展和资源的优化配置，同时也表明该国投资环境良好，为外国投资者提供了更多的投资机会和市场空间。第二，进口渗透率的变化能够揭示出一国经济结构的调整和消费模式的转变。随着经济发展和居民收入水平的提高，消费者对进口商品的需求增加，进口渗透率上升，这反映了消费者对高品质、高技术含量商品的需求提升和国内产业结构的升级。同时，进口渗透率还能够反映出不同产业或产品在国内市场中的竞争力和市场份额。第三，进口渗透率对一国技术进步和产业升级具有重要意义。通过进口国外先进的技术和设备，本国企业能够提升自身技术水平和生产能力，推动产业升级。同时，进口商品中的技术含量和创新元素也能激发本国企业的创新活力，促进技术创新和自主研发能力的提升。第四，进口渗透率与一国的贸易平衡和外汇储备密切相关。高进口渗透率可能意味着该国在国际贸易中处于逆差地位，需要消耗更多的外汇储备。因此，政府需要密切关注进口渗透率的变化趋势，制定合理的贸易政策和外汇储备管理策略。第五，进口渗透率的提升有助于促进全球经济一体化和区域合作。随着国际贸易的深入发展，进口渗透率的提升意味着更多的商品和服务在跨国界流动中实现了资源的优化配置和共享，有助于推动全球经济一体化的进程和区域经济一体化的建设。

2.2.3　关税传导理论

　　关税传导理论作为国际贸易与宏观经济理论的重要组成部分，专注于探究关税政策如何作用于国内外市场价格、消费者福利、产业结构及国际贸易模式。深入分析关税传导机制有助于理解国际贸易政策的经济效应，为国家制定贸易政策提供指导。

1. 关税传导机制的概念

简而言之，关税传导机制是指关税变动通过一系列经济活动和市场反应，最终影响到国内商品价格、消费者福利、生产者成本以及整体经济表现的过程。这一机制是国际贸易理论与政策分析中的重要内容，对于理解贸易自由化、贸易保护主义以及全球经济一体化等议题具有重要意义。

2. 关税传导的主要途径

（1）价格传导。一是直接价格效应。关税的变动对进口商品价格具有直接影响。关税降低时，进口商品成本随之下降，理论上应导致这些商品在国内市场的售价降低。然而，这种价格传导并非完全线性，还受市场供需关系、竞争结构、分销渠道等多重因素影响。二是间接价格效应。关税变动还可能通过产业链影响国内相关产业。例如，进口原材料关税的降低可能降低下游制成品的成本，进而影响最终消费品的价格。反之，关税上升导致进口原材料成本增加，也可能推高下游产品价格。

（2）贸易量传导。关税的变动会影响进出口商品的贸易量。关税降低通常会增加进口商品的吸引力，促进进口量增长；而关税上升则可能抑制进口需求。贸易量的变化会进一步影响国内市场的供需平衡和价格水平。

（3）市场竞争传导。关税变动会改变国内外商品在市场上的相对竞争力。关税降低可能使进口商品在国内市场更具竞争力，从而挤压国内同类商品的市场份额；反之，关税上升则可能为国内商品提供保护。市场竞争格局的变化会影响企业的定价策略、生产规模和投资方向。

（4）消费者与生产者福利传导。关税变动对消费者和生产者福利产生直接影响。关税降低使消费者能以更低的价格购买进口商品，提升消费者福利；同时，对于使用进口原材料或中间品的企业而言，关税降低也意味着生产成本下降和生产效率提升。然而，对于国内同类商品的生产者而言，关税降低可能带来市场竞争压力和利润空间压缩。

3. 关税传导的影响因素

关税传导的效果受多种因素制约，具体包括：第一，商品的供求弹性。商品的供求弹性对关税政策对价格和贸易流量的影响程度起着决定性作用。通常，弹性较小的商品（如必需品）对关税的传导效应相对较弱，而弹性较大的商品（如奢侈品）则对关税的传导效应较强。第二，汇率制度。汇率制度对关税传导效应具有显著影响。在浮动汇率制度下，关税政策可能通过汇率的变动来影响国际贸易和国内经济；相比之下，在固定汇率制度下，关税政策的影响可能更多地体现在国内价格水平上。第三，贸易伙伴国的反应。贸易伙伴国可能会采取报复性措施，从而影响关税传导的效果。例如，如果贸易伙伴国提高对本国商品的关税，那么本国出口商品的竞争力将受到削弱，进而可能抵消关税政策的部分效果。

4. 关税传导的政策含义

关税传导不仅关乎国际贸易政策的制定与执行，还深刻影响着国内市场的价格机制、消费者福利、生产者成本以及整体经济表现。

（1）关税政策与国际贸易环境。一是贸易自由化与保护主义。关税传导机制揭示了关税政策在贸易自由化与保护主义之间的平衡作用。降低关税可以促进国际贸易的自由化，增强商品的跨国流动，降低消费者成本，提升社会福利。过高的关税则可能构成贸易壁垒，抑制进口，保护国内产业免受外部竞争压力，但也可能导致市场扭曲和资源配置效率低下。二是国际贸易谈判与合作。关税传导机制也是国际贸易谈判与合作的重要考量因素。在国际贸易谈判中，各国会就关税水平进行磋商，以达成互利共赢的贸易协议。关税传导机制的分析有助于评估不同关税方案的经济影响，为谈判提供科学依据。

（2）关税政策与国内市场价格机制。一是价格传导效应。关税政策的变动会直接影响进口商品的价格，并通过市场竞争机制传导至国内同类商品的价格。这种价格传导效应有助于形成更加市场化的价格形成机制，促进资源的优化配置。然而，关税政策也可能导致价格扭曲和市场失灵，特别是在存在市场垄断或信息不对称的情况下。二是消费者福利与生产者成本。关税政策的变动会影响消费者福利和生产者成本。降低关税可以降低消费者购买进口商品的成本，提升消费者福利；同时，对于依赖进口原材料或中间品的企业而言，降低关税也意味着生产成本的下降。然而，对于国内同类商品的生产者而言，关税降低可能带来市场竞争压力和利润空间的压缩。

（3）关税政策与经济结构调整。第一，产业结构升级。关税政策可以通过影响进口商品的结构和数量，促进国内产业结构的升级和转型。例如，降低高技术含量和环保型产品的关税可以鼓励国内企业引进先进技术和管理经验，提升自主创新能力；同时，限制低技术含量和高污染产品的进口可以倒逼国内产业进行绿色转型和升级。第二，区域协调发展。关税政策还可以促进区域协调发展。通过实施差异化的关税政策，可以引导资源向欠发达地区流动，促进这些地区的经济发展和社会进步。例如，对中西部地区的进口商品给予一定的关税优惠，可以吸引外资和技术进入这些地区，推动当地产业升级和经济发展。

（4）关税政策与宏观经济调控。第一，经济增长与稳定。关税政策作为宏观经济调控工具之一，可以通过影响总需求和总供给来影响经济增长和稳定。降低关税可以促进国际贸易的发展，增加总需求；同时，对于国内产能过剩的行业而言，降低出口关税可以鼓励企业扩大出口，缓解产能过剩问题。然而，过高的关税可能导致贸易逆差扩大、外汇储备下降等不利后果，对宏观经济稳定构成威胁。第二，国际收支平衡。关税政策还影响国际收支平衡。通过调整关税水平，可以影响进出口商品的价格和数量，进而影响国际收支状况。例如，在贸易顺差过大的情况下，适当提高进口关税可以抑制进口需求，减少贸易顺差；反之，在贸易逆差过大的情况下，适当降低进口关税可以促进进口，改善贸易逆差。

（5）关税政策制定与执行的建议。第一，科学评估与预测。在制定关税政策时，应充分评估其经济影响并进行科学预测。通过构建经济模型和运用计量分析方法，可以模拟不同关税方案的经济效果，为政策制定提供科学依据。第二，灵活调整与动态优化。关税政策应根据国内外经济形势的变化进行灵活调整和动态优化。在国际贸易环境发生重大变化或国内经济出现新情况时，应及时调整关税政策，以应对挑战和抓住机遇。第三，加强国际合作与协调：在全球化背景下，各国之间的经济联系日益紧密，加强国际合作与协调对于制定有效的关税政策具有重要意义。通过参与国际贸易谈判和合作机制，可以促进各国之间的贸易自由化和便利化，推动全球经济的共同发展。

2.2.4　基于技术进步的国际贸易摩擦理论

1. 定义与背景

基于技术进步的国际贸易摩擦理论是指在国际贸易领域，由于技术进步导致国家间比较优势发生变动，进而造成贸易利益分配不均和贸易结构失衡，最终引发贸易摩擦的一种理论。这种贸易摩擦可能以关税壁垒、非关壁垒、知识产权争端等多种形式出现。

在全球经济迅猛发展和科技日新月异的背景下，技术进步已成为驱动国际贸易发展的核心力量。然而，技术进步在为国际贸易带来繁荣的同时，也催生了新的贸易摩擦问题。基于技术进步的国际贸易摩擦理论专注于探讨技术进步如何重塑国际贸易格局，同时寻求解决由技术进步引发的贸易摩擦的有效路径。

2. 核心观点

基于技术进步的国际贸易摩擦理论是近年来经济学界关于国际贸易关系动态变化理论研究的一个重要分支。该理论聚焦于技术进步如何影响国际贸易格局、利益分配以及贸易摩擦的形成与演变。其核心观点如下。

（1）技术进步是推动全球经济发展的关键因素，它不仅显著提升了生产效率，还促进了产业结构的优化与升级。在国际贸易领域，技术进步带来的直接影响是出口商品种类的增多和质量的提升。一国在特定领域的技术突破，可能极大地增强其在该领域的国际竞争力，从而重塑原有的国际贸易格局。

（2）根据国际贸易摩擦的新理论，如戈莫里和鲍莫尔、萨缪尔逊等人的研究，技术进步会导致贸易利益的重新分配。具体而言，当一国在某一领域取得技术进步时，其生产成本将降低，产品竞争力将增强，从而在国际市场上占据更大的份额。这种变化不仅为该国带来了更多的贸易利益，还可能对贸易伙伴国的相关产业造成冲击，导致这些国家的贸易利益受损。因此，技术进步成为引发国际贸易摩擦的重要因素。

3. 基于技术进步的国际贸易摩擦形成机制

基于技术进步的国际贸易摩擦的形成机制包括以下三个方面：比较优势的变化、贸易平衡的调整和产业结构的冲突。

（1）比较优势的变化。技术进步会改变国家间的比较优势。当一国在某一领域取得技术进步时，其在该领域的比较优势将得到强化，而贸易伙伴国在该领域的比较优势可能相对减弱。这种比较优势的变化可能引发贸易伙伴国的不满和抵制，从而导致贸易摩擦的产生。

（2）贸易平衡的调整。技术进步导致的出口增加可能打破原有的贸易平衡。一国的出口增长过快可能使贸易伙伴国出现贸易逆差，进而引发贸易伙伴国的贸易保护主义措施。这些措施可能包括提高关税、实施反倾销和反补贴调查等，从而加剧国际贸易摩擦。

（3）产业结构的冲突。技术进步还可能引发产业结构的冲突。随着技术的进步，一些传统产业可能逐渐衰退，而新兴产业则迅速崛起。这种产业结构的变化可能使贸易伙伴国之间的经济联系变得更为复杂和敏感，从而增加贸易摩擦的风险。

4. 国际贸易摩擦的应对策略

面对基于技术进步的国际贸易摩擦，各国可以采取以下策略进行应对。

（1）加强沟通与协商。通过加强双边或多边沟通与协商，增进相互理解和信任，寻求共同利益的契合点，以和平方式解决贸易摩擦。

（2）推动技术创新与合作。鼓励技术创新，加强各国的技术交流与合作，共同提升全球技术水平，减少因技术差距引发的贸易摩擦。

（3）完善贸易规则与体系。积极参与国际贸易规则的制定和完善工作，推动建立更加公平、合理和透明的国际贸易体系，为各国提供平等竞争的机会。

（4）实施市场多元化战略。推动出口市场多元化，减少对单一市场的依赖；同时加强国内市场的培育和发展，提高内需对经济增长的贡献率。

5. 基于技术进步的国际贸易摩擦的类型

技术进步改变了贸易格局，引致国际贸易摩擦。在国际贸易中，某个国家能够参与国际贸易的产品种类数量变化会打破该国与其他国家间的贸易均衡，这种失衡也会使各国的福利随之变化，贸易利益在国家间会因失衡重新进行分配（Gomory and Baumol，2000）。技术进步在国际贸易中可根据其影响方向分为出口偏向型与进口偏向型，两者在国际贸易中扮演不同的角色，并对一国的经济发展和产业结构产生深远影响。

（1）出口偏向型技术进步。出口偏向型技术进步是指一国通过技术创新和升级，提升出口产品的技术含量和附加值，以增强其在国际市场上的竞争力。

此类技术进步往往伴随着资本密集型和技术密集型产业的发展，对一国具有以下影响：一是提升出口产品竞争力。出口偏向型的技术进步能提升出口产品的质量和性能，同时降低生产成本，使产品在国际市场上更具竞争力。例如，中国近年来在高新技术领域的快速发展，推动了电子产品、机械设备等资本密集型和技术密集型产品的出口增长。二是促进产业结构升级。此类技术进步有助于推动一国产业结构从劳动密集型向资本密集型和技术密集型转变，提高产业附加值，降低对自然资源的依赖，促进可持续发展。三是增加外汇收入。随着出口产品技术含量和附加值的提升，一国的外汇收入也会相应增加，有助于改善国际收支状况，增强国家的经济实力。

（2）进口偏向型的技术进步。进口偏向型的技术进步是指一国通过引进国外先进的技术和设备，提高国内产业的技术水平和生产效率，以满足国内市场对高质量产品的需求。

此类技术进步往往伴随着对进口技术、设备和知识产权的依赖，有助于快速缩小与国际先进水平的差距，对一国具有以下影响：一是提高国内产业技术水平。进口偏向型的技术进步能帮助一国快速获取国外先进的技术和设备，提升国内产业的技术水平和生产效率。例如，发展中国家通过引进发达国家的先进技术和设备，可以快速建立现代化工业体系，提高整体经济实力。二是满足国内市场需求。国内消费者对高质量产品需求不断增长，而进口偏向型的技术进步有助于满足这一需求。通过引进国外先进的生产线和质量控制体系，可以提升国内产品的质量标准和品牌形象。三是促进国际贸易合作。进口偏向型的技术进步有助于加强国际贸易合作和交流，推动国际技术转移和知识产权保护。这种合作和交流有助于推动全球经济的共同发展和繁荣。

出口偏向型和进口偏向型的技术进步在国际贸易中各有侧重。前者注重提升出口产品的技术含量和附加值，推动产业结构升级和出口商品结构优化；后者则注重引进国外先进技术和设备，提升国内产业技术水平和生产效率。这两种类型的技术进步相互补充、相互促进，共同推动一国的经济发展和产业升级。

2.3 全球价值链分工理论

比较优势依然是目前各国参与全球价值链进行国际分工的基础，分工是以外包的形式，管理是以治理理论为基础的形式。

2.3.1　动 态 比 较 优 势 理 论

比较优势理论包括传统比较优势理论和现代比较优势理论。传统比较优势理论的典型代表是李嘉图（1817）的单一要素比较优势理论和赫克歇尔—俄林（1933）的要素禀赋论（简称 HO 理论），假设因素是静态的、固定的，因素是先天禀赋，采用一般均衡分析框架分析产业间贸易的成因和利益分配。现代比较优势理论包括 HOV（Heckscher – Ohin – Vanek）理论及其外延、特定要素理论和动态比较优势理论，是对传统比较优势理论一般均衡分析框架的延续，是对传统比较优势理论的延伸。从要素不能流动的假设到主流研究放宽要素流动的假设，从理论研究和实证研究两个方面分析了国际要素间贸易和产业内贸易的差异，现代比较优势理论结合要素丰裕度和要素密集度，分析了贸易和利益分配的原因。现代比较优势理论可以进一步与既能解释产业间贸易又能解释产业内贸易的新贸易理论相结合，如 Falvey 模型、FK 模型和 LH 模型。

克鲁格曼（Krugman，1979，1980，1981）发现 DS 模型（Dixit – Stiglitz Model）可以运用于国际贸易理论分析，认为规模经济与多样化消费之间存在天然的两难冲突，而这种冲突的解决之策在于扩大市场规模，这恰好体现了国际贸易的优势。DS 模型及其所形成的新贸易理论都假定产业内贸易形成的原因在于规模报酬递增，并假定不同的专业化选择可由规模经济单独决定。与李嘉图的静态绝对比较优势相比，基于规模经济的比较优势是动态的，可以随着时间演进。因此，动态比较优势理论适用于解释内生经济增长，并且动态的新增长理论也可解释动态比较优势的演进。

中国基于比较优势理论发展成为一个贸易大国。然而，在基于比较优势理论的对外贸易优势取得巨大成就的同时，中国也付出了巨大的贸易成本。中国要承担低价出口带来的贸易摩擦和贸易壁垒，同时只能获得相对较少的贸易收入，还要付出较大的贸易成本，无法实现要素的优化配置；贸易模式以外商投资企业和加工贸易为主，贸易利益主要由外商投资企业获得。被动参与基于比较优势的产业间分工和国际价值链分工处于国际生产网络的低端，制约着贸易竞争力的进一步提升和贸易竞争优势的培育。而且，经过长期的发展和积累，中国的传统比较优势发生了根本变化。传统要素禀赋结构和要素质量水平得到优化升级。从过去先进要素的单向引进到要素之间的双向流动，传统的比较优势理论已经无法给出更好的理论解释（吴杨伟和王胜，2017）。

据此，结合全球价值链与比较优势（翟东升，2015），原材料从俄罗斯、中东、非洲、拉美等原材料提供国家和地区流向中国、印度等外围工业国家，外围工业国家加上来自西欧发达国家的精细部件和研发、营销服务，变为各种层次的产品与服务流向中央和外围，美国作为中央国家则用信用资源来向外围各个层次的产品和服务进行支付。

动态比较优势理论是一种国际贸易理论，它主张比较优势不仅来自先天条件，还可以通过后天因素如专业化学习、投资创新及经验积累等人为地创造和改变。这一理论突破了传统比较优势理论的静态框架，为理解国际贸易的动态特性提供了新的视角。

1. 动态比较优势理论的主要观点

（1）比较优势的可变性。动态比较优势理论认为，一国的比较优势或劣势在经济发展过程中是可以变化的。这种变化不仅受资源丰裕程度的影响，还受政府支持、技术创新、专业化学习及经验积累等后天因素的显著影响。这意味着一国可以通过适当的产业和贸易政策，以及持续的技术进步和创新，来改变其原有的比较优势，进而实现产业结构的升级和国际竞争力的提升。

（2）国际贸易优势与产业结构的一致性。动态比较优势强调，一国的国际贸易优势应与合理的产业结构保持一致。一国应根据其动态比较优势来选择和发展主导产业，通过扶植具有潜力和竞争力的产业来优化产业结构，提高国际贸易地位。这种一致性有助于实现资源的优化配置，提高经济效率，从而在国际竞争中占据有利地位。

（3）政府的干预作用。动态比较优势理论认为，动态比较优势的形成需要国家的干预。政府应以增强国际竞争力为目标，扶植和促进国内重点产业的发展，包括提供政策支持、资金投入、技术引进和人才培养等方面的帮助，以加速技术进步和产业升级。政府的干预作用在动态比较优势的形成和演变过程中具有至关重要的作用。

（4）学习效应与"干中学"。许多经济学家将学习效应与动态比较优势结合起来，强调"干中学"在比较优势形成过程中的重要性。通过国际贸易与分工合作，各国可以在生产过程中不断积累经验和知识，从而提高生产效率和技术水平。这种学习效应不仅有助于提升一国的比较优势，还可能引发产业结构的动态变化和国际贸易格局的重塑。

（5）不同产品学习效率的差异。卢卡斯（Lucas）等经济学家进一步扩展了动态比较优势理论，提出了不同产品具有不同学习效率的观点。他们认为，不同产品的生产和技能积累速度存在差异，这导致各国在不同产品上的比较优势也会发生变化。因此，一国应根据其学习效率和比较优势的变化来选择和调整其生产结构和贸易策略。

（6）制度因素的重要性。动态比较优势理论还强调了制度因素在比较优势形成和演变过程中的重要作用。制度的质量和效率直接影响一国的资源配置效率、技术创新能力和市场竞争力。因此，一国应通过完善制度环境、提高制度效率来增强其动态比较优势，从而在国际贸易中占据更有利的位置。

2. 动态比较优势理论的来源与优势

动态比较优势理论是对传统静态比较优势理论的重要扩展与深化，它提供了更全面、更动态的视角来解释国际贸易格局的形成与演变过程。

动态比较优势理论起源于对传统静态比较优势理论的反思与批判。静态比较优势理论（如李嘉图的比较优势理论和赫克歇尔—俄林的要素禀赋理论）主要基于外生给定的技术水平和要素禀赋来解释国际贸易模式。然而，随着全球经济的发展和技术的不断进步，这些静态假设的局限性日益凸显。动态比较优势理论正是在这一背景下产生的，它试图突破静态假设的限制，更加真实地反映国际贸易的动态变化过程。

动态比较优势理论是一个复杂而多维的理论体系，它综合了"干中学"、内生技术进步、国际分工与贸易模式的动态演进、幼稚产业保护论以及产品生命周期理论等多个方面的思想。这一理论不仅丰富了我们对国际贸易格局形成和演变过程的理解，还为各国制定国际贸易和产业政策提供了重要的理论依据。展望未来，随着全球经济的不断发展和技术的持续进步，动态比较优势理论将继续发挥重要作用，为应对国际贸易中的挑战提供新的思路和方向。

3. 动态比较优势理论的特点

（1）强调比较优势的可变性。动态比较优势理论突破了静态比较优势理论中比较优势固定不变的假设，认为一国的比较优势是随着经济发展和国际贸易环境的变化而不断变化的。这种变化不仅受到资源禀赋、技术水平等静态因素的影响，还受到政府政策、技术创新、专业化学习、经验积累等动态因素的驱动。因此，该理论强调一国应根据其比较优势的变化来调整国际贸易战略和产业政策，以实现持续的经济增长和国际竞争力的提升。

（2）重视技术进步与创新的核心作用。动态比较优势理论特别强调技术进步与创新在形成和改变比较优势中的核心作用。技术进步和创新能够提高生产效率、降低成本、促进新产品的开发，从而使一国在某些产业或产品上获得或增强比较优势。同时，国际贸易也为技术扩散和知识溢出提供了重要渠道，进一步促进了各国的技术进步和创新。因此，该理论认为一国应通过加大研发投入、促进技术创新、加强国际技术合作等方式，不断提升其技术水平和国际竞争力。

（3）纳入规模报酬递增与不完全竞争市场的考量。与传统静态比较优势理论不同，动态比较优势理论纳入了规模报酬递增和不完全竞争市场的考量。这意味着一国的比较优势不仅取决于其要素禀赋和技术水平，还受到市场规模、产业集中度、企业规模等因素的影响。规模报酬递增使得大国在国际贸易中可能具有更强的竞争力，因为它们能够利用规模经济效应来降低成本、提高生产效率。同时，不完全竞争市场的存在也意味着国际贸易中的竞争不仅仅是价格的竞争，还包括品牌、质量、技术等方面的竞争。

（4）突出政府的干预与扶持作用。动态比较优势理论认为政府在形成和改变一国比较优势中发挥着重要作用。政府可以通过制定产业政策、提供财政支持、加强知识产权保护等方式来扶植和培育具有潜在比较优势的产业和企业。同时，政府还可以通过国际贸易谈判、签订自由贸易协定等方式来为本国企业创造更加有利的国际贸易环境。因此，该理论强调政府在国际贸易和产业发展中的积极干预和扶持作用。

（5）关注国际分工与贸易模式的动态变化。动态比较优势理论还关注国际分工与贸易模式的动态变化过程。随着全球经济的发展和技术的不断进步，国际分工和贸易模式也在不断变化。一些传统上具有比较优势的产业可能逐渐失去竞争力，而一些新兴产业则可能迅速崛起成为新的增长点。因此，该理论认为一国应根据国际分工和贸易模式的动态变化来调整其产业结构和贸易战略，以抓住新的发展机遇、应对新的挑战。

4. 动态比较优势理论的应用

（1）指导各国制定国际贸易战略。一是优化贸易结构。动态比较优势理论强调，一国应根据其比较优势的变化来调整贸易结构，以实现贸易利益的最大化。这一理论促使各国在国际贸易中更加注重发展具有潜在比较优势的产业和产品，推动贸易结构的优化和升级。二是推动自由贸易协定谈判。基于动态比较优势理论，各国在自由贸易协定谈判中更加关注市场准入、知识产权保护、技术转移等关键议题，旨在创造更加有利的国际贸易环境，促进本国产业和企业的国际化发展。

（2）促进产业结构升级。一是扶植新兴产业。动态比较优势理论认为，一国应通过政策扶持和市场培育等手段，积极扶植具有潜在比较优势的新兴产业。这有助于推动产业结构的升级和转型，提高经济增长的质量和效益。二是优化资源配置。根据动态比较优势的变化，一国可以更加合理地配置资源，将有限的资源投入具有更高比较优势的产业和产品上。这有助于提高资源利用效率，促进经济的可持续发展。

（3）推动技术创新与进步。一是加大研发投入。动态比较优势理论强调技术进步在形成和改变比较优势中的关键作用。因此，各国应加大研发投入，促进技术创新和成果转化，以提升本国产业和企业的国际竞争力。二是促进技术扩散与知识溢出。国际贸易为技术扩散和知识溢出提供了重要渠道。动态比较优势理论鼓励各国加强国际技术合作与交流，共同推动全球技术的进步和发展。

（4）加强政府在经济发展中的作用。一是制定产业政策。政府应根据动态比较优势的变化，制定相应的产业政策，引导和支持具有潜在比较优势的产业和企业的发展。这有助于实现资源的优化配置和产业结构的升级。二是提供政策支持与保障。政府应为企业提供财政、税收、金融等方面的政策支持与保障，降低企业的经营成本和风险，促进企业的创新和发展。

2.3.2　外 包 理 论

1. 外包及外包理论概述

外包指特定企业在保持最终产出或产出组合不变的前提下把某些投入性活动转移出去（卢峰，2007）。其主要特征为：一是特定产品生产供应的基本定位不改变。二是通过合同方式把生产过程的某些环节转移给外部厂商。外包涉及某个"产品内部"诸环节和区段分工的特定形态，而不是产品间分工。外包转移对象为：一是中间品；二是特定服务品生产过程的特定投入。芬斯特拉等（Feenstra et al.，2019）提出的外包理论指出，发达国家在向发展中国家发生外包转移时，发达国家的熟练生产力需求会相对增加，进而推动工资的上涨。

外包现象普遍存在于20世纪90年代，发达国家更关注外包对劳动市场的影响。而赫克歇尔—俄林模型有以下缺点：一是不能解释20世纪80年代及90年代工资变化；二是仅重点分析不同类型的生产要素，并未分析同一类型但质量水平不同的要素。由于外包确实可以对产品结构以及产业内部对劳动力的需求和需求结构产生重要影响，所以需要构建中间品贸易模型，利用中间品贸易与产业内劳动需求的关系来进行解释。芬斯特拉等（Feenstra et al.，2019）提出的关于"垂直分工"的外包模型由此产生。该模型认为，在资本可以自由流动的情况下，发达国家可外包给发展中国家生产部分产品。这部分产品外包会造成发达国家与发展中国家工资水平差距进一步扩大。其原因在于该部分产品对发展中国家而言是资本相对密集型的，但对于发达国家而言是劳动力相对密集型的（余淼杰等，2018）。芬斯特拉、汉森和斯文森（Feenstra，Hansen and Swenson，2000）在区分同一生产要素质量差异的基础之上，更为细致地研究了产品内贸易对不同人力资本水平劳动力收入的影响。芬斯特拉和汉森（Feenstra and Hanson，1996，1999）、海曾（Hijzen，2004）以美国和英国产业层面的数据为基础，对国际外包对相对工资及相对劳动需求的影响进行了分析，认为外包导致熟练工人相对工资水平以及相对需求量的提高。

2. 外包理论的起源与发展历程

外包理论的起源可以追溯到20世纪后半叶，当时全球经济一体化和信息技术的迅猛发展使企业面临着前所未有的市场竞争和环境变化。为了降低成本、提升效率、专注于核心业务并增强竞争力，企业开始考虑将非核心业务或职能外包给专业的第三方服务提供商。这一战略选择逐渐奠定了外包理论的基础。

外包理论的发展经历了三个阶段。第一个阶段是初期阶段（20世纪50年代至70年代）。在这一阶段，外包主要局限于一些低附加值的非核心业务，如设施管理、劳动力服务和后勤支持等。企业将这些业务外包给第三方，旨在降低成本并更加专注于核心业务。此时的外包模式主要采用合同制，企业与外包服务提供商之间建立的是相对简单的合作关系。第二个阶段是发展阶段（20 世纪 80 年代至 90 年代）。进入 80 年代和 90 年代，随着全球化的加速和信息技术的快速发展，外包活动开始大规模涌现并引起广泛关注。一些跨国企业开始将制造和业务流程外包给全球范围内的供应商，以获取成本优势并扩大市场份额。这一阶段的外包活动开始跨越国界，为企业带来了更多的商业机会和全球资本流动。第三个阶段是专业化阶段（21 世纪以来）。进入 21 世纪，随着信息技术的飞速发展和市场需求的多样化，外包服务开始涵盖更多的行业和领域，包括 IT 开发和维护、人力资源管理、财务和会计、客户服务等。专业外包公司应运而生，为企业提供专业的外包服务，有效降低了成本并提升了效率。同时，随着数据安全和隐私保护日益重要，合规和风险管理也成为外包服务中的关键问题。

3. 外包理论的主要流派概述

外包理论融合了多个经济学和管理学理论，其主要流派包括交易成本理论、价值链理论、核心能力理论、资源观经济学理论、比较优势理论和木桶理论等。这些理论为企业制定外包决策提供了重要的理论依据，从不同角度深入解析了外包行为的动因、决策过程及其对企业和社会的广泛影响。

4. 外包理论的应用

外包理论的应用领域广泛，几乎涵盖所有行业和企业运营的各个环节。通过外包非核心业务和职能，企业可降低成本、提高效率、专注于核心竞争力的提升，从而在激烈的市场竞争中保持领先地位。随着技术的不断进步和市场的不断变化，外包理论的应用也将不断拓展和深化。

5. 未来发展趋势展望

在全球市场持续变化和技术不断革新的背景下，外包理论将持续发展，并积极应对新的挑战与机遇。未来，外包领域可能呈现以下发展趋势：

（1）自动化与智能化方面。随着人工智能和自动化技术的快速发展，许多重复性、烦琐的外包任务将逐渐由智能化系统和自动化工具来承担，从而显著提升工作效率和准确性。

（2）个性化与定制化服务方面。外包服务将更加注重满足客户的个性化需求，提供灵活多样的解决方案，以适应快速变化的市场环境。定制化服务将成为外包领域的重要竞争力。

（3）跨境外包的扩展方面。在全球连接日益紧密和数字化进程加速的推动下，跨境外包将继续保持增长态势，特别是在技术和专业领域，跨境合作将成为常态。

（4）安全与合规性的强化方面。随着数据安全和隐私保护的重要性日益凸显，外包公司将不断加强安全措施与合规性管理，以确保客户数据的安全性和合规性，满足客户的严格要求。

6. 外包理论的核心观点

（1）提升企业竞争力。外包策略使企业能够集中精力于核心业务，将资源有效配置于核心竞争力的培育上，从而在激烈的市场竞争中获得优势。同时，通过外包非核心业务，企业可以降低生产成本，提高生产效率和服务质量，进一步增强其市场竞争力。

（2）实现资源优化配置。外包有助于企业实现资源的优化配置。将非核心业务外包给专业公司，企业可以充分利用外部资源，降低在资源获取和管理方面的成本与负担。同时，外部专业公司通常具备更高的专业水平和效率，能够更精准地满足企业的需求，提升整体运营效率。

（3）降低经营风险。外包策略有助于降低企业的经营风险。通过将非核心业务外包给专业公司，企业可以减少在技术和市场等方面面临的不确定性因素，降低投资成本和潜在风险。此外，外部专业公司通常拥有丰富的经验和更强的应对能力，能够在出现问题时迅速提供解决方案，降低企业的风险暴露。

（4）促进经济增长与发展。外包不仅对企业竞争力有积极影响，还对整体经济增长和发展具有推动作用。通过业务外包，企业可以降低成本、提高效率，从而增加就业机会并促进经济发展。此外，外包还促进了技术转移和创新，推动了产业的升级和转型，为经济的持续增长注入了新的活力。

7. 外包策略的优缺点

外包策略的优点包括：第一，成本节约。外包商通常具备更专业的技能和更高效的管理能力，能够以更低的成本完成相同或更高质量的业务。企业因此可以节省在招聘、培训、管理等方面的投入，实现成本优化。第二，风险规避。外包策略有助于企业规避与用工、政策和法律相关的风险。外包商通常拥有更专业的法律知识和风险应对能力，能够为企业提供更全面的风险保障。第三，灵活用工。通过外包，企业可以根据实际需求灵活调整用工规模和时间，快速响应市场变化。这种灵活性使企业能够更好地适应市场波动，保持竞争优势。第四，核心业务聚焦。外包非核心业务使企业能够更专注于核心业务和核心竞争力的发展。通过将非核心业务交给外部专业团队处理，企业可以更加集中精力于自身的核心业务，推动其持续发展。第五，效率与利润提升。外包商的专业性和高效性有助于提升企业整体运营效率和利润水平。借助外部专业团队的专业能力和经验，企业可以优化业务流程，提高效率，从而实现更高的利润。

当然，有利有弊，任何事情都有优缺点，外包的缺点包括：第一，控制力减弱。外包意味着企业放弃了对某些职能的直接控制，这可能导致服务质量下降或响应速度变慢。企业需要在外包合同中明确服务质量标准和响应时间要求，以确保外包商能够满足企业的需求。第二，信息安全隐患。外包可能增加企业机密信息泄露的风险。企业需要建立严格的信息安全管理体系，确保外包商在处理企业信息时遵守相关的法律法规和保密协议。第三，合作伙伴选择风险。选择合适的外包合作伙伴至关重要。如果选择了不合适的外包商，可能导致服务质量不达标或合作中断。企业在选择外包合作伙伴时需要进行全面的评估和尽职调查，以确保选择到可靠、专业的外包商。

2.3.3　全球价值链治理理论

全球价值链治理理论是一个深入探究全球范围内企业间合作与协调的框架体系。它专注于价值链内部不同经济活动和环节之间的协调机制，以及公司间关系的制度安排。

梁军（2007）认为，发展中国家产业升级空间及路径会受到全球价值链治理类型的制约。原因在于：一是发展中国家企业在全球价值链中绝大部分处于跟随、从属地位；发达国家企业处于领先、主导地位。二是附加值环节的提高与市场集中度呈正向关系。张少军和刘志彪（2009）提出主导企业运用领先企业的专利池、战略隔绝、零售并购等方式来设置壁垒，进而提高垄断性，使跟随企业锁定在价值链低端，很难进行功能升级和链条升级。

汉弗雷和施密茨（Humphrey and Schmitz，2002）的价值链治理理论将生产网络化形式放在突出位置，并强调价值链存在分工精细化、片段化的趋势特征。但价值链自主分层模式认为，价值链领导企业作用更需重视，全球生产活动可通过生产网络化来协调。汉弗雷和施密茨（Humphrey and Schmitz，2002）的"半等级制"则把全球采购商的领导作用作为重点，认为企业间存在不平等的合作关系，价值链各环节上的经济活动是由大型采购商来推动的。格里菲等（Gereffi et al.，2006）将全球价值链进一步划分为模块型、关系型、领导型网络形式，对全球价值链治理模式划分成市场型、模块型、关系型、领导型和等级型。根据交易的复杂程度、交易的标准化能力和供应商能力，吴建新和刘德学（2007）进一步将其分为市场型、模块型、关系型、俘获型和层级制五种类型。如表 2 - 1 所示。

表 2 - 1　　　　　　　　全球价值链模式的决定及其动态变化

治理类型	交易的复杂程度	交易的标准化能力	供应商能力	交易的标准化能力
市场型	低	高	高	低 ↑ ↓ 高
模块型	高	高	高	
关系型	高	低	高	
俘获型	高	高	低	
层级制	高	低	低	

资料来源：吴建新，刘德学. 全球价值链治理研究综述［J］. 国际经贸探索，2007（8）：12.

　　科和杨伟聪（Coe and Yeung，2015）进一步发展了"价值捕获轨迹"的概念，以动态的术语描述企业是否能够从全球价值链网络的战略耦合中获取收益。富勒和菲尔普斯（Fuller and Phelps，2018）进一步解释了跨国公司母子关系显著影响这些竞争动态来形成"网络嵌入"和与特定区域经济的战略耦合的方式。潜在的动力包括一些关键维度，如降低成本能力比率的驱动因素、市场发展、金融化及其对公司的约束效应以及风险管理。这些动力是驱动经济行动者在配置其全球价值链网络时所采取战略的关键变量，也是不同行业、地区和国家的价值捕获轨迹和发展结果（Kano，2020）。

　　全球价值链治理理论主要关注如何对分散在全球各地的生产过程进行有效组织、控制和协调。全球价值链是指为实现商品或服务的价值，将生产、销售、回收处理等环节连接起来的全球性跨企业网络组织。它涵盖了从原料的采集和运输、半成品和成品的生产与分销，直到最终消费和回收处理的完整过程。在这个复杂的链条中，需要对各个环节进行高效的治理，以确保整个价值链的顺畅运行和价值的最大化。

价值链治理的核心在于通过非市场机制来协调价值链上企业之间的相互关系和制度机制。这包括价值链的组织结构、权力分配，以及价值链中各经济主体之间的关系协调等关键问题。治理者需要系统性地协调和控制价值链中各个环节的活动，这要求其具备强大的控制和协调能力。而这种治理能力在很大程度上是源于研发、设计、品牌和市场营运等核心竞争力。

在全球化的浪潮下，生产活动逐渐跨越国界，形成了错综复杂的全球生产网络。在这一网络中，各国和地区的企业依据其专长承担着不同的生产环节，共同编织出一张庞大的价值链。随着生产的全球分工日益细化，如何有效治理这一庞大的价值链，确保其顺畅运行并实现价值最大化，成为亟待解决的问题。

企业国际化的发展进一步推动了全球价值链的形成和演变。越来越多的企业开始跨越国界，寻求在全球范围内优化资源配置、降低成本、提高效率。然而，这一过程并非一帆风顺，它要求企业必须具备对全球价值链进行有效治理的能力，以确保其国际化战略能够顺利实施并取得成功。

在全球价值链中，企业之间既竞争又合作。为了在激烈的市场竞争中脱颖而出，企业需要加强与价值链上其他企业的合作与协调，共同应对市场的变化和挑战。这需要通过价值链治理来建立和维护一种良好的合作关系，以实现共赢。

同时，全球贸易环境的变化和贸易壁垒的存在也对全球价值链的运行产生了重要影响。为了应对这些外部挑战，企业需要更加注重对价值链的治理，提高自身的抗风险能力和市场竞争力。

根据全球价值链中各行为主体之间协调能力的高低，我们可以将全球价值链治理模式划分为五种形式：市场型、模块型、关系型、领导型和等级制。在市场型模式中，价值链上的企业之间不存在任何隶属或控制关系，它们之间的交易完全基于市场价格机制进行；在模块型模式中，各厂商之间优势互补而非控制关系，它们的市场适应能力较强且投资的专用性程度较低；在关系型模式中，中小企业凭借信誉和相互信任而聚集在一起，形成了紧密的合作关系；在领导型模式中，众多中小厂商依附于几个大中型厂商并受其监督和控制；而在等级制模式中，主导企业对全球价值链上的某些运行环节采取了直接的股权控制。这五种治理模式各具特色，适用于不同的全球价值链环境和企业战略需求。

同时，全球价值链治理的实践意义深远且广泛，它不仅关乎企业自身的竞争力和可持续发展，还会对全球经济体系的稳定与繁荣产生重要影响。

第一，促进企业竞争力提升。在优化资源配置方面，全球价值链治理通过明确各参与方在价值链中的定位和角色，使企业能够根据自身优势专注于核心业务环节，而将非核心业务外包给具有比较优势的其他企业。这种分工合作有助于企业优化资源配置，提高生产效率和产品质量。在技术创新与升级方面，在全球价值链治理框架下，企业之间的合作与交流更加紧密，这有助于技术创新和产业升级的加速推进。通过参与全球价值链，企业能够接触到先进的技术和管理经验，从而推动自身技术水平的提升和产品的更新换代。在市场拓展与品牌建设方面，全球价值链治理为企业提供了更广阔的市场空间。通过与国际市场的接轨，企业能够拓展海外市场，增加销售渠道和市场份额。同时，参与全球竞争也有助于企业提升自身的品牌知名度和影响力，增强市场竞争力。

第二，推动全球经济一体化与繁荣。在促进国际贸易与投资方面，全球价值链治理促进了国际贸易与投资的发展。通过优化资源配置和降低交易成本，全球价值链使各国之间的贸易和投资活动更加频繁和高效，这有助于各国经济的增长和繁荣，推动全球经济一体化的进程。在加强国际经济合作与协调方面，全球价值链治理需要各国政府、企业及社会各界的共同参与和协作。这种合作与协调有助于各国共同应对全球性挑战和问题，如气候变化、环境保护、能源安全等，从而维护全球经济的稳定与可持续发展。在推动发展中国家融入全球经济体系方面，全球价值链治理为发展中国家提供了融入全球经济体系的重要途径。通过参与全球价值链分工合作，发展中国家能够利用自身资源和劳动力优势，吸引外资和技术转移，推动本国经济的快速增长和产业升级。

第三，提升全球价值链的韧性与稳定性。在风险分散与应对方面，全球价值链治理有助于提升价值链的韧性与稳定性。通过优化供应链布局和建立多元化的供应商体系，企业能够降低对单一市场或供应商的依赖程度，从而增强应对市场波动和供应链风险的能力。在可持续发展与环境保护方面，在全球价值链治理中，可持续发展和环境保护成为越来越重要的议题。通过推动绿色生产和环保技术的应用，企业能够实现经济效益与社会效益的双赢，同时也有助于维护全球生态环境的平衡与稳定。

第四，促进国际规则与标准的制定与实施。在推动国际规则制定方面，全球价值链治理需要建立一套完善的国际规则和标准体系来保障其顺利运行。通过参与国际规则的制定过程，各国能够共同推动国际贸易和投资自由化便利化进程，维护公平、开放、透明的国际贸易环境。在加强标准实施与监管方面，全球价值链治理还需要加强标准实施与监管力度。通过加强对产品质量、安全、环保等方面的监管和检查力度，可以确保全球价值链各环节符合国际标准和要求，从而提升全球价值链的整体水平和竞争力。

2.4　产业链博弈相关理论

2.4.1　产业链相关概念

产业链以及相关概念较多，比如产业、产业链、产业集聚，本书对其进行了整理，如表 2 - 2 所示。

表 2 - 2　　　　　　　　　　　产业链相关概念

概念	英文翻译	定义
产业	industry	一个伴随着组织体中各部分的机能分化（企业内的分工和社会分工）和组织各部分之间紧密联系和联合（企业的兼并和准兼并）的社会组织体（马歇尔，1997）
产业链	industrial chain	产业链是针对一系列相关联特定的产品或服务，寻找导致这些产品满足需求的，从原材料的提供到市场的销售等，前后顺序关联的、横向延伸的、有序的经济活动的集合（杜义飞，2005）
供应链	supply chain	克拉吉克（Kraljic，1983）和夏皮罗（Shapiro，1984）提出，供应链是以核心企业为中心，控制信息流、物流、资金流，从采购原材料开始，制造中间产品和最终产品，最后通过销售网络将产品交付给消费者，能够将供应商、制造商、分销商、零售商和最终用户连成一个整体的功能性网络链结构模式

概念	英文翻译	定义
价值链	value chain	价值链是指以某一项核心技术或工艺为基础，提供能满足消费者某种需要的效用系统为目标的、具有相互衔接关系企业的集合（潘成云，2001；Buckley，2009）
产业集聚	industrial cluster	某一特定领域内相互联系的公司和机构在地理位置上高度集中，将一个价值链的大部分环节整合到一个相对狭小的区域，并展开充分的合作与竞争
产业组织	industrial organization	同一产业内企业间的组织或者市场关系

关于产业链的理论研究很少。"产业链"一词没有现成的英文翻译，可直接译成"industrial chain"。但国外研究文献中很少用这个词表示"产业链"，而是常表示"工业链""工业序列"，甚至是"工业中使用的链条产品"。在国外研究产业中的"链"式关系时，更多采用"supply chain"（供应链）或"value chain"（价值链）。

1. 产业与产业链

产业是一个广泛且深入的经济学术语，它涵盖了国民经济的各个领域，并集中体现了人类经济活动的整体面貌。

产业的发展趋势呈现出数字化、智能化、绿色低碳、跨界融合、全球化与本土化并重等多元化特点。随着技术的不断进步和市场需求的不断变化，未来产业的发展将更加充满活力和机遇。了解这些趋势有助于更好地把握产业发展的脉搏，为企业制定战略决策提供有力的参考依据。

产业链作为产业经济学中的核心概念，深刻描绘了产业内部各环节间的相互关联与互动机制，以及这些环节协同创造价值的过程。

2. 产业链的特征

产业链实质上是指各个产业部门之间，基于一定的技术经济联系，并遵循特定的逻辑和时空布局关系，客观形成的一种链条式的关联形态。这一形态全面覆盖了从原材料的采集、加工、生产制造，直至最终产品的销售及服务的整个流程，实现了产业组织、生产流程与价值实现的有机统一。

产业链的特性可归结为以下几点，这些特性共同塑造了一个既复杂又充满活力的系统：

第一，层次性。产业链展现出鲜明的层次结构，其中包含交织的链条，这些链条通过相互作用构成了主链条与次链条并存的架构。这种层次性有助于我们厘清链条间的相互关系，以及各环节在产业链中的定位与功能。主链条通常代表着产业链的核心环节，而次链条则围绕主链条提供辅助或补充作用。

第二，效率性。产业链的形成与发展遵循市场规律，因此具备效率性特征。它作为当前较为有效的市场传递途径，通过不断衍生的路径实现稳定。在多重因素的共同作用下，产业链能够优化资源配置，提升生产效率，并降低交易成本。

第三，整合性。产业链的整合性体现在其各个组成部分共同构成一个有机整体。在这个整体中，各个子系统相互制约、相互依存，形成了紧密的关联性。这种整合性不仅体现在技术上的高度关联，还涉及信息、物质、价值等方面的广泛交换与共享。

第四，传递性。作为供需链的产业链具有显著的传递性特点。它不仅能够传递供求资源，还能够通过价值传递促进生产效率的提升和实现价值的增长。产业链上的企业通过这种投入产出关系实现价值共创和共享，推动整个产业链的持续发展。

第五，动态性。产业链并非静止不变的，而是随着市场和技术的发展而不断演变。这种动态性体现在产业链的环节、结构、功能等方面都可能随着外部环境的变化而进行调整。因此，产业链需要保持一定的灵活性和适应性以应对外部挑战。

第六，多样性。产业链的多样性体现在其组成和运作方式的多样性上。不同产业的产业链具有不同的特点和运作机制，而同一产业内的不同企业也可能形成各具特色的产业链。这种多样性为产业链的创新和发展提供了广阔的空间和可能性。

3. 产业链涉及的维度

产业链是一个多维度的概念，主要包含以下几个核心方面。

第一，价值链维度。价值链代表着产业链中各个环节所创造价值的总和。它涵盖了从原材料采购、生产加工到销售服务等各个环节所创造的价值。通过优化价值链，可以提升产业链的整体效率和竞争力，实现价值的最大化。

第二，企业链维度。企业链体现了产业链中各个环节之间的企业组织与合作关系。它包括上下游企业之间的协作、竞争和合作，以及产业链中各个环节的企业集群等。加强企业链的建设，可以促进产业链中各环节之间的紧密协作和协同，从而提升整个产业链的竞争力。

第三，供需链维度。供需链是产业链中各个环节之间的供需关系和物流体系的总和。它涉及原材料采购、生产加工、销售服务等各个环节之间的供需关系和物流流动。通过优化供需链，可以降低物流成本、提高物流效率，进一步增强产业链的竞争力。

第四，空间链维度。空间链描述了产业链中各个环节在地理空间上的布局和配置。它包括产业链中各个环节的企业、园区、城市等地理空间的布局和配置情况。通过优化空间链，可以促进产业链中各环节之间的地理集聚和协同发展，提升整个产业链的竞争力。

4. 产业链的类型

根据产业链的形态和形成过程，可以将其划分为以下几种主要类型。

第一，纵向产业链。纵向产业链涵盖了从原材料供应到最终产品的完整生产流程，包括原材料采集、生产加工、销售服务等各个环节。这种产业链形态能够全面展现产品的生产进程和价值创造路径。

第二，横向产业链。横向产业链聚焦于同一产业内部不同产品或服务之间的关联。它揭示了同一产业内不同产品或服务间的互补性和竞争性，体现了产业内部的多样性和复杂性。

第三，复合型产业链。复合型产业链是由多个纵向产业链和横向产业链相互交织、融合而成的复杂产业链形态。它不仅涵盖了不同产业之间的关联关系，还体现了这些产业间的互动效应和相互影响。这种产业链形态的出现，进一步丰富了产业链的内涵和外延。

5. 产业链的作用

产业链在经济发展中发挥着举足轻重的作用，其深远影响体现在多个方面。

第一，促进资源高效配置。产业链的形成与发展有助于优化资源配置。通过产业链的整合与延伸，企业能更合理地利用原材料、劳动力、资金等生产要素，实现资源效益最大化。产业链上的企业间分工协作，形成优势互补，可以降低生产成本，提高生产效率，进而提升企业及整个产业的竞争力，推动可持续发展。

第二，驱动产业升级转型。产业链的发展是推动产业升级转型的关键力量。随着科技进步和市场需求的变化，产业链上的企业需不断调整和优化产品结构、技术水平和市场策略。通过产业链的延伸与拓展，企业能引入新技术、新工艺和新材料，提升产品附加值和竞争力。同时，产业链上的企业间竞争与合作推动了整个产业的技术进步和升级。

第三，增强产业竞争力。产业链的形成与发展有助于提升产业竞争力。一方面，产业链上的企业通过分工协作可以形成规模效应和集群效应，降低生产成本，提高产品质量和服务水平，从而提升整个产业的竞争力。另一方面，企业间信息共享和协同创新可以加速新产品的研发和上市速度，满足市场多样化需求，这也是提升产业竞争力的重要因素。

第四，促进区域经济发展。产业链的发展对区域经济发展具有显著推动作用。产业链的形成与发展能带动相关产业的发展和壮大，形成产业集群和产业链生态，提升区域经济的整体实力和竞争力。同时，产业链上的企业投资、采购和销售等活动会促进资金、技术和人才等生产要素在区域内的流动和集聚，推动区域经济的繁荣和发展。

第五，保障国家经济安全。产业链的安全稳定是国家经济安全的重要组成部分。在全球化背景下，产业链的安全稳定关乎国家经济命脉和产业安全。构建完善、自主可控的产业链体系能降低对外部供应链的依赖程度，提高应对外部风险和冲击的能力。同时，完善的产业链体系还有助于提升国家在全球产业链中的地位和话语权，为经济发展和国际竞争提供有力保障。

第六，推动技术创新与产业升级。产业链为技术创新和产业升级提供了重要平台。在产业链中，企业间的合作与竞争推动技术的不断进步和创新。为了保持竞争优势，企业需不断投入研发资金、引进和培养技术人才，推动技术创新和产品升级。同时，产业链上的企业间可以通过技术交流与合作共享创新成果和经验教训，加速技术扩散和产业升级的步伐。

第七，提高市场响应速度与灵活性。产业链的高效运作有助于提高市场响应速度和灵活性。在快速变化的市场环境中，企业需及时了解市场需求和趋势，并快速调整生产计划和营销策略。通过产业链的整合和协同作用，企业能更高效地获取市场信息和资源支持，提高市场响应速度和灵活性，从而抓住市场机遇并规避市场风险。

2.4.2 价值链

1. 价值链的定义

价值链（value chain）指的是企业为客户等利益相关群体创造价值所实施的一系列经济活动的集合。这些活动涵盖了设计、生产、营销、交货以及对产品起到辅助作用的多个不同但又相互关联的经济环节，它们共同构成了企业的价值链。简而言之，价值链体现了企业从原材料到最终产品再到消费者手中的全过程，以及这一过程中各环节的价值创造和传递。

2. 价值链创造价值的活动

价值链的价值创造是一个复杂且精细的过程，它详尽地描绘了企业如何通过一系列既不相同又相互关联的经济活动来创造价值。这一概念最初由哈佛大学商学院的迈克尔·波特教授于 1985 年提出。波特认为，企业的价值创造是通过一系列活动来实现的，这些活动可以归纳为两大类：基本活动和辅助活动。

（1）基本活动。基本活动是指那些直接涉及产品实物形态的生产、营销、向买方交付，以及产品支持和售后服务等环节的活动。这些活动构成了企业价值链的主体，直接面向市场和客户，是实现企业价值增值的关键环节。具体来说，基本活动涵盖了以下几个方面：

一是内部后勤。涉及原材料的接收、存储和分配等活动，如搬运、仓储、库存控制、车辆调度等。这一环节是确保生产顺利进行的基础，对生产效率和成本控制具有直接影响。

二是生产作业。将投入转化为最终产品的相关活动，包括机械加工、组装、包装、设备维护、检测等。生产作业是企业价值链的核心，直接决定产品的质量和性能。

三是外部后勤。与产品的集中、存储和发送给买方有关的活动，如产成品库存管理、原材料搬运、送货车辆调度等。外部后勤直接关系到产品的交付和客户满意度。

四是市场和销售。提供买方购买产品的方式和引导其进行购买的各种活动，包括广告、促销、销售队伍建设、渠道建设等。这一环节是企业与客户沟通的桥梁，对产品的市场占有率和品牌形象具有直接影响。

五是服务。与提供服务以增加或保持产品价值有关的活动，如安装、维修、培训、零部件供应等。服务环节是企业价值链的延伸，能够提升客户满意度和忠诚度，促进企业的长期发展。

（2）辅助活动。辅助活动是指那些对基本活动起辅助作用的投入和基础设施。这些活动虽然不直接参与产品的生产和销售，但对于企业的整体运营和价值创造同样至关重要。具体来说，辅助活动包括以下几个方面：

一是采购。涉及购买用于企业价值链的各种投入的活动，包括供应商的选择、谈判、合同签订以及供应链管理等。采购活动直接关系到企业的成本控制和供应稳定性。

二是技术开发。每项价值活动都包含技术成分，无论是技术诀窍、程序，还是工艺设备中所体现的技术。技术开发活动包括研发、技术创新、技术引进等，是企业保持竞争优势和提升产品附加值的重要手段。

三是人力资源管理。涉及所有类型人员的招聘、雇用、培训、开发和报酬等活动。人力资源管理活动直接关系到企业的员工素质、工作效率和企业文化，是企业价值链不可或缺的一部分。

四是企业基础设施。由大量活动组成，包括总体管理、计划、财务、会计、法律、政府事务、质量管理等。这些活动通过支持整个价值链而不是单个活动来发挥作用。企业基础设施为企业的整体运营提供了必要的支持和保障，是企业价值链稳定运行的基石。

3. 价值链的增值机制

价值链的增值机制也是研究热点内容之一。价值链的增值机制是企业通过一系列既不相同又相互关联的经济活动，为客户逐步创造并增加价值的动态过程。这一机制覆盖了从原材料采购到最终产品交付给消费者的每一个环节。

（1）价值链的基本构成。价值链由基本活动和辅助活动两大类构成：基本活动直接涉及产品的生产、营销和交付，包括内部后勤、生产作业、外部后勤、市场和销售、服务五个环节。这些环节直接面向市场和客户，是实现价值增值的关键所在。辅助活动对基本活动起支持作用，包括采购、技术开发、人力资源管理和企业基础设施四个方面。辅助活动虽然不直接参与产品的生产和销售，但在提升整体运营效率、降低成本、增强竞争力等方面发挥着重要作用。

（2）价值链增值机制的具体环节。价值链增值的环节主要包括以下几个：

一是内部后勤。作为价值链的起点，内部后勤环节负责原材料的接收、存储和分配。通过高效的物流管理和库存控制，确保生产所需原材料的及时供应和合理存储，为生产作业提供有力支持。这一环节的增值体现在减少等待时间、降低库存成本、提高物流效率等方面。

二是生产作业。这个环节是将原材料转化为最终产品的核心环节。通过利用先进的生产技术和工艺流程，实现产品的规模化、标准化生产。同时，注重产品质量控制和成本控制，确保在满足客户需求的同时实现成本最小化。生产作业的增值主要体现在提高生产效率、降低生产成本、提升产品质量等方面。

三是外部后勤。负责将生产完成的产品及时、准确地交付给客户。通过优化物流配送网络、提高配送效率和服务质量，确保产品能够按时到达客户手中。外部后勤的增值体现在缩短交货周期、降低运输成本、提升客户满意度等方面。

四是市场和销售。通过市场调研、产品推广、销售渠道建设等手段，将产品推向市场并实现销售。这一环节注重品牌建设、营销策略和销售渠道的优化，以提高产品的市场占有率和品牌影响力。市场和销售的增值主要体现在扩大市场份额、提升品牌形象、增加销售收入等方面。

五是服务。为客户提供售后服务和支持，包括产品安装、维修、培训等。优质的服务能够提升客户满意度和忠诚度，促进口碑传播和重复购买。服务的增值体现在提高客户满意度、增强客户黏性、促进口碑传播等方面。

（3）辅助活动对价值链增值的支持作用。辅助活动虽然不直接参与产品的生产和销售，但对于价值链的整体增值过程具有重要作用。例如，采购活动通过优化供应商选择和谈判策略来降低采购成本；技术开发活动通过不断创新和提升技术水平来提高产品的附加值和竞争力；人力资源管理活动通过招聘、培训、激励等手段来提升员工素质和工作效率；企业基础设施活动通过提供必要的支持和保障来确保价值链的顺畅运行。

（4）价值链增值机制的优化。为了实现价值链的整体增值最大化，企业需要不断优化各个环节的运营和管理。这包括提高生产效率、降低生产成本、优化物流配送网络、加强市场营销和服务支持等方面。同时，企业还需要注重各个环节之间的协同作用，确保整个价值链的顺畅运行和高效增值。

价值链的增值机制是一个复杂而系统的动态过程，涵盖了从原材料采购到最终产品交付给客户的每一个环节。通过优化基本活动和辅助活动的运营和管理，企业可以不断提升价值链的整体增值能力，为客户创造更多价值并实现自身的可持续发展。

价值链的概念不仅局限于单个企业，它在整个行业层面同样具有广泛的应用价值。在行业价值链中，各企业通过供应链、销售渠道等环节紧密相连，共同构成了一个完整的价值创造体系。这一体系使企业能够深入分析自身在行业中的定位以及所具备的竞争优势，进而制定出更为精准有效的战略，以提升企业的市场地位和盈利能力。

4. 价值链的核心特征

价值链的核心特性包括以下四点。

（1）整体性。价值链的各个环节紧密相连，共同构成了企业创造价值的完整流程。这一特性强调了价值链上各个环节的相互依赖和协同作用。

（2）增值性。价值链中的每一项活动都为企业产品或服务增添了价值，是企业构建竞争优势的重要基础。这一特性突出了价值链活动在提升企业产品或服务价值方面的作用。

（3）动态性。价值链的结构和形态会随着市场环境和技术条件的变化而发生变化。这一特性要求企业不断适应外部环境的变化，灵活调整价值链配置。

（4）互动性。价值链中的各项活动不仅影响本环节的价值创造，还与其他环节产生相互影响和制约。这一特性强调了价值链上不同环节之间的相互作用和依赖关系。

5. 价值链的重要作用

价值链的重要作用包括以下四点。

（1）明确价值创造路径。价值链分析有助于企业清晰地识别自身在价值创造过程中的优势和不足，进而制定出具有针对性的战略，以强化优势并改进劣势。

（2）优化资源分配。通过深入的价值链分析，企业能够更加精准地配置资源，确保资源投入最具价值的环节，从而实现资源的高效利用。

（3）增强市场竞争力。针对价值链中的关键环节进行改进和优化，能够显著提升产品或服务的市场竞争力，进而在市场上获得显著的优势地位。

（4）促进合作伙伴协同。价值链分析不仅关注企业内部，还能帮助企业识别与供应商、分销商等外部合作伙伴的协同合作机会，通过紧密的合作实现共赢发展。

6. 价值链的应用与挑战

价值链理论在企业管理中发挥着举足轻重的作用，它广泛应用于企业战略管理、市场营销、成本管理等多个关键领域。借助价值链分析，企业能够精准识别自身的核心竞争力，制定出高效的竞争战略，优化产品组合，并不断改进生产流程。同时，这一理论还为企业提供了与竞争对手进行对标分析的有力工具，有助于企业更清晰地了解自身在行业中的定位及竞争力状况。

（1）价值链在企业内部的应用。第一，在资源配置优化方面，价值链分析使企业能够明确各个环节对整体价值的贡献，从而更加科学地配置资源，确保有限的资源精准投入价值创造的关键环节。第二，在生产效率提升方面，通过改进生产流程、引入先进的科技和管理手段，企业能够显著提升生产效率，降低生产成本，并为产品增添更多附加值。第三，在产品质量强化方面，价值链管理强调对产品质量的全过程把控，从原材料采购到最终产品交付，每一个环节都严格把关，以确保产品质量达到客户要求。第四，在市场竞争力增强方面，通过精细化的价值链管理，企业能够在产品质量、成本、服务水平等多个方面实现提升，从而增强市场竞争力，赢得更多市场份额。

（2）价值链在产业链中的应用。第一，在产业协同促进方面，价值链不仅在企业内部发挥作用，还贯穿于整个产业链。通过价值链管理，企业能够加强与供应商、分销商等合作伙伴的协同合作，共同推动整个产业链效率和竞争力的提升。第二，在价值共创实现方面，产业链各个环节的企业通过紧密合作，共同创造价值。这种价值共创的过程有助于提升整个产业链的附加值，实现共赢发展。第三，在产业升级推动方面，通过对价值链的深入分析和优化，企业能够发现产业链中的薄弱环节和潜在增长点，从而推动产业升级和转型，实现业务的多元化和国际化发展。

尽管价值链管理具有诸多优势，但在实际应用过程中也面临着组织障碍、文化态度、能力要求以及人员问题等挑战。为了克服这些挑战并充分发挥价值链管理的优势，企业需要采取以下对策：加强沟通与合作、培养信任文化、提升能力要求以及激励员工参与。

2.4.3　产业集聚

产业集聚是经济学与产业发展研究中的一个核心概念，它描绘了一个特定地理区域内，同一产业或相关产业高度集中的现象，以及产业资本要素在此空间范围内不断汇聚的过程。这一过程不仅涉及产业链上的各个环节，如供应商、生产商、分销商等，还体现了这些环节在地理空间上的相互接近，从而形成了紧密的协作与竞争关系。

1. 产业集聚的特点

产业集聚作为一种关键的经济现象，展现出多个鲜明的特点，这些特点不仅体现了产业集聚的内在机制，也对其经济效应和区域发展产生了深刻的影响。

（1）空间集聚性。空间集聚性是产业集聚最直观且核心的特点。它表现为大量相关企业、机构、基础设施在地理空间上的相对集中，这种集中现象可发生在不同规模的区域，从专业镇、专业村扩展到更大的经济区域。空间集聚性的形成是企业为追求规模经济、降低交易成本、获取更优信息和服务而自发聚集的结果，同时也受到政策引导、资源禀赋、历史传统等多重因素的共同作用。在集聚区内，企业间的距离被最小化，促进了快速的信息交流、资源共享和市场开拓，不仅提升了企业间的合作效率，也加剧了市场竞争，推动了整体产业水平的提升。

（2）专业化。产业集聚的另一个显著特点是专业化。尽管集聚区内可能包含多个行业和机构，但往往以某一个或两个特定产业为核心，形成专业化的生产和服务体系。这种专业化不仅体现在最终产品的生产上，也贯穿于产业链的各个环节。专业化的产业集聚有助于塑造产业特色和品牌效应，提升区域经济的辨识度和竞争力。同时，它也可以促进知识和技术的传播与积累，为产业创新提供有利的环境。

（3）网络化。产业集聚还表现出明显的网络化特征。在集聚区内，企业之间、企业与机构之间形成了复杂的网络关系，这些网络关系既包括正式的合同关系和供应链关系，也包括非正式的交流、合作和信任关系。这些网络关系促进了信息、技术、人才等要素的流动和共享，降低了交易成本，提高了整体经济效率。网络化的产业集聚还促进了产业生态的形成和发展，在这个生态系统中，不同企业、机构和个人相互依存、相互支持，共同推动产业的繁荣和进步。

（4）根植性。根植性是产业集聚区别于其他经济现象的重要特征之一。它指的是产业集聚与所在区域的社会文化、制度环境等紧密相连，形成了难以复制和替代的地方特色。根植性的形成源于产业集聚过程中企业与当地社会、文化、制度的深度融合和互动。根植性强的产业集聚不仅具有更强的稳定性和可持续性，也更容易吸引外部资源和要素的流入，这种吸引力不仅来自产业集聚本身的经济效应，也来自其独特的地方特色和文化氛围。

（5）创新性。产业集聚还是创新的重要源泉。在集聚区内，企业之间、企业与机构之间的频繁交流和紧密合作促进了知识、技术、信息的快速传播和积累，为产业创新提供了丰富的素材和灵感来源。同时，产业集聚还为企业创新提供了良好的外部环境和支持体系。在集聚区内，创新资源相对丰富，创新成本相对较低，创新风险也相对可控，这些因素共同促进了企业创新能力的提升和产业创新活动的活跃开展。

2. 产业集聚的类型及其分类方式

产业集聚的类型可以根据不同的划分标准进行多维度的分类。

（1）按行业特征分类。产业集聚最常见的分类方式是按行业特征进行分类，包括农业集聚、工业集聚、商业集聚、金融业集聚、信息产业集聚、交通运输业集聚、房地产业集聚、饮食餐馆业集聚、旅游业集聚等。不同产业部门展现出独特的集聚特点和规律，这些集聚现象通常表现为相关企业和机构在地理空间上的集中，以便于资源共享、信息交流和市场开拓。

（2）按推动主体分类。根据产业集聚形成的不同模式，可以将其分为政府规划型、自发形成型和外资驱动型。政府规划型产业集聚主要受当地政府政策、资金等因素驱动，或以行政命令强制形成。它以关系国计民生的重大产业为主，集聚企业多以国有企业为主。自发形成型产业集聚是因地区优势资源禀赋而自然形成的具有地方特色的产业区。企业自发地在该区域聚集，形成产业链和产业集群。外资推动型产业集聚是通过国外投资商的资本和技术配合当地政府的产业政策而形成的，以跨国公司在我国设立的分支机构作为集聚的主体，通过引进外资和技术，促进当地产业升级和经济发展。

（3）按产业关系分类。根据产业之间相互关系的特点，产业集聚可分为互利共生型和优势资源互补型。互利共生型产业集聚是指同一地区域内具有相同产业类别的企业群体，通过竞争与合作的方式共赢共生。这类集聚内企业多是小微企业，以产业分工和柔性生产为主，通过共享资源、信息和市场，实现共同发展。优势资源互补型产业集聚强调不同企业之间在资源、技术、市场等方面的互补性。通过优势互补，企业能够在特定区域内形成紧密的合作关系，提高整体竞争力和创新能力。

（4）按集聚特征分类。除了上述分类方式外，还可以根据产业集聚的特征进行分类，如轴辐集聚区、大企业集聚区、专业化协作集聚区、企业群产业集聚区和马歇尔集聚区等。一是轴辐集聚区。以某个大型企业或核心机构为中心，吸引相关企业和机构围绕其分布，形成类似轴辐状的结构。这种集聚区具有较强的辐射力和带动力。二是大企业集聚区。以多个大型企业为主体，通过产业链上下游的紧密合作，形成规模庞大的产业集群。这种集聚区具有较强的市场竞争力和品牌影响力。三是专业化协作集聚区。以专业化分工和协作为基础，吸引大量中小企业在特定区域内集聚。这些企业通过紧密的合作和协作，实现资源共享和优势互补。四是企业群产业集聚区。由大量中小企业组成的产业集聚区，这些企业在地理空间上相对集中，通过相互竞争和合作，形成具有特色的产业集群。这种集聚区具有较强的创新能力和市场适应性。五是马歇尔集聚区。强调企业之间的非正式交流和学习机制对产业集聚的推动作用。这种集聚区通常具有浓厚的创新氛围和创业精神。

3. 产业集聚的作用

产业集聚作为现代经济发展中的关键现象，对区域经济发展、企业竞争力提升、技术创新等多个方面均展现出显著的影响。

（1）促进区域经济发展。产业集聚通过企业在地理上的集中，实现了规模经济效应，降低了生产成本，提高了生产效率。这种效应使集聚区内的企业能以更低的成本提供更高质量的产品和服务，从而增强了市场竞争力。例如，中国南方的广东省珠三角地区作为电子信息产业的重要集聚地，得益于高密度的企业和完善的供应链，吸引了大量电子信息企业，进一步推动了当地经济发展。同时，产业集聚创造了大量就业机会，吸引了人口流入，提高了地区经济活力。随着企业规模的扩大和技术水平的提升，人员需求不断增加，促进了劳动力市场的繁荣。此外，产业集聚还带动了物流、金融、餐饮等相关配套产业的发展，丰富了地区经济结构。

（2）提高企业竞争力。产业集聚使企业能够共享基础设施和公共服务，降低了人工成本、开发成本和原材料成本等。此外，它还促进了企业间的合作与竞争，降低了信息不对称和交易成本，提高了企业的运营效率和竞争力。同时，产业集聚为企业提供了良好的创新环境。在集聚区内，企业之间、企业与机构之间频繁交流和紧密合作，促进了知识、技术和信息的快速传播和积累，推动了科技成果的转化和应用。

（3）推动技术创新和产业升级。产业集聚通过知识溢出效应、学习效应和竞争效应等多种机制，加速了技术创新的过程。在集聚区内，企业之间的技术交流和合作促进了新技术的产生和应用，而竞争压力也迫使企业不断加大研发投入。同时，产业集聚也推动了产业链的延伸和拓展。在集聚区内，企业之间形成了紧密的产业链合作关系，通过上下游的协同发展和资源共享，推动了产业升级。

（4）优化资源配置和降低风险。产业集聚通过市场机制的作用，优化了资源配置。在集聚区内，资源要素自由流动和高效配置，使企业能够更快速地获取所需的资源和服务，并促进了专业化分工和协作网络的形成。同时，产业集聚降低了企业的经营风险和市场风险。在集聚区内，企业之间形成了紧密的合作关系和信用体系，提高了市场透明度和稳定性。

（5）促进区域协调发展。产业集聚通过促进区域经济发展和优化资源配置，有助于缩小区域发展差距。在欠发达地区形成产业集聚区，可以吸引外部投资和人才流入。同时，产业集聚还有助于推动城乡一体化发展。通过在城市周边地区形成产业集聚区，可以吸引农村剩余劳动力转移就业，提高农民收入水平，带动农村基础设施建设和公共服务提升。

2.4.4 产业组织

产业组织作为经济学的一个重要分支，专注于探究市场经济环境下产业内部企业之间以及企业与市场之间的复杂关系。这一领域涵盖了企业间的竞争与合作、市场结构的特征、市场行为的表现以及市场绩效的评估等多个维度。其核心在于深入剖析产业内企业间的竞争与垄断态势，以及这种态势如何对资源配置效率和市场运行效率产生深远影响。

1. 产业组织的构成要素

产业组织由多个核心要素构成，主要包括以下几种：

（1）企业个体。企业作为产业组织的基本组成单元，是产业活动的直接参与者。它们通过生产、销售等经济活动创造价值，并在产业内部与其他企业形成复杂的竞争与合作关系。企业间的差异体现在多个方面，如规模、技术实力、管理水平和市场定位，这些差异共同决定了它们在产业组织中的独特角色和地位。

（2）市场关系。市场关系是产业组织的核心要素，它反映了企业之间以及企业与市场之间的相互作用和相互影响。竞争与垄断是市场关系的两种基本形态，企业在市场上既要竞争以获取更大的市场份额和利润，又要通过合作实现资源共享和风险共担。市场结构（如完全竞争、垄断竞争、寡头垄断等）对企业间的市场关系具有重要影响，决定了市场竞争的激烈程度和企业的市场行为。

（3）产业组织环境。产业组织环境是指影响产业组织运作的外部因素的总和，包括政策法规、经济环境、社会文化环境以及技术进步等多个方面。这些外部因素通过作用于企业和市场关系，进而影响产业组织的整体绩效和发展方向，为产业组织提供了发展的土壤和条件。

（4）产业组织的子系统构成。产业组织由多个子系统协同作用，主要包括研发组织系统、制造组织系统和销售组织系统。

研发组织系统负责新产品的开发和技术创新活动，是产业进步和升级的重要推动力。它包含产品研发、设备研发、工艺研发等子部分，通过不断的技术创新和产品升级，企业可以在市场上保持竞争优势并实现可持续发展。

制造组织系统负责将原材料转化为最终产品的生产活动，是产业价值创造的核心环节。它包含原材料配置、零部件加工、产品总装等子部分，通过优化生产流程、提高生产效率和控制生产成本等措施，企业可以提升制造组织系统的整体绩效。

销售组织系统负责将产品推向市场并实现销售的活动，是企业实现价值回收和利润创造的关键环节。它包含售前咨询、现场交易、安装调试、免费保修等子部分，通过完善销售渠道、提升服务质量和加强品牌建设等措施，企业可以提升销售组织系统的整体效能和市场竞争力。

2. 产业组织的动态演变与趋势

产业组织是一个动态变化的系统，随着市场环境、技术进步和企业策略等因素的变化而不断调整和演变，包括产业集聚、全球化与网络化和创新与升级。

（1）产业集聚。产业集聚是相关企业在一定地域范围内的集中现象，有助于企业共享基础设施、降低交易成本、提高创新能力和市场竞争力。产业集聚的形成和发展受到资源禀赋、市场需求、政策支持等多种因素的影响。

（2）全球化与网络化。随着全球化的深入发展，产业组织呈现出跨国界、跨地区的特征。企业通过全球化战略拓展国际市场、整合全球资源并实现规模经济效应。互联网和信息技术的普及推动了产业组织的网络化发展。企业可以通过网络平台实现远程协作、信息共享和资源整合等活动，提高组织效率和灵活性。

（3）创新与升级。技术创新是推动产业组织升级和转型的重要动力。通过不断的技术创新和产品升级活动，企业可以保持竞争优势并实现可持续发展。产业政策的支持和引导促进了产业组织的创新和升级活动。政府可以通过制定相关政策和措施来鼓励企业进行技术创新和产业升级，推动整个产业的进步与发展。

3. 产业组织的特性

产业组织特性是一个多维度的概念，它全面反映了在市场经济条件下，产业内部企业之间的复杂关系、市场结构的多样性、竞争与合作行为，以及这些因素如何共同作用于产业的运作和绩效。

（1）企业间的相互依存与激烈竞争并存。在产业组织中，各企业并非孤立存在，而是通过供应链、价值链等形成紧密的相互依存关系。一个企业的生产活动往往依赖于上游企业提供的原材料、零部件等，同时其产品也可能成为下游企业的生产投入。这种相互依存关系构建了产业内企业之间紧密联系的网络结构。同时，产业组织中的企业为了争夺市场份额、获取更多的利润，会在价格、质量、服务等多个方面展开激烈竞争。这种竞争机制促进了企业的技术进步、管理创新和产品升级，推动了整个产业的持续发展和升级。

（2）市场结构的多样性与动态变化性。产业组织中的市场结构可划分为完全竞争、垄断竞争、寡头垄断和完全垄断等多种类型。这些不同的市场结构反映了产业内企业在数量、规模、市场份额等方面的差异，以及市场进入和退出壁垒的高低。不同的市场结构对企业行为、市场绩效和资源配置效率产生不同的影响。市场结构并非固定不变，而是随着技术进步、市场需求变化、政策调整等多重因素的影响而不断发生变化。例如，技术进步可能催生新的市场进入者，从而改变原有的市场结构；政策调整可能降低市场进入壁垒，增强市场竞争性。

（3）产业组织的动态性与强适应性。产业组织是一个动态变化的系统，受技术进步、市场需求变化、政策调整等多重因素的影响。产业内的企业数量、规模、市场份额等都会随之发生变化，进而影响整个产业组织的结构和运作方式。产业组织具有强大的适应能力，能够面对外部环境的变化和挑战。产业内的企业可以通过技术创新、管理创新、市场拓展等方式来适应新的市场环境并保持竞争优势。同时，产业组织也可以通过优化资源配置、加强企业间合作等方式来提高整个产业的适应性和竞争力。

（4）产业政策的引导与调控作用。产业政策是政府对产业发展与组织进行干预和调控的重要手段。通过制定和实施产业政策，政府可以引导产业发展方向、优化产业结构、促进技术进步和产业升级等。这些政策措施会对产业组织的形成和发展产生重要影响。政府可以利用财政补贴、税收优惠、金融支持等多种政策工具来影响产业组织的运作和发展。这些政策工具可以激励企业进行技术创新、扩大生产规模、提高产品质量等，从而推动整个产业的持续发展和升级。

（5）全球化与网络化趋势的推动。随着全球化的深入发展，产业组织越来越呈现出跨国界、跨地区的特征。企业通过全球化战略拓展国际市场、整合全球资源并实现规模经济效应。这种全球化趋势使产业组织更加复杂和多元化。互联网和信息技术的普及推动了产业组织的网络化发展。企业可以通过网络平台实现远程协作、信息共享和资源整合等活动，提高组织效率和灵活性。同时，网络化趋势也促进了产业内企业之间合作与竞争关系的变化和调整。

4. 产业组织理论的演进历程

作为微观经济学的一个重要分支，产业组织理论专注于探讨不完全竞争条件下的企业行为与市场构造。其发展历史悠久，得益于众多经济学家的卓越贡献与多个理论流派的蓬勃兴起。

（1）理论的萌芽与初步探索阶段。

①马歇尔的洞见与"马歇尔冲突"。产业组织理论的滥觞可追溯至马歇尔（Alfred Marshall）1890 年的力作《经济学原理》。在这部著作中，马歇尔首倡产业组织之概念，并在探讨生产要素时，于萨伊的生产三要素（劳动、资本、土地）之外，马歇尔创新性地提出了第四生产要素——组织。马歇尔深刻揭示了规模经济与竞争活力之间的两难抉择，即企业追求规模经济效应的同时，可能孕育出市场垄断，进而削弱市场竞争活力，此即著名的"马歇尔冲突"。

②早期经济学家的卓越贡献。1933 年，乔安·罗宾逊的《不完全竞争经济学》与爱德华·张伯伦的《垄断竞争理论》相继问世，这两部著作共同推动了不完全竞争理论的深入发展。20 世纪 30 年代，张伯伦、梅森及贝恩等人携手创立了"哈佛学派"，构建了以市场结构、市场行为和市场绩效为基本框架（简称 SCP 理论框架）的较为完整的产业组织理论体系。

（2）理论体系的构筑与完善阶段。

①SCP 理论框架的确立与深化。贝恩的《产业组织》一书于 1959 年出版，标志着产业组织理论的正式形成。他提出了市场结构（structure）、市场行为（conduct）和市场绩效（performance）的分析范式，即 SCP 理论框架。哈佛学派秉持市场结构决定厂商行为、厂商行为又决定产业绩效的观点。这一范式奠定了产业组织理论分析的基础。

②芝加哥学派的批判与推进。20 世纪 60 年代后期，"芝加哥学派"对当时正统的结构主义理论进行了激烈的批判。他们强调市场绩效或市场行为对市场结构的影响，而非哈佛学派所主张的市场结构决定市场行为和市场绩效。芝加哥学派的理论深化了产业组织领域的研究与认识，为新产业组织理论的兴起奠定了基石。

③新产业组织理论的崛起。20 世纪 70 年代以来，随着可竞争市场理论、交易费用理论和博弈论等新理论的融入，产业组织理论研究的分析基础、分析手段和研究重点等实现了实质性的突破，逐步形成了"新产业组织理论"。新产业组织理论汲取了新制度经济学的精髓，致力于实现"理论化"与"经验性"的平衡；在研究方法上大量引入博弈论分析工具，实现

了理论范式的创新。

（3）当代产业组织理论的蓬勃发展阶段。

①理论范式的多元化。当代产业组织理论不再局限于传统的 SCP 范式或芝加哥学派的观点，而是呈现出多元化的理论范式。不同的学者和流派从不同的角度及方法出发，对产业组织问题进行了深入的研究与探讨。

②跨学科研究的兴起与融合。随着经济学与其他学科的交叉融合日益加深，当代产业组织理论也呈现出跨学科研究的趋势。例如，与信息经济学、制度经济学、组织理论等学科的结合，为产业组织理论的研究提供了新的视角和方法。

③实证研究的强化与应用。当代产业组织理论越来越注重实证研究的应用。通过收集和分析大量的数据资料，学者们能够对市场结构、市场行为和市场绩效之间的关系进行更为精确和深入的验证和分析。

5. 产业组织的重要性

产业组织在企业和整个经济体系中扮演着举足轻重的角色。首先，一个合理的产业组织能够优化资源配置，进而提升生产效率和市场竞争力；其次，产业组织深刻影响着企业的市场行为和市场绩效，从而对企业的盈利能力和发展前景产生重要作用；最后，产业组织还对经济体系的稳定性和可持续发展产生深远影响。

6. 产业组织的实践应用

产业组织的实践应用广泛且深入，它涉及市场结构、企业行为、市场绩效等多个方面，并对经济发展、企业竞争、技术创新和消费者福利等产生重要影响。

（1）在市场结构的优化与调整方面。一是反垄断与反不正当竞争。产业组织理论通过实证研究和理论分析，为政府制定反垄断和反不正当竞争政策提供了有力支持。这些政策旨在防止市场垄断的形成，保护中小企业和新兴企业的生存和发展空间。例如，通过分析市场集中度、企业规模分布等指标，可以识别潜在的垄断行为，并采取相应的法律和经济手段进行干预。二是市场准入与退出机制。产业组织还关注市场准入与退出机制的建立和完善。通过设定合理的市场准入门槛，确保新进入市场的企业具备一定的技术、资金和管理能力，从而防止低水平重复建设和恶性竞争。同时，建立顺畅的市场退出机制，促进低效、无效企业的淘汰和资源整合。

（2）在企业行为的规范与引导方面。一是定价策略与市场竞争。产业组织理论研究企业的定价策略和市场竞争行为，帮助企业制定合理的价格政策，避免价格战等恶性竞争行为的发生。通过分析市场需求、成本结构和竞争态势等因素，企业可以制定差异化的定价策略，从而提高市场占有率和盈利能力。二是技术创新与研发投入。产业组织鼓励企业进行技术创新和研发投入，推动产业升级和转型。通过政策引导和市场激励，鼓励企业加大研发投入，提高自主创新能力，形成核心竞争力。同时，建立产学研用合作机制，促进科技成果的转化和应用。

（3）在市场绩效的提升与评估方面。一是生产效率与经济效益。产业组织关注市场绩效的提升，包括生产效率、经济效益和消费者福利等方面。通过分析市场结构、企业行为和市场绩效之间的关系，评估市场竞争的有效性和资源配置的效率。通过优化市场结构和规范企业行为，可以提高整个产业的生产效率和经济效益。二是消费者福利保护。产业组织还致力于保护消费者福利。通过监管市场行为，防止企业利用市场地位损害消费者利益。同时，推动信息透明和充分竞争，让消费者能够获取更多选择和高性价比的产品与服务。

（4）在产业政策的制定与实施方面。一是产业规划与布局。产业组织理论为政府制定产业规划和布局提供了重要依据。通过分析产业发展趋势、市场需求和资源禀赋等因素，可以确定优先发展的产业领域和区域布局。通过政策引导和市场机制，推动产业向更高层次、更高附加值的方向发展。二是政策效果评估与调整。产业组织还关注产业政策的实施效果评估和调整。通过对政策实施前后的市场结构、企业行为和市场绩效进行对比分析，可以评估政策的有效性和针对性。根据评估结果及时调整政策方向和力度，确保产业政策的科学性和有效性。

2.4.5 产业链博弈、协调与整合

产业链博弈、协调和整合属于产业链纵向关系。传统的供应链和多级库存理论研究一直集中于如何找到系统集中控制的最优解。在上下游企业组成的供应链中，上游企业总是希望提高中间产品的价格，从而使其收入增加，而对于下游企业，其成本支出包括上游的收入，中间产品的定价越高，其支

出越大。因而下游企业总是尽量压低中间产品的价格。供应链各利益主体的协调问题主要集中在如何确定中间产品的价格这一问题上。对于上游企业和下游企业对中间产品价格具有决定权的两种情况，对两厂商的动静态博弈所获利润进行比较后得出结论：对中间产品价格具有决定权的一方将获得更多的利润。实际上在供应链上下游关系中，价格决定权是非常强大的"权力"，往往在相互的讨价还价过程中，其他议价能力决定了中间产品的价格（李仕明，2004）。

通过投入生产或销售进而达到自身利润最大化，是纵向关系式上下游企业之间的交易关系最原始自然的表现状态。上下游企业行为（特别是价格行为）的影响以及产业链整体绩效问题是自然状态的纵向关系中的核心问题。在横向市场效率中，在完全竞争市场状态下，保证边际收益等于边际成本，就可使各企业获得最大利润，并实现社会福利帕累托最优化。从横向市场扩展到纵向市场时，只有保证各单层市场均保持完全竞争状态，才能使整个产业链福利最优化，产业链每一环节的产出以原有的价值（边际成本）的形式与下一环节的生产相对应，在任何一环都不产生加价和扭曲的前提下，来保证资源在产业链中达到帕累托最优化，各环节的企业都能获取正常利润，消费者也能得到最大剩余，社会福利也能达到最优化（李世杰，2019）。

除此之外，产业链需要协调与整合。随着组织单位的分离，同一商品市场上企业之间的市场关系的产生导致了相互协调的必要性，这就是所谓的"产业价值链的整合"。产业价值链带来了企业价值链之间的协同效应。产业链战略是将每个企业的价值链整合起来，创造价值和竞争优势。各企业在融入产业链的同时，还应调整自身的产业链结构，以便更好地融入产业链的价值体系，形成产业链的协同效应。

2.4.6 全球价值链分工博弈理论研究新发展

全球价值链分工博弈主要体现为全球价值链地位较高的国家或企业与全球价值链地位较低的国家或企业之间的博弈。全球价值链地位较高的国家一般是发达国家，这些国家掌握着先进的技术和管理经验，主要从事资本和知识密集型产业，而全球价值链地位较低的国家一般是发展中国家，具有人力资源或自然资源的优势，主要从事劳动密集型产业。而此时，全球价值链属于俘获型治理模式，俘获型治理模式的产品比较复杂（刘志彪和张杰，

2007；马丹等，2021），供应商的能力比较低，发达国家的跨国企业或者采购商是价值链中的主导者，设计技术、质量、交货、库存及价格等参数，而发展中国家仅以代工者的身份来执行这些任务。

从企业视角，卢福财和胡平波（2008）发现，在全球价值网络体系中，跨国公司与中国企业的地位是不对称的，跨国公司会通过挤压中国企业利润空间的方式，使中国企业一直处于价值创造的低端状态当中。中国企业要突破价值创造的低端锁定状态，面临的问题主要在于国内消费市场结构不完善、国内消费市场规模较小、企业资金相对匮乏、企业创新模式不健全与创新能力不足等。发展中国家将过度依赖技术外溢，技术吸收能力将下降，而发达国家将实现"捕获效应"，企业嵌入价值链没有产生预期的技术升级效应（吕越等，2018）。

随着信息技术的发展和全球价值链技术差距的缩小，发达国家、发展中国家和新兴经济体都在积极整合自身价值链，将生产环节延伸到全球价值链的两端。发展中国家的企业在从低端环节向高端环节攀升的过程中，很有可能被国际大买家和跨国公司封锁和控制，最终被锁定在低附加值、低利润的加工制造环节（Humphrey and Schmitz，2002；Gereffi，2001）。而何宇等（2020）提出，全球价值链上下游的发达国家和发展中国家之间的技术竞争并不一定是零和博弈，可能会带来全球贸易体系范围内的帕累托改进。

对于如何制定政策，黄兆基和刘瑶（2008）综合考虑水平利润转移和垂直利润转移的影响，认为贸易政策制定如征税应取决于投资的相对回报、技术外溢程度和最终产品的差异性。潘安和戴岭（2020）认为中美相对技术水平对中美经贸摩擦的产生存在倒 U 形影响，并对全球价值链分工地位产生了显著的中介作用。在应对各类贸易摩擦时，需通过产业政策精准地支持企业进行技术创新，并在全球价值链分工体系下与其他经济体建立更为紧密的分工联系。

2.5 本章小结

本章主要分析全球价值链上下游分工博弈问题，从贸易摩擦、全球价值链分工理论和产业链博弈理论三个方面进行理论阐述。贸易摩擦相关理论主要是从贸易保护政策、最优关税理论、关税传导理论三个方面展开研究。全球价值链分工理论主要是从动态比较优势理论、外包理论以及全球价值链治理理论展开研究。比较优势是目前各国参与全球价值链进行国际分工的基础，具体的分工采用外包形式，管理是以治理理论为基础。产业链博弈理论主要是从产业链相关概念、产业链博弈、协调与整合以及全球价值链分工博弈理论的角度研究新发展。随着信息技术的发展和全球价值链技术差距的缩小，发达国家和发展中国家都在积极整合自身价值链，将生产环节延伸到全球价值链的两端。全球价值链分工博弈主要体现为全球价值链地位较高的国家或企业与全球价值链地位较低的国家或企业之间的博弈。本章尝试将中美贸易摩擦与博弈模型和第三国贸易模型进行融合，探索其具体的影响机理，构建理论分析框架。

第3章

中美参与全球价值链分工状况

本章从增加值贸易、价值链关联和全球价值链嵌入程度三个方面对中美两国参与全球价值链分工的状况进行研究。

3.1 中美贸易摩擦的特点

中美贸易摩擦的领域已经从纺织品、服装、鞋帽等产品扩展到钢铁和汽车等工业产品，甚至服务行业的贸易。纠纷的范围也从简单的工业品贸易纠纷扩展到知识产权、人权甚至政治问题。2001 年中国加入世界贸易组织后，中国实际 GDP 和贸易额均有显著增长，除 2009 年、2015 年和 2016 年外，中美贸易额均呈增长态势。随着中美贸易合作的深化，中国对美国的贸易顺差有了一定程度的扩大，现在已经明显高于中国对欧洲的贸易顺差。在此背景下，中美在纺织、钢铁、汽车、化工、轻工等领域的贸易摩擦时有发生。

近些年来，中美贸易摩擦具有以下特点：一是摩擦频度明显加快。2008 年金融危机后，美国对中国发起新的反倾销和反补贴调查。2012 年以后，反补贴调查新增的数量超过反倾销调查新增的数量。但总体而言，反倾销调查仍是中美贸易摩擦措施的主要表现形式。二是摩擦主要集中在制造业。美国对中国的"双反"调查大多集中在制造业领域。其中，基本金属制品行业、化工及化工产品行业和机械设备以外的金属制品行业是中国遭受美国"双反"调查较为严重的行业。三是中美贸易摩擦一般持续时间较长，存在部门差异。在煤炭和石油产品行业、汽车制造行业、造纸行业和基础金属制品行业，美国对中国发起的反倾销调查会持续 4 ~ 6 年。在家具等制造业、机械设备以外的金属制品行业以及计算机和电子光学产品行业，美国发起的反倾销调查相对较短（余振等，2018）。

3.2　中美增加值贸易比较

本小节对中美增加值贸易方面分析，先确定增加值贸易测度指标与方法，再从产业层面和时间层面分别进行比较研究。

3.2.1　增加值贸易测度指标与方法

1. 增加值贸易测度指标：国内增加值出口指标（DVA）

国内增加值出口指标（DVA）是由约翰逊和诺格拉（Johnson and Noguera，2012）提出，同时还提出了垂直专业化的反向指标 VAX 的计算方法，并对多国增加值贸易进行了实证研究。本章的数据来源于 UIBE GVC Indicators，由对外经济贸易大学全球价值链研究院构建。该数据库基于 WIOD、OECDICIO、GTAP、Eora 等数据库的世界投入产出表（ICIO），在其基础上进行计算和分析。本节使用的是 WIOD 数据库 2016 版投入产出表计算出来的 VAX_Fsr 数据（VAX_Fsr_long. csv 文件）。

（1）测度指标及计算方法。增加值贸易测度使用国内增加值出口指标。国内增加值出口指标（domestic value added in exports，DVA）是一个重要的经济指标，用于衡量一个国家在出口贸易中由国内生产活动所创造的增加值的占比。这一指标反映了出口产品中国内生产活动所带来的增加值所占的比例，是评估一个国家出口贸易效益、出口结构及其对经济增长贡献的关键参数。

国内增加值出口指标（DVA）是一国出口贸易总值中的国内增加部分，即国内投入生产后，扣除生产中直接或间接使用的进口中间产品及国外价值投入之后新增加的价值总量。从数值上看，它等于国家出口总价值减去出口产品在生产中所含的国外进口价值。具体计算公式可以表示为：

DVA = 国家出口总价值 – 出口产品中所含的国外进口价值

DVA 率（DVAR）是国内增加值与总出口的比值，表示一国新创造的价值在所有的产品出口价值中所占的份额，即一国自身所得的收入占一国所有出口贡献的比值。

（2）指标的意义。第一，DVA 指标可以真实反映贸易贡献。相较于传统贸易统计方法，DVA 指标能更准确地衡量一国在出口中真正创造的价值，因为它排除了进口中间产品的价值。这有助于更真实地评估出口对国内经济的贡献。第二，DVA 指标是一种政策评估与优化工具。DVA 指标为政策制定者提供了一个有效的工具，用于评估贸易政策的效果。通过观察 DVA 指标的变化，政策制定者可以判断贸易政策是否促进了国内价值的创造，并据此调整和优化政策。第三，DVA 指标是行业分析的依据。通过计算和分析不同行业的 DVA，可以揭示各行业在出口贸易中的价值创造情况。这有助于识别具有竞争力的行业以及需要政策支持和引导的行业。第四，DVA 指标可以为经济结构调整提供指导。DVA 指标能够反映国内生产要素的配置效率。低 DVA 可能意味着行业过度依赖进口，中间产品或资源配置不合理，这为经济结构调整提供了有益的指导。第五，有助于提升一国的国际竞争力。在全球价值链中，提升 DVA 意味着增强一国在国际分工中的地位和竞争力。通过提高国内增加值，国家可以更多地保留贸易利益，减少对外部市场的依赖。第六，能够促进可持续发展。提升 DVA 有助于推动国内产业的升级和转型，促进经济向更高质量、更可持续的方向发展。通过增加国内附加值，可以创造更多就业机会，提高人民收入水平，实现经济的包容性增长。

2. DVA 指标的影响因素

（1）生产要素。其中包括劳动力素质与技能和资本投入与设备先进度。劳动力的受教育水平和专业技能对国内增加值出口具有直接影响。高素质、具备专业技能的劳动力能更高效地利用生产要素，提升生产效率，从而增加出口产品的附加值。例如，通过针对性的培训和技能提升，劳动力可以更好地满足国际市场要求，进而提高出口产品的质量和竞争力。资本投入规模直接影响企业采购原材料和零部件的数量与质量。先进的生产设备不仅能提高生产效率，还能降低生产成本，同时提升产品的品质和技术含量，这些都有助于增加出口贸易的国内增加值。

（2）规模经济效应。规模经济效应是影响国内增加值出口的关键因素之一。总量规模经济效应能带来成本上的优势，提高生产效率；而内部和外部规模经济效应则能促进企业间的协作和资源共享，提升整个行业的竞争力。这些规模经济效应共同推动了国内增加值出口的提升。

（3）全球生产分工与产业关联。全球生产分工的变动会对国内增加值出口产生影响。随着全球生产网络的深化，各国之间的产业关联也日益紧密。这种产业关联不仅影响产品的生产效率和成本，还直接关系到出口产品的附加值。例如，当一国在全球生产链中承担更多高附加值环节时，其国内增加值出口也会相应提升。

（4）最终需求。最终需求是影响国内增加值出口的重要因素之一。国际市场的需求和消费者偏好直接影响出口产品的结构与数量。当国际市场对某一类产品的需求增加时，该类产品的国内增加值出口也会相应提升。同时，最终需求的变动还会引导国内生产要素的重新配置，进一步影响国内增加值出口。

3. 提高 DVA 指标的途径

（1）提升产品质量和技术含量。一是加强研发投入。企业应增加在产品研发上的投入，不断推陈出新，提升产品的技术含量和附加值。技术创新和升级有助于提高产品在国际市场上的竞争力，从而增加出口产品的国内增加值。二是引进并吸收先进技术。积极引进国际先进技术，并结合本土实际进行消化吸收和再创新，以提升国内产业的技术水平，进而提高出口产品的国内增加值。

（2）优化产业结构。一是发展高附加值产业。重点发展高新技术产业、现代服务业等高附加值产业，并提高这些产业在出口中的比重，以直接提升国内增加值出口。二是合理调整产业布局。根据地区资源禀赋和产业基础，合理规划产业布局，形成产业集聚效应，以提高产业整体竞争力，进而增加出口产品的国内增加值。

（3）加强品牌建设。一是提升品牌国际知名度。通过加强品牌推广和市场营销，提高自主品牌在国际市场上的知名度和美誉度，以增加消费者对产品的信任和认可，进而提高出口产品的附加值。二是培育具有国际影响力的品牌。鼓励和支持企业培育具有国际影响力的品牌，通过品牌建设提升产品附加值，从而增加国内增加值出口。

（4）提高通关效率。一是优化通关流程。简化通关手续、提高通关效率，以降低企业成本，提高进出口效率，进而促进国内增加值出口的提升。二是加强国际合作与贸易便利化。与海关加强合作，推动贸易便利化措施的实施，以缩短通关时间，提高通关效率，为国内增加值出口创造更好的外部环境。

（5）加强政策支持与金融扶持。一是提供税收优惠等政策措施。政府可以通过提供税收优惠等政策措施，降低企业税负，激励企业加大研发投入和创新活动，从而提升出口产品的国内增加值。二是提供融资支持和出口信用保险。为企业提供融资支持、出口信用保险等金融服务，帮助企业解决资金问题，降低经营风险，有助于企业扩大出口规模，提升国内增加值出口。

（6）拓展国际市场与营销推广。一是积极开拓新市场。通过市场调研和分析，积极开拓新的国际市场，扩大出口渠道和市场多元化程度，以降低对单一市场的依赖风险，同时增加国内增加值出口的机会。二是加强国际营销推广。利用各种国际展览、商务洽谈等活动平台，积极推广国内产品和技术成果，吸引更多国际买家关注和采购国内产品，进而提升国内增加值出口水平。

3.2.2　中美增加值贸易产业比较分析

中美增加值贸易由中国对美国增加值出口和美国对中国增加值出口两部分组成。本书选取数据库中最新年份（2014 年）具体收集计算了中国对美国增加值出口和美国对中国增加值出口。在 WIOD 数据库中，去除投入产出值为 0、进口和出口额为 0 的产业，其中包括：汽车和摩托车的批发、零售及修理（r28）；出版活动（r37）；电影、录像和电视节目的制作、录音及音乐作品出版活动，电台和电视广播（r38）；金融服务及保险活动的辅助活动（r43）；建筑和工程活动、技术测试和分析（r46）；广告业和市场调研（r48）；家庭作为雇主的活动，家庭自用、未加区分的物品生产及服务的活动（r55）；国际组织和机构的活动（r56）。

如表 3 - 1 所示，2014 年中美增加值贸易的行业分布不同。中国对美出口排在前五位的产业是：计算机制造、电子和光学制品（r17）；批发贸易（汽车和摩托车除外）（r29）；纺织品、服装、皮革制品制造（r06）；采矿和采石（r04）；作物和牲畜养殖、狩猎和相关服务活动（r01）。这些行业的出口增加值分别是 384.5458 亿美元、272.2472 亿美元、242.5129 亿美元、236.6998 亿美元、183.7148 亿美元。而美国对中国出口排在前五个产业是：法律和会计活动、总公司的活动、管理咨询活动（r45）；电子和光学

制品（r17）；批发贸易（汽车和摩托车除外）（r29）；化学品和化学产品的
制造（r11）；其他运输设备制造（r21）。这些行业的出口增加值分别是
96.6219 亿美元、95.4847 亿美元、91.6701 亿美元、73.2548 亿美元、61.6904
亿美元。可以发现，2014 年中国对美国增加值出口的规模大于美国对中国
的增加值出口。而且，中国对美国增加值出口更多地分布于低技术制造业、
农业、采矿和采石业，而美国对中国增加值出口更多地分布于服务业和高技
术制造业。

表 3-1　　　　　　　　　　2014 年中美增加值贸易　　　　　　　单位：亿美元

行业代码	行业	中国对美国出口	美国对中国出口
r01	作物和牲畜养殖、狩猎和相关服务活动	183.7148	59.4709
r02	林业与伐木业	19.3725	6.9509
r03	渔业和水产业	10.1833	3.0972
r04	采矿和采石	236.6998	61.5163
r05	食品、饮料及烟草产品制造	72.7638	22.8719
r06	纺织品、服装、皮革制品制造	242.5129	3.0140
r07	木材、木材制品及软木制品的制造（家具除外）、草编制品及编织材料物品的制造	41.0214	4.9357
r08	纸和纸制品的制造	26.8501	10.8777
r09	记录媒介物的印制及复制	10.1923	2.6929
r10	焦炭及精炼石油产品的制造	51.2373	25.7807
r11	化学品和化学产品的制造	14.12433	73.2548
r12	基本医药产品和医药制剂的制造	12.8656	18.3351
r13	橡胶和塑料制品的制造	73.2301	12.5872
r14	其他非金属矿物制品的制造	47.3239	6.2796
r15	基本金属制造	128.6646	17.3926
r16	金属制品的制造（机械设备除外）	69.1298	26.4202
r17	计算机制造、电子和光学制品	384.5458	95.4847
r18	电子设备的制造	111.9641	14.1305
r19	未另分类的机械和设备制造	135.3268	49.9147
r20	汽车、挂车和半挂车的制造	68.8075	30.5199
r21	其他运输设备制造	18.0526	61.6904

续表

行业代码	行业	中国对美国出口	美国对中国出口
r22	家具的制造、其他制造业	112.3213	18.1156
r23	机械设备的修理和安装	0.0000	0.3614
r24	电、煤气、蒸汽和空调的供应	81.5922	10.6635
r25	集水、水处理与水供应	2.8068	0.3638
r26	污水处理，废物的收集、处理和处置活动，材料回收，补救活动和其他废物管理服务	5.2099	7.9855
r27	建筑业	9.1238	4.2913
r29	批发贸易（汽车和摩托车除外）	272.2472	91.6701
r30	零售贸易（汽车和摩托车除外）	56.0060	4.7642
r31	陆路运输和管道运输	91.4308	38.8234
r32	水上运输	20.0003	3.9019
r33	航空运输	24.2908	54.5414
r34	运输的储藏和辅助活动	22.5263	12.8978
r35	邮政和邮递活动	3.0564	8.7866
r36	食宿服务活动	31.7845	7.8389
r39	电信	22.1549	12.6175
r40	计算机程序设计咨询及有关活动、信息服务活动	7.9620	17.7928
r41	金融服务活动（保险和养恤金除外）	175.2583	29.1864
r42	保险、再保险和养恤金（强制性社会保障除外）	8.6257	12.8659
r44	房地产活动	49.3597	22.9471
r45	法律和会计活动、总公司的活动、管理咨询活动	83.6820	9.66219
r47	科学研究与发展	16.9774	8.6813
r49	其他专业、科学和技术活动，兽医活动	26.7204	2.6839
r50	行政和辅助活动	5.1919	53.4623
r51	公共管理和国防、强制性社会保障	8.0919	21.0386
r52	教育	5.3516	2.3010
r53	人体健康和社会工作活动	2.1160	1.0147
r54	艺术、娱乐和文娱活动，其他服务活动	38.1151	7.3569

资料来源：UIBE 数据库。

3.2.3　中美增加值贸易动态比较分析

针对 2014 年中美增加值出口均较多的计算机制造、电子和光学制品（r17）和批发贸易（汽车和摩托车除外）（r29），进一步研究其时间动态变化。如表 3 - 2 所示，2000～2014 年，中美两国行业间增加值贸易呈不断扩大趋势，并且中国对美国的增加值出口增长率大于美国对中国的增加值出口增长率。在计算机制造、电子和光学制品（r17）行业，中国对美国出口年均增长率为 15.90%，远高于美国对中国出口年均增长率 7.66%。在批发贸易（汽车和摩托车除外）（r29）行业，中国对美国增加值出口年均增长率为 16.29%，高于美国对中国出口年均增长率 13.04%。中国对美国增加值出口增长率最高的是 2002 年，计算机制造、电子和光学制品（r17）和批发贸易（汽车和摩托车除外）（r29）的增长率达到了 46.02% 和 24.93%，其增长值分别是 67.8749 亿美元和 43.9895 亿美元。而美国对中国增加值出口增长率最高的是 2010 年，计算机制造、电子和光学制品（r17）和批发贸易（汽车和摩托车除外）（r29）的增长率达到了 19.43% 和 26.85%，其增长值分别是 83.0424 亿美元和 60.9504 亿美元。结合当时的经济背景，中国加入世界贸易组织对增加值出口影响较大。其原因是：一方面大幅降低关税，减少交易成本，增加值出口增多；另一方面中国加入世界贸易组织在一定程度上降低了区际贸易壁垒，延长了价值链长度，带动了出口规模提升（张志明和代鹏，2016；袁凯华等，2019；李楠，2020）。而美国在 2010 年经济复苏，全年 GDP 增长率达 3.0%，经济总量基本恢复至危机前的水平，带动了出口产业发展，推动对中国增加值的出口。

表 3 - 2　　2000～2014 年中美计算机制造、电子和光学制品（r17）和
批发贸易（汽车和摩托车除外）（r29）行业增加值贸易　单位：亿美元

年份	计算机制造、电子和光学制品（r17）		批发贸易（汽车和摩托车除外）（r29）	
	中国对美国出口	美国对中国出口	中国对美国出口	美国对中国出口
2000	48.7183	33.9727	32.9236	16.4718
2001	46.4826	33.3533	35.2116	18.2629
2002	67.8749	37.9803	43.9895	19.1485

年份	计算机制造、电子和光学制品（r17）		批发贸易（汽车和摩托车除外）（r29）	
	中国对美国出口	美国对中国出口	中国对美国出口	美国对中国出口
2003	96. 1201	43. 1770	49. 1133	22. 2154
2004	139. 2442	47. 7102	56. 7593	28. 1567
2005	168. 9050	53. 0829	69. 7098	30. 7722
2006	201. 8750	65. 4215	84. 2890	37. 8495
2007	225. 4331	57. 4655	99. 5833	41. 5994
2008	226. 7649	61. 4388	124. 0057	50. 8253
2009	216. 2400	69. 5322	123. 5440	48. 0505
2010	304. 8289	83. 0424	166. 6608	60. 9504
2011	319. 5517	81. 8476	197. 8563	72. 3774
2012	365. 7845	91. 3426	226. 4524	83. 1960
2013	359. 2698	92. 8943	242. 1504	90. 6200
2014	384. 5458	95. 4847	272. 2472	91. 6701

资料来源：UIBE 数据库。

3.3　中美价值链关联分析

本节参照程大中（2015）对全球价值链分工的关联程度分析，主要是中间品关联和增加值关联，使用 WIOD 数据库的投入产出表，计算中美的中间品关联和增加值关联，并进行相应的分析和研究。根据美中贸易全国委员会 2017 年的报告，美国 22% 的棉花、26% 的波音飞机、56% 的大豆出口中国，美国 46 个州把中国列入该州前五大出口市场。2016 年，中国人赴美旅游 259 万人次，消费 301 亿美元。

3.3.1　中间品关联分析概述

1. 中间品关系分析的定义与重要性

中间品关联分析是一种专门的经济分析方法，它聚焦于产业链中的中间产品，即那些用于进一步加工或组装成最终产品的半成品或组件，探究它们之间的关联关系。此方法旨在揭示不同中间品之间的相互作用及其对整体生产过程和最终产品的影响。通过深入分析中间品的流动、使用和转换过程，分析人员能够更深刻地理解产业链的运作机制，进而为优化生产流程和提高资源利用效率提供有力的决策支持。

中间品关联分析十分重要。第一，有助于优化生产流程。深入探究中间品之间的关联关系，使企业能够识别生产流程中的瓶颈与浪费环节。基于此，企业可以优化生产顺序、调整资源配置，进而提升整体生产效率。第二，可以降低成本。有效的中间品关联分析能够揭示成本节约的潜力。企业可以通过减少不必要的中间品库存、优化采购策略或改进生产工艺等措施，显著降低运营成本。第三，能够增强供应链韧性。在全球化背景下，供应链中断的风险日益加剧。中间品关联分析使企业能够识别关键中间品和供应商，从而制定更为有效的风险管理策略，确保供应链的稳定运行。第四，有利于促进创新。对中间品的深入研究可能为企业带来新的技术或市场机会。通过改进中间品的性能或寻找替代品，企业有可能开发出更具竞争力的新产品。第五，可以提升决策质量。基于深入的中间品关联分析，企业能够做出更为明智的战略和运营决策。这种分析为管理层提供了关于生产、采购、库存和销售等方面的全面见解，有助于制定更符合实际情况的商业计划。第六，支持环境可持续性。中间品关联分析还有助于企业在生产过程中识别并减少环境负担。通过优化中间品的使用和处理方式，企业可以降低废弃物排放、节约能源，从而支持环境可持续性目标的实现。

2. 中间品关联分析的主要步骤与方法

中间品关联分析作为产业经济学和区域经济研究的关键领域，专注于揭示不同产业或地区间通过中间品（例如原材料、零部件等）交易所构建的联系。

（1）中间品关联分析的主要步骤。

①数据收集与预处理。首先是界定数据范围。明确分析所需的数据范围，涵盖相关产业、地区及时间跨度。其次是数据来源。收集投入产出表、企业调查数据、贸易统计数据等关键信息。最后是数据整理。对数据进行清洗、分类和格式化，确保数据的精确性和一致性。

②分析对象界定。首先是定义中间品。清晰界定中间品的范畴，明确哪

些产品被视为中间品。其次是产业分类。根据研究目标，对产业进行合理分类，确保分析对象的一致性。

③分析模型构建。首先是建立直接消耗系数矩阵。建立反映地区间或产业间中间品交易情况的直接消耗系数矩阵。其次是建立投入产出模型。运用投入产出分析框架，构建展现地区间或产业间经济联系的模型。

④关联指标计算。首先计算直接关联指标。如直接中间品流入比率（RDI），用于衡量地区或产业对其他地区或产业中间品的依赖度。其次计算间接关联指标。借助投入产出表的乘数效应，计算间接关联指标，反映中间品交易对产业链上下游的深远影响。

⑤结果分析与解读。首先是结果呈现。以图形、表格等形式直观展示地区间或产业间的中间品关联情况。其次是关联分析。深入挖掘关联指标背后的经济逻辑，揭示中间品交易对区域经济发展、产业结构调整等方面的深远影响。最后是提出政策建议。基于分析结果，提出促进区域间经济合作、优化产业结构等具有针对性的政策建议。

（2）中间品关联分析的方法。

①投入产出分析法。投入产出分析法是一种基于投入产出表的经济分析方法，用于揭示经济系统内部各部门之间的投入产出关系。在中间品关联分析中，通过构建投入产出模型，计算直接消耗系数矩阵和间接关联指标，揭示地区间或产业间的中间品交易实况。

②网络分析法。网络分析法是一种基于图论和网络理论的分析方法，用于描述和分析复杂系统中各元素之间的相互关系。在中间品关联分析中，构建关联网络图，将地区或产业视为节点，将中间品交易视为边，揭示中间品交易的网络结构和特征。

③计量经济学方法。计量经济学方法是一种运用数学和统计学原理对经济现象进行定量分析的方法。在中间品关联分析中，运用计量经济学模型（如面板数据模型、引力模型等）对中间品交易的影响因素进行实证分析，揭示其驱动因素和制约因素。

④案例研究法。案例研究法是一种通过对特定案例进行深入分析来揭示一般规律的研究方法。在中间品关联分析中，选择具有代表性的地区或产业作为案例，通过深入分析其中间品交易情况，揭示中间品关联的一般特征和规律。

3.3.2　中美两国中间品关联分析

中美两国贸易进口的产品绝大部分由中间品构成，中间品是中美两国贸易重要组成部分。中国中间品的进口份额远大于美国中间品的进口份额，相反，美国最终产品的进口份额则高于中国最终产品的进口份额（樊海潮和张丽娜，2018）。中间品关联研究是分析中间品如何与其他产业发生关联。中美中间品关联主要表现为中间品贸易。

1. 中国自美国中间品进口分析

中国自美国中间品进口额大幅增长。如表 3 - 3 第二列所示，2000 年，中国从美国进口 69.1961 亿美元中间品，而 2014 年中国从美国进口 664.5193 亿美元中间品，年均增长率达到 36.68%。随着中间品贸易自由化，中国自美国的中间品进口额增长率较快，尤其是在 2004 年，进口额增长率达到了 52.13%。

表 3 - 3　　　　　　　　　　　中国对美国的中间品进口额

年份	进口（亿美元）	进口增长率（%）
2000	69.1961	—
2001	78.8898	14.01
2002	88.5723	12.27
2003	124.0206	40.02
2004	188.6763	52.13
2005	209.9996	11.30
2006	275.9264	31.39
2007	361.6426	31.06
2008	439.9837	21.66
2009	425.054	- 3.39
2010	510.9423	20.21
2011	587.5725	15.00

年份	进口（亿美元）	进口增长率（%）
2012	608.8759	3.63
2013	653.2048	7.28
2014	664.5193	1.73

资料来源：WIOD 数据库。

进一步分析中国自美国中间品进口产业分布情况，即将 WIOD 数据库投入产出表中美国的各产业对中国每个产业进口额进行纵列求和，结果如表3-4所示。可以发现，中间品进口额排在前五位的产业是食品、饮料及烟草产品制造（r05），化学品和化学产品的制造（r11），计算机制造、电子和光学制品（r17），建筑业（r27），未另分类的机械和设备制造（r19），进口额分别为 75.8556 亿美元、46.3288 亿美元、40.9053 亿美元、38.8943 亿美元、30.8312 亿美元，进口占比分别是 11.42%、6.97%、6.16%、5.85%、4.64%。

表3-4　　　　　　　2014 年中国对美国各产业的中间品进口额

产业代码	进口（亿美元）	进口占比（%）
r01	30.5142	4.59
r02	2.9053	0.44
r03	2.1852	0.33
r04	15.4647	2.33
r05	75.8556	11.42
r06	26.0394	3.92
r07	9.0227	1.36
r08	10.2492	1.54
r09	4.6101	0.69
r10	11.6252	1.75

产业代码	进口（亿美元）	进口占比（%）
r11	46.3288	6.97
r12	11.9356	1.80
r13	16.8427	2.53
r14	14.4137	2.17
r15	23.8974	3.60
r16	10.2511	1.54
r17	40.9053	6.16
r18	20.4470	3.08
r19	30.8312	4.64
r20	19.7248	2.97
r21	10.7542	1.62
r22	3.1513	0.47
r24	8.2429	1.24
r25	0.8117	0.12
r26	1.1096	0.17
r27	38.8943	5.85
r29	23.5408	3.54
r30	4.8700	0.73
r31	4.2885	0.65
r32	1.8688	0.28
r33	13.4075	2.02
r34	7.0762	1.06
r35	1.2602	0.19
r36	9.0903	1.37
r39	2.9466	0.44
r40	3.5464	0.53
r41	8.1677	1.23
r42	1.4018	0.21

产业代码	进口（亿美元）	进口占比（%）
r44	3.6835	0.55
r45	19.3666	2.91
r47	2.2578	0.34
r49	5.6774	0.85
r50	1.8586	0.28
r51	24.3701	3.67
r52	20.8612	3.14
r53	7.2876	1.10
r54	10.6782	1.61

注：将进口和出口额均为零的产业去掉，包括r28、r37、r38、r43、r46、r48、r55、r56。
资料来源：WIOD 数据库。

2. 中国对美国中间品出口分析

中国对美国中间品出口额也大幅增长。如表 3 - 5 所示，在 2000 年中国对美国出口 147.4991 亿美元中间品，而 2014 年中国对美国出口 1302.4310 亿美元中间品，年均增长率达到 35.89%。增长最快的是 2004 年，中国对美国的中间品出口额达到了 337.1182 亿美元，出口增长率为 40.18%。同时可以看到，中国加入世界贸易组织后出口增长率逐年增加。加入世界贸易组织促进了中国对美国增加值的出口，同时也相应地促进了中国对美国的中间品出口。

表 3 - 5 　　　　　　　中国对美国中间品出口额和出口增长率

年份	出口额（亿美元）	出口增长率（%）
2000	147.4991	—
2001	150.3105	1.91
2002	183.9303	22.37
2003	240.4875	30.75
2004	337.1182	40.18

年份	出口额（亿美元）	出口增长率（%）
2005	441.7377	31.03
2006	559.5830	26.68
2007	631.5273	12.86
2008	745.1122	17.99
2009	541.9944	−27.26
2010	717.2390	32.33
2011	862.4775	20.25
2012	918.0323	6.44
2013	1162.6028	26.64
2014	1302.4310	12.03

资料来源：WIOD 数据库。

进一步分析中国对美国中间品出口产业分布情况，即将 WIOD 数据库投入产出表中国各产业对美国每个产业出口进行横行求和。如表 3 - 6 所示，2014 年，中国对美国中间品出口最多的产业是 r17（计算机制造、电子和光学制品），出口额达到了 343.7776 亿美元，出口占比达到了 26.40%。中国对美国出口其余四大产业依次是 r11（化学品和化学产品的制造）、r19（未另分类的机械和设备制造）、r18（电子设备的制造）、r20（汽车、挂车和半挂车的制造），出口额分别是 143.2280 亿美元、135.0964 亿美元、125.7234 亿美元、96.9646 亿美元，出口占比分别是 11.00%、10.37%、9.65%、7.44%。

表 3 - 6　　　　2014 年中国对美国各产业的中间品出口额

产业代码	出口额（亿美元）	出口占比（%）
r01	3.1582	0.24
r02	0.5969	0.05
r04	6.0306	0.46
r05	9.3764	0.72
r06	31.0923	2.39

产业代码	出口额（亿美元）	出口占比（%）
r07	17.6634	1.36
r08	22.4882	1.73
r09	0.5812	0.04
r10	14.6029	1.12
r11	143.2280	11.00
r12	11.6260	0.89
r13	55.0349	4.23
r14	38.5290	2.96
r15	42.2207	3.24
r16	83.9210	6.44
r17	343.7776	26.40
r18	125.7234	9.65
r19	135.0964	10.37
r20	96.9646	7.44
r21	13.2214	1.02
r22	32.7009	2.51
r24	1.6818	0.13
r25	0.0962	0.01
r26	0.7912	0.06
r27	0.0000	0.00
r29	0.0000	0.00
r30	0.0000	0.00
r31	3.3998	0.26
r32	0.0000	0.00
r33	43.6445	3.35
r34	0.0000	0.00
r35	0.0000	0.00
r36	0.0000	0.00

产业代码	出口额（亿美元）	出口占比（%）
r39	0.0151	0.00
r40	0.2774	0.02
r41	0.0025	0.00
r42	0.0204	0.00
r44	0.0000	0.00
r45	21.3114	1.64
r47	0.1135	0.01
r49	0.0002	0.00
r50	1.9465	0.15
r51	0.0100	0.00
r52	0.0061	0.00
r53	0.0051	0.00
r54	0.9857	0.08

资料来源：WIOD 数据库。

对比分析中国对美国的中间品进出口额规模，可以发现中国对美出口额大于进口额，且增长较快。对比中美中间品进出口产业分布，r17（计算机制造、电子和光学制品）、r11（化学品和化学产品的制造）、r19（未另分类的机械和设备制造）属于排名靠前的既进口又出口的产业，是典型的产品内贸易，且中间品出口的规模大于该产业的进口规模。r18（电子设备的制造）和 r20（汽车、挂车和半挂车的制造）是中国对美国出口中间品较多的产业，而 r5（食品、饮料及烟草产品制造）和 r27（建筑业）是中国自美国进口中间品较多的产业，属于产业间贸易。

3.3.3　增加值关联分析

增加值关联是各经济体最终品生产所含的增加值来源，由前向关联增加值和后向关联增加值产生联系（程大中，2015）。前向关联由供给视角进行分解，表示由某个"经济体—行业"产生的增加值被其自身以及所有下游的"经济体—行业"所使用。后向关联，从使用者视角进行分解，表示某个"经济体—行业"最终品产出中所隐含的来自其自身以及所有上游"经济体—行业"的增加值。借鉴王直等（Wang et al.，2017a，2017b）可以将一国的前向增加值和后向增加值分解开。公式如下：

前向增加值分解公式：

$$SVA = 1\_VA\_D + 2\_VA\_RT + 3\_VA\_GVC = 1\_VA\_D + 2\_VA\_RT$$
$$+ 3a\_VA\_GVC\_R + 3b\_VA\_GVC\_D + 3c\_VA\_GVC\_F \tag{3.1}$$

后向增加值分解公式：

$$FGY = 1\_FGY\_D + 2\_FGY\_RT + 3\_FGY\_GVC = 1\_FGY\_D + 2\_FGY\_RT$$
$$+ 3a\_FGY\_GVC\_R + 3b\_FGY\_GVC\_D + 3c\_FGY\_GVC\_F \tag{3.2}$$

式（3.1）和式（3.2）中，SVA 代表一国生产最终品价值或 GDP 的前向分解增加值，FGY 代表一国最终品和服务的生产价值后向分解的增加值。其中，1_VA_D、1_FGY_D 分别是前向和后向增加值分解中一国最终品价值中用于本国消费的增加值，且在国内迂回的价值，2_VA_RT、2_FGY_RT 分别代表前向和后向增加值分解中一国最终品价值中用于国外消费的部分（传统贸易部分），3a_VA_GVC_R、3a_FGY_GVC_R 分别是前向和后向增加值分解中简单的 GVC，表示跨国家生产的简单生产共享价值，中间品出口中由进口商直接吸收的部分。3b_VA_GVC_D、3b_FGY_GVC_D 分别是前向和后向增加值分解中复杂 GVC 第一种类型（复杂 GVC 指至少跨越两次边境），表示中间品出口中由进口商再转出口，最终由来源国吸收的部分。3c_VA_GVC_F、3c_FGY_GVC_F 分别是前向和后向增加值分解中复杂 GVC 第二种类型，表示中间品出口中，进口商再转出口，最后被他国吸收的部分。本章从前向增加值和后向增加值的角度进行计算和分解，结果如表 3-7 和 3-8 所示。

表 3-7　　　　　　2014 年中国和美国的前向增加值以及分解　　　单位：亿美元

行业代码	中国						
	SVA	1_VA_D	2_VA_RT	3a_VA_GVC_R	3b_VA_GVC_D	3c_VA_GVC_F	3_VA_GVC
r01	8417.2830	7265.8390	730.8100	275.5393	18.8031	126.2912	420.6336
r02	435.3151	334.6833	44.4055	37.3974	2.8601	15.9687	56.2262
r03	965.4022	890.1671	42.9411	21.6942	1.5777	9.0221	32.2940

行业代码	中国						
	SVA	1_VA_D	2_VA_RT	3a_VA_GVC_R	3b_VA_GVC_D	3c_VA_GVC_F	3_VA_GVC
r04	5695.7390	4256.4600	576.6771	544.7381	50.8848	266.9786	862.6016
r05	4146.6110	3641.4270	309.3343	128.9630	9.7404	57.1460	195.8493
r06	2568.0910	1321.8570	931.1395	192.0331	12.5136	110.5473	315.0940
r07	932.4871	715.8381	93.3350	86.3071	5.7371	31.2698	123.3140
r08	481.6044	335.2050	60.2549	56.9014	4.3193	24.9239	86.1445
r09	343.8703	265.9296	31.2933	30.9185	2.3133	13.4157	46.6475
r10	1245.9290	923.3749	126.8575	124.6191	11.3048	59.7731	195.6970
r11	2273.6380	1516.9850	289.5884	283.1072	28.3775	155.5796	467.0643
r12	818.4381	730.2015	40.8542	36.1640	1.1837	10.0347	47.3824
r13	1021.8880	635.9350	169.2616	134.9041	12.1396	69.6475	216.6912
r14	2290.6270	1978.0690	102.5327	156.2799	9.3320	44.4134	210.0253
r15	2913.9640	2123.9760	315.9807	295.9299	28.7864	149.2911	474.0074
r16	1248.7420	862.1908	157.7379	152.5804	11.6836	64.5493	228.8134
r17	2802.9730	982.6723	1062.4150	365.4729	77.6714	314.7408	757.8850
r18	1703.7420	1043.1140	345.7995	195.8381	19.0855	99.9044	314.8280
r19	2658.8570	1860.1050	449.6574	214.3038	19.7460	115.0441	349.0938
r20	2299.9060	1966.0410	147.2505	119.1188	7.8710	59.6244	186.6142
r21	829.9003	634.2592	136.4425	37.8575	2.7934	18.5477	59.1986
r22	712.4972	272.2392	326.9685	75.6161	5.5668	32.1066	113.2895
r23	0.0000	0.0000	0.0000	0.0000	0.0000	0.0000	0.0000
r24	2141.7230	1663.5060	215.0045	166.1485	15.3113	81.7532	263.2130
r25	124.4038	108.0788	7.7855	5.4012	0.4952	2.6432	8.5395
r26	144.7481	113.7636	15.4282	9.7529	0.8398	4.9637	15.5563
r27	7080.9960	6995.2010	25.0229	46.0944	2.4357	12.2420	60.7721
r28	0.0000	0.0000	0.0000	0.0000	0.0000	0.0000	0.0000
r29	8321.7110	6006.9600	1071.2770	811.6279	72.7298	359.1158	1243.4740
r30	1721.5580	1242.6930	220.2347	171.3396	14.5575	72.7333	258.6304

行业代码	中国						
	SVA	1_VA_D	2_VA_RT	3a_VA_GVC_R	3b_VA_GVC_D	3c_VA_GVC_F	3_VA_GVC
r31	3072.7530	2417.7840	291.8861	237.1385	19.9201	106.0243	363.0829
r32	596.0868	363.5153	109.6892	77.6759	7.4060	37.8004	122.8822
r33	236.2868	140.1767	36.1025	43.8591	2.3976	13.7509	60.0076
r34	646.0064	484.6229	74.3301	55.0762	4.8361	27.1412	87.0535
r35	170.4749	148.3123	10.1607	7.9908	0.6362	3.3750	12.0019
r36	2003.8100	1773.9660	103.2415	83.3466	6.7910	36.4646	126.6021
r37	0.0000	0.0000	0.0000	0.0000	0.0000	0.0000	0.0000
r38	0.0000	0.0000	0.0000	0.0000	0.0000	0.0000	0.0000
r39	2094.2970	1934.2330	74.2679	55.6519	4.8408	25.3035	85.7962
r40	629.7228	542.6341	36.6410	32.5898	3.0924	14.7654	50.4476
r41	5769.2370	4670.3300	518.4706	363.6014	35.0673	181.7676	580.4363
r42	472.3348	402.3251	30.5395	25.6915	2.1310	11.6477	39.4703
r43	0.0000	0.0000	0.0000	0.0000	0.0000	0.0000	0.0000
r44	5837.9050	5462.6530	175.1423	129.2019	11.6373	59.2697	200.1088
r45	2078.0770	1415.5790	249.3325	260.5651	20.7044	131.8957	413.1652
r46	0.0000	0.0000	0.0000	0.0000	0.0000	0.0000	0.0000
r47	370.6447	276.1265	49.6864	25.9536	3.2706	15.6076	44.8318
r48	0.0000	0.0000	0.0000	0.0000	0.0000	0.0000	0.0000
r49	1349.5580	1198.9040	74.1386	46.8935	4.8275	24.7939	76.5149
r50	438.8992	403.0033	12.3484	15.7026	1.0508	6.7941	23.5475
r51	4197.0090	4141.8660	24.6852	19.3370	1.7440	9.3774	30.4585
r52	3399.8050	3362.5080	17.1258	13.4301	1.0816	5.6587	20.1704
r53	1877.7070	1862.6130	6.8827	5.5603	0.4253	2.2253	8.2109
r54	2403.9420	2132.1490	136.5939	87.6760	7.2135	40.3091	135.1987
r55	0.0000	0.0000	0.0000	0.0000	0.0000	0.0000	0.0000
r56	0.0000	0.0000	0.0000	0.0000	0.0000	0.0000	0.0000

续表

行业代码	美国						
	SVA	1_VA_D	2_VA_RT	3a_VA_GVC_R	3b_VA_GVC_D	3c_VA_GVC_F	3_VA_GVC
r01	1783.4450	1394.1670	140.2340	189.6205	15.2313	44.1923	249.0440
r02	238.0090	178.4473	11.3059	29.0796	9.0458	10.1305	48.2558
r03	145.3541	109.5038	17.7202	12.3142	2.2709	3.5451	18.1302
r04	4559.4990	3627.0180	163.0187	471.3135	99.6294	198.5201	769.4630
r05	2469.6880	2186.8940	176.5283	74.6327	9.1965	22.4363	106.2655
r06	285.7471	224.2498	26.2971	19.8705	7.2271	8.1026	35.2001
r07	290.6582	244.2249	9.5268	25.3105	4.3209	7.2751	36.9065
r08	562.6345	421.5784	28.0202	71.2506	16.0079	25.7773	113.0359
r09	385.6877	335.0597	12.6345	24.2269	3.8611	9.9055	37.9935
r10	1832.6130	1416.4580	100.4893	202.8431	28.4247	84.3979	315.6657
r11	2684.9320	1902.0590	123.7482	357.4969	93.7429	207.8850	659.1248
r12	959.6061	643.3579	127.9488	121.5637	18.6977	48.0380	188.2994
r13	763.3967	576.6563	53.2930	75.4074	28.3623	29.6776	133.4474
r14	470.2028	387.1180	16.3600	47.8282	7.1682	11.7284	66.7248
r15	616.4459	395.9917	56.3015	87.7020	31.8729	44.5777	164.1526
r16	1480.4530	1091.9340	131.5833	154.1926	42.2414	60.5013	256.9353
r17	2701.2930	1743.4200	418.4999	234.8373	108.3869	196.1488	539.3730
r18	545.2168	359.8967	60.6397	68.5323	24.6028	31.5454	124.6804
r19	1538.6210	1032.9720	254.0714	137.3262	40.8447	73.4069	251.5777
r20	1450.5950	1117.2410	166.5646	82.2093	56.0223	28.5585	166.7901
r21	1288.3630	730.6027	286.9973	135.6404	26.1612	108.9620	270.7635
r22	1065.3430	865.6934	121.8997	50.4650	8.3801	18.9051	77.7503
r23	225.5139	219.8732	1.9095	2.1509	0.3807	1.1997	3.7313
r24	2728.2640	2586.3510	43.1490	59.2760	11.9200	27.5681	98.7641
r25	93.2125	88.3703	1.4490	2.0704	0.4068	0.9160	3.3932
r26	432.8336	287.4499	13.2999	73.3553	11.3823	47.3464	132.0839
r27	6676.7270	6616.0940	18.6790	25.7508	4.3137	11.8899	41.9545

行业代码	美国						
	SVA	1_VA_D	2_VA_RT	3a_VA_GVC_R	3b_VA_GVC_D	3c_VA_GVC_F	3_VA_GVC
r28	2552.5690	2500.7010	19.4291	18.7677	3.3641	10.3067	32.4385
r29	10451.2500	8409.7710	972.1649	654.0564	96.1789	319.0799	1069.3150
r30	8164.2990	8099.1240	25.7987	23.2957	4.0362	12.0449	39.3768
r31	2408.2860	1983.8370	1421748	180.8500	24.3880	77.0365	282.2745
r32	186.3428	127.3864	209529	22.8679	2.2866	12.8490	38.0035
r33	844.4500	599.5014	61.8620	128.8597	13.0527	41.1743	183.0866
r34	1062.4710	856.4947	65.8605	79.1227	9.5748	51.4187	140.1161
r35	574.9542	440.5155	43.8460	61.0564	5.4267	24.1096	90.5927
r36	4887.1460	4774.0860	37.2742	44.9256	7.4054	23.4540	75.7850
r37	2107.2790	1755.7040	94.1353	187.6643	13.2929	56.4824	257.4395
r38	2003.6950	1783.0770	132.6460	57.0091	6.0886	24.8744	87.9720
r39	3275.5820	3054.0420	75.3090	91.3814	10.5403	44.3095	146.2311
r40	3385.0890	3065.1480	97.0820	131.8733	18.9130	72.0727	222.8590
r41	4881.6140	4228.7670	207.2714	281.5418	30.7854	133.2493	445.5764
r42	4907.4130	4646.6820	94.0351	103.9110	14.5635	48.2213	166.6958
r43	2442.4930	2092.1090	92.2042	104.6965	25.0722	128.4103	258.1790
r44	20593.6600	20218.6600	128.7471	145.4527	21.5562	79.2502	246.2590
r45	6941.0310	5976.2790	313.7164	377.7860	68.4266	204.8235	651.0361
r46	2608.6480	2270.1430	55.0006	185.5434	18.9681	78.9932	283.5047
r47	1405.5190	1220.8920	96.6402	41.5023	9.5967	36.8884	87.9873
r48	1415.2370	1229.3330	30.9981	83.4445	11.4569	60.0048	154.9062
r49	461.9185	401.7024	12.0608	25.8709	3.6138	18.6706	48.1553
r50	6725.8010	5779.0130	237.6572	337.0254	65.1460	306.9591	709.1305
r51	22795.7700	22461.0900	95.8342	141.3696	21.5606	75.9148	238.8450
r52	1929.9120	1885.0520	13.5417	21.1291	1.9502	8.2388	31.3181
r53	12289.0500	12267.2000	6.0567	10.2983	1.0548	4.4316	15.7846
r54	4468.5060	4344.5980	52.5783	41.1647	6.9953	23.1703	71.3303

续表

行业代码	美国						
	SVA	1_VA_D	2_VA_RT	3a_VA_GVC_R	3b_VA_GVC_D	3c_VA_GVC_F	3_VA_GVC
r55	124.1173	121.0297	1.0429	1.1819	0.2081	0.6548	2.0447
r56	0.0000	0.0000	0.0000	0.0000	0.0000	0.0000	0.0000

资料来源：UIBE 数据库。

表 3 - 8 　　　　　2014 年中国和美国的后向增加值以及分解　　　单位：亿美元

行业代码	中国						
	FGY	1_FGY_D	2_FGY_RT	3a_FGY_GVC_R	3b_FGY_GVC_D	3c_FGY_GVC_F	FGY_GVC
r01	3799.4460	3528.0150	72.0518	147.1975	6.1240	46.0368	199.3583
r02	-2.8086	-2.8429	0.3524	-0.2790	-0.0099	-0.0292	-0.3182
r03	676.6893	641.1433	7.1734	21.7518	0.8296	5.7884	28.3698
r04	179.1091	127.4927	31.4556	12.3916	0.6766	7.0909	20.1590
r05	7100.9620	6170.1780	402.9000	390.8107	14.1319	122.8918	527.8344
r06	4168.1580	1633.3560	2112.7230	136.1475	15.6548	270.2217	422.0240
r07	114.3950	75.7622	23.4798	8.9137	0.4662	5.7718	15.1517
r08	46.2214	18.9276	20.0936	2.5936	0.2525	4.3534	7.1995
r09	28.3383	21.4698	3.1825	2.3603	0.1284	1.1970	3.6856
r10	451.1344	299.6895	43.7956	75.9664	2.8273	28.8501	107.6438
r11	364.3987	227.2509	70.2311	37.2858	2.2941	27.3298	66.9096
r12	447.5215	322.2881	83.8719	24.8408	1.3218	15.1940	41.3566
r13	222.4713	47.0187	138.2733	6.7098	1.3637	29.1013	37.1747
r14	142.4410	54.4602	67.2994	7.0553	0.6682	12.9561	20.6796
r15	214.9575	108.7736	61.3031	21.8947	1.4444	21.5385	44.8776
r16	802.7052	449.4974	218.5844	66.4657	4.8395	63.3059	134.6111
r17	4189.5410	616.4713	2405.1330	151.1062	95.1811	921.4312	1167.7190
r18	2820.2240	1356.0160	927.6104	224.6468	25.4340	286.4503	536.5311
r19	4739.6410	2985.7150	954.3410	427.6485	38.1191	333.7163	799.4838
r20	5027.5060	4061.9630	217.6387	505.5438	31.2556	210.9971	747.7964

行业代码	中国						
	FGY	1_FGY_D	2_FGY_RT	3a_FGY_GVC_R	3b_FGY_GVC_D	3c_FGY_GVC_F	FGY_GVC
r21	2192.7750	1470.7730	342.2161	214.1622	18.3505	147.2241	379.7367
r22	963.5182	189.7895	666.7574	17.4450	4.0167	85.4983	106.9599
r23	0.0000	0.0000	0.0000	0.0000	0.0000	0.0000	0.0000
r24	636.6676	519.0802	10.2548	81.3955	3.8669	22.0613	107.3236
r25	114.1642	102.2691	0.7704	8.2203	0.4139	2.4890	11.1232
r26	95.0872	76.8520	8.3551	6.4881	0.4102	2.9805	9.8788
r27	27756.1900	23967.6400	0.9137	2795.3440	1378672	854.0570	3787.2680
r28	0.0000	0.0000	0.0000	0.0000	0.0000	0.0000	0.0000
r29	3523.0800	2828.1800	528.7635	104.6489	6.4851	54.9762	166.1102
r30	726.6389	585.0811	107.2921	21.6493	1.3376	11.2736	34.2604
r31	1053.2440	890.6442	84.4350	53.5882	2.6015	21.9666	78.1563
r32	277.6537	126.5185	124.9415	9.8467	0.8589	15.4856	26.1913
r33	119.3226	36.8347	62.3617	5.5485	0.6108	13.9650	20.1243
r34	98.2032	78.2657	10.2629	6.4228	0.3137	2.9372	9.6737
r35	32.5749	28.4849	1.7412	1.6057	0.0890	0.6537	2.3484
r36	2331.1060	2173.3900	28.5675	99.4128	3.7542	25.9674	129.1344
r37	0.0000	0.0000	0.0000	0.0000	0.0000	0.0000	0.0000
r38	0.0000	0.0000	0.0000	0.0000	0.0000	0.0000	0.0000
r39	1100.2920	1028.9030	5.0900	45.7112	3.9166	16.6594	66.2872
r40	1223.5740	1028.2560	44.8815	96.2006	10.3003	43.8982	150.3991
r41	860.8774	825.4655	7.9166	20.6088	1.0215	5.8602	27.4904
r42	567.2641	515.6256	16.7331	25.6319	1.2107	8.0580	34.9006
r43	0.0000	0.0000	0.0000	0.0000	0.0000	0.0000	0.0000
r44	4748.8660	4670.0590	0.0000	59.2536	2.9007	16.6419	78.7962
r45	215.3411	94.7647	95.3360	9.0853	1.1236	15.0282	25.2370
r46	0.0000	0.0000	0.0000	0.0000	0.0000	0.0000	0.0000
r47	147.2483	128.9335	2.9943	10.5156	0.7754	4.0273	15.3183

行业代码	中国						
	FGY	1_FGY_D	2_FGY_RT	3a_FGY_GVC_R	3b_FGY_GVC_D	3c_FGY_GVC_F	FGY_GVC
r48	0.0000	0.0000	0.0000	0.0000	0.0000	0.0000	0.0000
r49	633.1525	561.9981	0.0031	48.5326	4.2773	18.3306	71.1405
r50	637.0084	580.5864	3.4491	38.6199	2.1162	12.2295	52.9656
r51	7162.3080	6703.0600	3.0196	338.1530	16.8699	101.1491	456.1719
r52	5357.3010	5011.1790	1.9993	250.0840	14.3076	79.6873	344.0789
r53	5190.0180	4798.4880	2.0292	290.6925	13.6510	85.1079	389.4513
r54	2314.0420	2056.3060	54.9764	140.0285	9.6741	53.0281	202.7307
r55	0.0000	0.0000	0.0000	0.0000	0.0000	0.0000	0.0000
r56	0.0000	0.0000	0.0000	0.0000	0.0000	0.0000	0.0000

行业代码	美国						
	FGY	1_FGY_D	2_FGY_RT	3a_FGY_GVC_R	3b_FGY_GVC_D	3c_FGY_GVC_F	FGY_GVC
r01	726.4422	545.9548	97.2419	53.9382	4.1701	25.0899	83.1982
r02	30.3460	27.9365	0.4014	1.5142	0.0993	0.3930	2.0066
r03	37.8884	20.9353	14.4459	1.1347	0.1240	1.2466	2.5053
r04	1746.2550	1585.5060	15.7120	113.2616	6.4283	25.2354	144.9253
r05	5450.1560	4341.7460	455.8819	450.7337	34.4429	166.7977	651.9743
r06	363.4709	259.0284	47.5297	35.0419	2.8625	18.9450	56.8493
r07	98.0445	80.9855	1.2200	11.7169	1.1564	2.9530	15.8263
r08	305.1383	235.5572	17.2146	35.6411	3.0335	13.6554	52.3301
r09	133.3166	111.9150	5.3412	11.1128	0.8533	4.0763	16.0424
r10	2791.7200	1800.9730	196.2664	602.4305	30.9432	160.9393	794.3130
r11	2215.9110	1778.8100	100.0309	223.7356	18.7844	94.3326	336.8526
r12	582.3373	318.8140	174.9419	40.0999	4.9365	43.4879	88.5243
r13	400.5865	277.2653	45.4544	46.5670	4.6046	26.6451	77.8168
r14	136.7473	111.1382	6.2616	14.0486	0.9359	4.3478	19.3323
r15	69.2794	52.0831	1.3673	11.4938	0.7867	3.5406	15.8211
r16	466.2917	296.0550	90.5925	43.8438	4.1818	31.5621	79.5877

行业代码	美国						
	FGY	1_FGY_D	2_FGY_RT	3a_FGY_GVC_R	3b_FGY_GVC_D	3c_FGY_GVC_F	FGY_GVC
r17	1839. 7100	1210. 6600	447. 0911	87. 8792	10. 1472	83. 7949	181. 8213
r18	394. 5713	245. 3798	78. 8047	37. 6631	3. 9285	28. 7611	70. 3527
r19	2278. 4590	1385. 5700	461. 8951	230. 1834	24. 2365	176. 3230	430. 7428
r20	3616. 7320	2303. 1820	391. 9717	544. 8109	64. 5028	311. 8246	921. 1383
r21	1871. 2240	965. 0569	523. 1563	169. 9167	25. 5096	187. 3591	382. 7853
r22	1413. 9300	1014. 2000	210. 4262	112. 8638	11. 0961	65. 1415	189. 1014
r23	272. 8975	255. 9036	0. 0345	12. 1672	1. 0045	3. 7572	16. 9289
r24	2075. 4560	1907. 6440	1. 8352	133. 1832	7. 0570	25. 5872	165. 8273
r25	70. 9689	65. 2624	0. 0311	4. 5563	0. 2413	0. 8727	5. 6704
r26	− 91. 8924	− 81. 2362	0. 1170	− 7. 8746	− 0. 5658	− 2. 3230	− 10. 7634
r27	9673. 8800	8676. 1770	0. 2666	735. 6990	55. 8140	204. 9441	996. 4571
r28	3004. 2950	2858. 9590	3. 7820	101. 2143	8. 7758	31. 2077	141. 1978
r29	7824. 5410	6539. 6210	1016. 2890	172. 7765	13. 5679	81. 1877	267. 5321
r30	11456. 6400	11042. 0000	12. 8842	300. 7175	20. 3400	78. 9879	400. 0454
r31	1850. 5710	1503. 1560	140. 6109	140. 7837	10. 7692	55. 0836	206. 6365
r32	240. 3404	157. 0999	52. 8955	17. 1800	1. 4264	11. 6985	30. 3050
r33	935. 0366	709. 3057	99. 8000	84. 7991	5. 5762	35. 4813	125. 8566
r34	101. 2878	63. 0138	32. 1044	3. 0180	0. 3309	2. 8119	6. 1608
r35	90. 0749	54. 0520	29. 4361	3. 1498	0. 3542	3. 0766	6. 5806
r36	6885. 1110	6487. 3060	5. 8522	297. 0084	20. 3275	73. 7431	391. 0791
r37	1814. 4130	1650. 0600	100. 1834	44. 1616	3. 2694	16. 0864	63. 5174
r38	1708. 2890	1467. 2720	155. 4722	54. 7616	4. 3074	26. 2293	85. 2983
r39	3397. 0640	3093. 5450	49. 7356	174. 0541	13. 0216	66. 0549	253. 1306
r40	2516. 6030	2328. 8770	54. 0648	95. 8525	6. 5621	30. 7236	133. 1381
r41	2708. 8830	2481. 6070	166. 2317	42. 3724	2. 9226	15. 4665	60. 7616
r42	4708. 6900	4434. 2450	65. 9332	150. 7232	13. 1120	44. 1628	207. 9980
r43	1651. 3760	1474. 0850	103. 5434	53. 4287	3. 0991	16. 8975	73. 4254

续表

行业代码	美国						
	FGY	1_FGY_D	2_FGY_RT	3a_FGY_GVC_R	3b_FGY_GVC_D	3c_FGY_GVC_F	FGY_GVC
r44	19267.0400	18869.4100	9.8440	290.5560	19.9945	76.3798	386.9303
r45	2071.4250	1916.5070	60.7935	68.2365	4.3039	21.0786	93.6190
r46	1524.4760	1439.7800	2.2105	60.3391	4.1723	17.5516	82.0630
r47	896.8891	740.0233	108.3376	31.0133	2.4547	14.8119	48.2798
r48	789.6855	745.1397	1.8180	31.2277	2.1613	9.1200	42.5090
r49	269.0995	250.5457	3.9935	10.5000	0.7365	3.2492	14.4857
r50	1107.4240	981.0860	74.0507	35.9058	2.6886	13.5178	52.1121
r51	31097.1900	29188.7400	31.4884	1375.4460	100.0391	398.1289	1873.6140
r52	2704.8970	2575.8290	11.2703	87.7917	5.9377	23.8061	117.5354
r53	20241.7400	19234.9300	4.4351	736.3398	52.8061	210.6896	999.8355
r54	5477.9000	5154.7780	25.4800	215.9430	16.6756	64.3193	296.9379
r55	150.5123	141.1432	0.0154	6.7108	0.5540	2.0720	9.3369
r56	0.0000	0.0000	0.0000	0.0000	0.0000	0.0000	0.0000

资料来源：UIBE 数据库。

1. 产业比较分析

如表 3-7 所示，中国前向增加值最大值是作物和牲畜养殖、狩猎和相关服务活动产业（r01）的 8417.2830 亿美元，主要是国内增加值较大，占比达到了 86.32%。其余前向增加值较多的产业是：批发贸易（汽车和摩托车除外）（r29）、建筑业（r27）、房地产活动（r44）和金融服务活动（保险和养恤金除外）（r41）。美国前向增加值最大值是公共管理和国防、强制性社会保障（r51），主要是国内增加值较大，占比达到了 98.53%。其余前向增加值较多的产业是房地产活动（r44）、人体健康和社会工作活动（r53）、批发贸易（汽车和摩托车除外）（r29）和零售贸易（汽车和摩托车除外）（r30），前向增加值分别是 20593.6600 亿美元、12289.05 亿美元、10451.2500 亿美元、8164.2990 亿美元。中国前向增加值的均值是 1856.9140 亿美元，标准差是 2101.8950 亿美元，而美国的均值是 3110.1510 亿美元，标准差是 4457.4360 亿美元。这说明 2014 年美国前向增加值的平均水平和产业之间差异水平均比中国高。

　　从全球价值链角度进行分析，全球价值链中中国前向增加值部分占比排在前五位的产业是：批发贸易（汽车和摩托车除外）（r29），采矿和采石（r04），计算机制造、电子和光学制品（r17），金融服务活动（保险和养恤金除外）（r41），基本金属制造（r15），其值分别是 1243.4740 亿美元、862.6016 亿美元、757.8850 亿美元、580.4363 亿美元、474.0074 亿美元。美国前向增加值用于全球价值链部分排在前五位的产业是批发贸易（汽车和摩托车除外）（r29），采矿和采石（r04），行政和辅助活动（r50），化学品和化学产品的制造（r11），法律和会计活动、总公司的活动、管理咨询活动（r45），其值分别是 1069.3150 亿美元、769.4630 亿美元、709.1305 亿美元、659.1248 亿美元和 651.0361 亿美元。可以发现，中美两国前向增加值用于全球价值链较多的产业中有部分相似的结构，批发贸易（汽车和摩托车除外）（r29）和采矿和采石（r04）产业的全球价值链前向增加值均较多，这两个产业内部全球价值链的三部分结构有一定的差异。在批发贸易（汽车和摩托车除外）（r29）产业的全球价值链前向增加值部分，中国的简单全球价值链（跨国生产的简单共享价值即中间品出口中由进口商直接吸收的部分）（3a_VA_GVC_R）是 811.6279 亿美元，占比 65.27%，复杂全球价值链第二种类型（即中间品出口中，进口商再转出口，最后被他国吸收的部分）（3c_VA_GVC_F）是 359.1158 亿美元，占比 28.88%，而复杂全球价值链第一种类型（即中间品出口中，由进口商再转出口，最终被来源国吸收的部分）（3b_VA_GVC_D）只有 72.7298 亿美元，占比 5.85%。美国的简单全球价值链（跨国生产的简单共享价值即中间品出口中由进口商直接吸收的部分）（3a_VA_GVC_R）是 654.0564 亿美元，占比 61.17%，复杂全球价值链第二种类型（即中间品出口中，进口商再转出口，最后被他国吸收的部分）（3c_VA_GVC_F）是 319.0799 亿美元，占比 29.84%，而复杂全球价值链第一种类型（即中间品出口中，由进口商再转出口，最终被来源国吸收的部分）（3b_VA_GVC_D）只有 96.1789 亿美元，占比 8.99%。在采矿和采石（r04）产业的全球价值链前向增加值部分，中国的简单全球价值链（跨国生产的简单共享价值即中间品出口中由进口商直接吸收的部分）（3a_VA_GVC_R）是 544.7381 亿美元，占比 63.15%，复杂全球价值链第二种类型（即中间品出口中，进口商再转出口，最后被他国吸收的部分）（3c_VA_GVC_F）是 266.9786 亿美元，占比 30.95%，而复杂全球价值链第一种类型（即中间品出口中，由进口商再转出口，最终被来源国吸收的部分）（3b_VA_GVC_D）只有 50.8848 亿美元，占比 5.90%。美国的简单全球价值链（跨国生产的简单共享价值即中间品出口中由进口商直接吸收的部分）（3a_VA_GVC_R）是 471.3135 亿美元，占比 61.25%，复杂全球价值链第二种类型（即中间品出口中，进口商再转出口，最后被他国吸收的部分）（3c_VA_GVC_F）是 198.5201 亿美元，占比 25.80%，而复杂全球价值链第一种类型（即中间品出口中，由进口商再转出口，最终被来源国吸收的部分）（3b_VA_GVC_D）只有 99.6294 亿美元，占比 12.95%。可以发现中国简单全球价值链和第二种复杂全球价值链绝对值均高于美国，而第一种复杂全球价值链绝对值均低于美国。从全球价值链结构来看，中国在简单全球价值链的占比高于美国，而美国的第二种复杂价值链的占比高于中国，批发贸易（汽车和摩托车除外）（r29）第一种复杂价值链美国高于中国，在采矿和采石（r04）中美国第一种复杂价值链高于中国。

如表 3－8 所示，中国后向增加值最大值是建筑业（r27）的 27756.1900 亿美元，主要是国内增加值较大为 23967.6400 亿美元，占比达到了 86.35%。其余后向增加值较多的产业是公共管理和国防、强制性社会保障（r51），食品、饮料及烟草产品制造（r05），教育（r52），人体健康和社会工作活动（r53），后向增加值分别是 7162.3080 亿美元、7100.9620 亿美元、5357.3010 亿美元、5190.0180 亿美元。美国后向增加值最大值是公共管理和国防、强制性社会保障（r51）产业的 31097.1900 亿美元，主要是国内增加值较大为 29188.7400 亿美元，占比达到了 93.86%。其余后向增加值较多的产业是人体健康和社会工作活动（r53）、房地产活动（r44）、零售贸易，汽车和摩托车除外（r30）、建筑业（r27），后向增加值分别是 20241.7400 亿美元、19267.0400 亿美元、11456.6400 亿美元和 9673.8800 亿美元。中国后向增加值的均值是 3133.23.9 亿美元，标准差是 4031.1370 亿美元，而美国的均值是 3110.1510 亿美元，标准差是 5603.2220 亿美元。这说明 2014 年中国后向增加值的平均水平比美国高，但产业之间差异水平不如美国高。

从全球价值链角度分析，中国后向增加值用于全球价值链部分排名前五位的产业是建筑业（r27），计算机制造、电子和光学制品（r17），未另分类的机械和设备制造（r19），汽车、挂车和半挂车的制造（r20），电子设备的制造（r18），其值分别是 3787.2680 亿美元、1167.7190 亿美元、799.4838 亿美元、747.7964 亿美元和 536.5311 亿美元。美国后向增加值用于全球价值链部分排在前五位的产业是强制性社会保障（r51），人体健康和社会工作活动（r53），建筑业（r27），汽车、挂车和半挂车的制造（r20），焦炭及精炼石油产品的制造（r10），其值分别是 1873.6140 亿美元、999.8355 亿美元、996.4571 亿美元、921.1383 亿美元和 794.31.30 亿美元。可以发现，中美两国后向增加值用于全球价值链较多的产业中有部分相似的结构，建筑业（r27）和汽车、挂车和半挂车的制造（r20）产业的全球价值链后向增加值均较多，这两个产业内部全球价值链的三部分结构有一定的差异。在建筑业（r27）的全球价值链后向增加值部分，中国的简单全球价值链（跨国生产的简单共享价值即中间品出口中由进口商直接吸收的部分）（3a_FGY_GVC_R）是 2795.3440 亿美元，占比 73.81%，复杂全球价值链第二种类型（即中间品出口中，进口商再转出口，最后被他国吸收的部分）（3c_FGY_GVC_F）是 854.0570 亿美元，占比 22.55%，而复杂全球价值链第一种类型（即中间品出口中由进口商再转出口，最终被来源国吸收的部分）（3b_FGY_GVC_D）只有 137.8672 亿美元，占比 3.64%。美国的简单全球价值链（跨国生产的简单共享价值即中间品出口中由进口商直接吸收的部分）（3a_FGY_GVC_R）是 735.6990 亿美元，占比 73.83%，复杂全球价值链第二种类型（即中间品出口中，进口商再转出口，最后被他国吸收的部分）（3c_FGY_GVC_F）是 204.9441 亿美元，占比 20.57%，而复杂全球价值链第一种类型（即中间品出口中，由进口商再转出口，最终被来源国吸收的部分）（3b_FGY_GVC_D）只有 55.8410 亿美元，占比 5.6%。在汽车、挂车和半挂车的制造（r20）产业的全球价值链后向增加值部分，中国的简单全球价值链（3a_FGY_GVC_R）是 505.5438 亿美元，占比 67.60%，复杂全球价值链第二种类型（3c_FGY_GVC_F）是 210.9971 亿美元，占比 28.22%，而复杂全球价值链第一种类型（3b_FGY_GVC_D）只有 31.2556 亿美元，占比 4.18%。美国的简单全球价值链（3a_FGY_GVC_R）是 544.8109 亿美元，占比 59.15%，复杂全球价值链第二种类型（3c_FGY_GVC_F）是 311.8246 亿美元，占比 33.85%，而复杂全球价值链第一种类型（3b_FGY_GVC_D）只有 64. 5028 亿美元，占比 7. 00%。可以发现建筑业（r27）中国简单全球价值链和两种复杂全球价值链绝对值均高于美国，而汽车、挂车和半挂车的制造（r20）却相反，中国简单全球价值链和两种复杂全球价值链绝对值均低于美国。从全球价值链结构来看，中国在简单全球价值链的占比高于美国，而在两种复杂全球价值链的占比均低于美国。

2. 动态分析

依然从前后向增加值分别分析增加值关联，结果如表 3 - 9、图 3 - 1、表 3 - 10 和图 3 - 2 所示。

可以发现，中国和美国前向增加值一直在不断增加。2000 ~ 2014 年，美国生产最终品价值及 GDP 的前向分解的增加值（SVA）、最终品价值中用于本国消费的增加值且在国内迂回的价值（1_VA_D）和前向分解最终品价值中参与间接出口的部分（3_VA_GVC）均大于中国，但中国的增长幅度大于美国。2000 年中国生产最终品价值及 GDP 的前向分解的增加值（SVA）、最终品价值中用于本国消费的增加值且在国内迂回的价值（1_VA_D）和前向分解最终品价值中参与间接出口的部分（3_VA_GVC）分别是 12108. 3 亿美元、9925. 8 亿美元和 5135. 1 亿美元，增长至 2014 年的 103987. 2 亿美元、83820. 1 亿美元和 10089. 6 亿美元。2000 年美国生产最终品价值及 GDP 的前向分解的增加值（SVA）、最终品价值中用于本国消费的增加值且在国内迂回的价值（1_VA_D）和前向分解最终品价值中参与间接出口的部分（即涉及 GVC 部分）（3_VA_GVC）分别是 103162. 0 亿美元、94878. 3 亿美元、5135. 1 亿美元，增长至 2014 年的 167318. 6 亿美元、151067. 8 亿美元、10985. 8 亿美元。中国最终品价值前向分解中用于国外消费的部分（2_VA_RT）在 2005 年超越了美国，到 2014 年增长至 10077. 6 亿美元。

表 3 - 9　　　　　　　中国和美国前向增加值动态比较分析　　　　　单位：亿美元

年份	中国						
	SVA	1_VA_D	2_VA_RT	3a_VA_GVC_R	3b_VA_GVC_D	3c_VA_GVC_F	3_VA_GVC
2000	12108. 3	9925. 8	1201. 4	624. 4	23. 8	333. 0	981. 2
2001	13379. 8	11022. 6	1286. 5	685. 8	29. 1	355. 8	1070. 7
2002	14703. 2	11857. 2	1519. 6	845. 5	42. 6	438. 4	1326. 4

续表

年份	中国						
	SVA	1_VA_D	2_VA_RT	3a_VA_GVC_R	3b_VA_GVC_D	3c_VA_GVC_F	3_VA_GVC
2003	16644.7	12988.5	1983.9	1050.0	62.4	560.0	1672.4
2004	19648.2	14816.2	2619.7	1353.3	90.4	768.5	2212.3
2005	22964.9	16821.3	3403.0	1679.9	108.9	951.9	2740.6
2006	27598.4	19787.0	4315.5	2098.3	145.1	1252.6	3496.0
2007	35595.4	25685.5	5436.3	2739.0	168.9	1565.7	4473.6
2008	45995.8	34021.6	6380.7	3427.7	218.7	1947.0	5593.4
2009	50557.1	39994.3	5827.3	3028.2	211.1	1496.1	4735.4
2010	60124.4	46623.6	7180.9	3927.3	325.5	2067.2	6319.9
2011	74552.7	58293.3	8384.7	4815.2	448.2	2611.3	7874.7
2012	84176.7	66686.5	9055.6	5261.5	498.3	2674.7	8434.5
2013	94818.4	76165.2	9500.2	5729.3	555.2	2868.5	9153.0
2014	103987.2	83820.1	10077.6	6363.6	589.7	3136.2	10089.6

年份	美国						
	SVA	1_VA_D	2_VA_RT	3a_VA_GVC_R	3b_VA_GVC_D	3c_VA_GVC_F	3_VA_GVC
2000	103162.0	94878.3	3148.6	2841.7	964.4	1328.9	5135.1
2001	106500.7	98621.7	2967.2	2769.9	887.2	1254.6	4911.7
2002	110058.0	102334.7	2851.3	2743.4	869.5	1259.1	4872.1
2003	115447.5	107431.1	2918.2	2884.6	884.8	1328.7	5098.1
2004	123231.4	114286.8	3215.9	3195.9	977.0	1555.8	5728.7
2005	131464.2	121677.5	3573.8	3468.2	1023.4	1721.3	6212.9
2006	139142.9	128054.9	4079.3	3909.7	1101.7	1997.3	7008.7
2007	145411.9	132837.3	4637.3	4489.0	1113.8	2334.5	7937.3
2008	147999.6	134292.7	4790.5	5196.6	1101.6	2618.2	8916.4
2009	144743.1	132691.3	4208.5	4732.2	876.1	2234.9	7843.3
2010	150231.1	136471.7	4740.2	5325.5	1058.3	2635.6	9019.3
2011	155886.0	140497.9	5272.8	5946.9	1105.9	3062.5	10115.2
2012	162336.6	146388.6	5575.4	6158.0	1146.5	3068.1	10372.6
2013	167318.6	151067.8	5669.9	6218.4	1142.0	3220.6	10580.9
2014	174168.5	157374.6	5808.1	6419.9	1225.6	3340.2	10985.8

资料来源：UIBE 数据库。

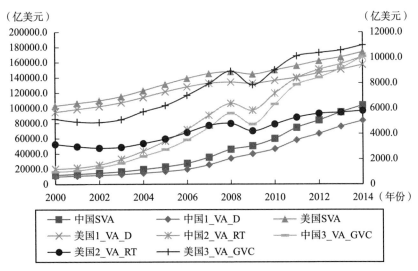

图 3 - 1　2000 ~ 2014 年中国和美国前向增加值动态趋势

注：SVA、1_VA_D 基于主坐标轴绘制，而 2_VA_RT、3_VA_GVC 基于次坐标轴绘制。SVA 代表一国生产最终品价值及 GDP 的前向分解的增加值；1_VA_D 代表一国最终品价值中用于本国消费的增加值，且在国内迂回的价值；2_VA_RT 代表一国最终品价值增加值中用于国外消费部分；3_VA_GVC 代表最终品价值增加值中参与间接出口的部分即涉及 GVC 部分。

资料来源：UIBE 数据库。

表 3 - 10　　　　　　　　中国和美国后向增加值动态比较分析　　　　　　单位：亿美元

年份	中国						
	FGY	1_FGY_D	2_FGY_RT	3a_FGY_GVC_R	3b_FGY_GVC_D	3c_FGY_GVC_F	FGY_GVC
2000	12537. 2	9925. 8	1201. 4	836. 6	19. 7	553. 5	1409. 7
2001	13778. 6	11022. 6	1286. 5	888. 8	23. 1	557. 3	1469. 1
2002	15128. 2	11857. 2	1519. 6	1020. 1	34. 4	696. 5	1751. 0
2003	17340. 0	12988. 5	1983. 9	1316. 3	51. 4	999. 3	2367. 0
2004	20649. 3	14816. 2	2619. 7	1712. 0	77. 4	1423. 1	3212. 5
2005	24021. 5	16821. 3	3403. 0	1942. 6	99. 8	1753. 8	3796. 1
2006	28608. 3	19787. 0	4315. 5	2218. 4	135. 4	2150. 5	4504. 3
2007	37009. 8	25685. 5	5436. 3	2923. 0	185. 6	2777. 1	5885. 6
2008	47474. 7	34021. 6	6380. 7	3722. 8	227. 3	3119. 9	7069. 9

续表

年份	中国						
	FGY	1_FGY_D	2_FGY_RT	3a_FGY_GVC_R	3b_FGY_GVC_D	3c_FGY_GVC_F	FGY_GVC
2009	52088.1	39994.3	5827.3	3665.9	186.5	2412.6	6264.9
2010	62331.6	46623.6	7180.9	4894.8	291.6	3338.7	8525.1
2011	77413.5	58293.3	8384.7	6312.6	385.2	4036.8	10734.6
2012	86947.9	66686.5	9055.6	6655.1	434.0	4115.6	11204.7
2013	97815.1	76165.2	9500.2	7261.1	491.1	4396.5	12148.6
2014	105610.6	83820.1	10077.6	7069.9	506.1	4135.4	11711.5

年份	美国						
	FGY	1_FGY_D	2_FGY_RT	3a_FGY_GVC_R	3b_FGY_GVC_D	3c_FGY_GVC_F	FGY_GVC
2000	103935.2	94878.3	3148.6	4221.0	413.4	1263.0	5897.4
2001	107061.0	98621.7	2967.2	3968.9	375.4	1116.1	5460.4
2002	110820.6	102334.7	2851.3	4120.1	372.2	1128.8	5621.1
2003	116554.3	107431.1	2918.2	4556.5	382.2	1251.2	6189.8
2004	124943.7	114286.8	3215.9	5413.0	433.7	1577.5	7424.2
2005	133940.4	121677.5	3573.8	6285.3	479.3	1904.6	8669.2
2006	141917.9	128054.9	4079.3	6979.5	521.7	2256.4	9757.6
2007	147419.7	132837.3	4637.3	6978.8	519.0	2417.6	9915.4
2008	150194.9	134292.7	4790.5	7788.1	549.7	2738.8	11076.6
2009	145193.2	132691.3	4208.5	6012.8	421.4	1827.3	8261.6
2010	150894.3	136471.7	4740.2	6860.0	501.5	2286.0	9647.4
2011	156957.6	140497.9	5272.8	7840.8	542.2	2782.4	11165.5
2012	163466.7	146388.6	5575.4	8051.0	562.1	2866.0	11479.1
2013	168716.4	151067.8	5669.9	8286.3	605.4	3065.3	11957.1
2014	175461.4	157374.6	5808.1	8443.4	661.6	3152.9	12257.9

资料来源：UIBE 数据库。

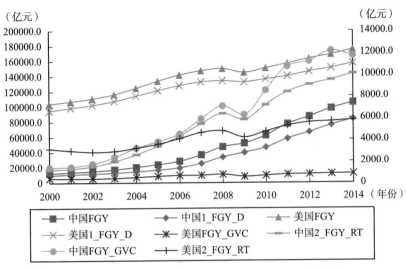

图 3 - 2　2000 ~ 2014 年中国和美国后向增加值动态趋势

注：FGY、1_FGD_D 基于主坐标轴绘制，而 2_FGY_RT、2_FGY_GVC 基于次坐标轴绘制。FGY 代表一国的生产最终品价值及 GDP 后向分解的增加值；1_FGY_D 代表一国最终品价值增加值中用于本国消费部分；2_FGY_RT 代表一国最终品价值增加值中用于国外消费部分；FGY_GVC 代表最终品价值增加值中参与间接出口的部分，即涉及 GVC 部分。

资料来源：UIBE 数据库。

　　2000 ~ 2014 年，中国和美国后向增加值一直在不断增加。在此期间，美国生产最终品的价值及 GDP 后向分解的增加值（FGY）和最终品价值增加值中用于本国消费部分（1_FGY_D）均大于中国，中国的后向分解最终品价值增加值中参与间接出口的部分（FGY_GVC）大于美国。而中国的最终品价值增加值中用于国外消费的部分（2_FGY_RT）在 2005 年时小于美国，之后超越美国并大幅增长，到 2014 年增长至 10077.6 亿美元。2000 年美国生产最终品价值及 GDP 后向分解的增加值（FGY）和最终品价值增加值中用于本国消费部分（1_FGY_D）分别是 103935.2 亿美元和 94878.3 亿美元，2014 年增长至 175461.4 亿美元和 157374.6 亿美元。2000 年中国生产最终品价值及 GDP 后向分解的增加值（FGY）和最终品价值增加值中用于本国消费部分（1_FGY_D）分别是 12537.2 亿美元和 9925.7 亿美元，2014 年增长至 105610.6 亿美元和 83820.1 亿美元。

　　樊海潮和张丽娜（2018）也观测到中国从美国进口的中间品占从美国总进口的比重已经超过 60%，而美国从中国进口的中间品占从中国总进口的比重也达到 30% 左右。中国自美国中间品进口额和对美国中间品出口额均大幅增长。中间品进口额排在前五位的产业是食品、饮料及烟草产品制造（r05），化学品和化学产品的制造（r11），计算机制造、电子和光学制品（r17），建筑业（r27），未另分类的机械和设备制造（r19）。中间品出口额最多的五大产业是计算机制造、电子和光学制品（r17），化学品和化学产品的制造（r11），未另分类的机械和设备制造（r19），电子设备的制造（r18），汽车、挂车和半挂车的制造（r20）。增加值关联，从前向和后向增加值进行分析。2014 年美国前向增加值的平均水平和产业之间差异水平均比中国高，从全球价值链结构来看，中国在简单全球价值链的占比高于美国，而美国的第二种复杂价值链的占比高于中国，批发贸易（汽车和摩托车除外）（r29）第一种复杂价值链占比美国高于中国，而在采矿和采石（r04）产业中美国低于中国。2014 年中国后向增加值的平均水平比美国高，但产业之间差异水平不如美国高。从全球价值链结构来看，中国在简单全球价值链的占比高于美国，而两种复杂全球价值链的占比均低于美国。2000～2014 年，中国和美国前向增加值和后向增加值一直在不断增加。

3.4 中美在全球价值链分工地位分析

本节使用 WIOD 数据库的投入产出表，利用王直等（Wang et al.，2017a，2017b）提出的全球价值链参与度和参与地位指数对嵌入程度进行分析。

3.4.1 中美在全球价值链分工中的参与程度分析

1. 测量指标

根据王直等（Wang et al.，2017a），一国的增加值生产活动分为三类：纯粹的国内部分、涉及传统贸易的部分和跨国界生产的全球价值链部分。根据价值链分析方法不同，从前向和后向的角度，该文献定义了全球价值链前向参与指数与后向参与指数。

全球价值链前向参与指数 GVC_Pat_f，是通过前向关联的（研究增加值去向），一国参与全球价值链生产活动的增加值占一国的总增加值的比值，

可以理解为一国或一国产业部门出口中间品的国内增加值占其国内总增加值
的比重。具体计算见式（3.3）：

$$GVC\_Pat\_f = \frac{V\_GVC}{Va'} \qquad (3.3)$$

其中，Va′是指一国或一国产业生产的总增加值，V_GVC 是指出口中间
品中的国内增加值。

全球价值链后向参与指数 GVC_Pat_b，是通过后向关联的（研究增加
值来源），一国参与全球价值链生产活动的增加值占一国总增加值的比值，
具体计算见式（3.4）：

$$GVC\_Pat\_b = \frac{Y\_GVC}{Y'} \qquad (3.4)$$

其中，Y′是指一国或一国产业生产的最终品，Y_GVC 是指中间品进口
中包含的国内和国外的增加值。

根据王直等（Wang et al.，2017a，2017b）的研究方法，全球价值链参
与指数 GVC_Pat 是一国的全球价值链前向参与指数和后向参与指数的比值。
相比于后向参与全球价值链，一国 GVC_Pat 指数越大，说明该国越倾向于
前向参与全球价值链。具体计算公式如下：

$$GVC\_Pat = \frac{GVC\_Pat\_f}{GVC\_Pat\_b} \qquad (3.5)$$

2. 中美全球价值链的参与度产业比较分析

如表 3 - 11 所示，中美全球价值链的参与度呈现较大的不同。中国的参
与度最大值是产业零售贸易（汽车和摩托车除外）（r30）的 3.1863，而美
国的参与度最大值是金融服务活动（保险和养恤金除外）（r41）的
4.06913。中国的零售贸易（汽车和摩托车除外）（r30）产业主要是在全球
价值链中前向参与水平较高，全球价值链前向参与指数是 0.1502，而美国
的前向参与指数只有 0.0048。美国的金融服务活动（保险和养恤金除外）
（r41）也主要以前向方式参与全球价值链，全球价值链前向参与指数是
0.0913，而中国的前向参与指数已为 0.1006，主要是因为中国的后向参与
指数较大，为 0.0319。中国的全球价值链参与指数的均值为 1.0862，而美
国的均值为 1.2141，说明美国产业参与全球价值链的平均水平高于中国。
除此之外，中国的批发贸易（汽车和摩托车除外）（r29）、金融服务活动

（保险和养恤金除外）（r41）、水上运输（r32）和房地产活动（r44）全球价值链参与度较高，参与指数分别为 3.1692、3.1506、2.1854 和 2.0658。美国的林业与伐木业（r02），批发贸易（汽车和摩托车除外）（r29）、污水处理，废物的收集、处理和处置活动，材料回收，补救活动和其他废物管理服务（r26）以及行政和辅助活动（r50），参与指数分别为 3.0662、2.9924、2.6053 和 2.2406。

表 3-11　　　　　　　　　　2014 年中美全球价值链参与指数

产业代码	中国			美国		
	GVC_Pat_f	GVC_Pat_b	GVC_Pat	GVC_Pat_f	GVC_Pat_b	GVC_Pat
r01	0.0500	0.0525	0.9524	0.1396	0.1145	1.2193
r02	0.1292	0.1133	1.1402	0.2027	0.0661	3.0662
r03	0.0335	0.0419	0.7979	0.1247	0.0661	1.8864
r04	0.1514	0.1126	1.3456	0.1688	0.0830	2.0335
r05	0.0472	0.0743	0.6354	0.0430	0.1196	0.3597
r06	0.1227	0.1012	1.2118	0.1232	0.1564	0.7876
r07	0.1322	0.1325	0.9984	0.1270	0.1614	0.7866
r08	0.1789	0.1558	1.1484	0.2009	0.1715	1.1715
r09	0.1357	0.1301	1.0430	0.0985	0.1203	0.8186
r10	0.1571	0.2386	0.6583	0.1722	0.2845	0.6054
r11	0.2054	0.1836	1.1188	0.2455	0.1520	1.6149
r12	0.0579	0.0924	0.6265	0.1962	0.1520	1.2908
r13	0.2120	0.1671	1.2690	0.1748	0.1943	0.8999
r14	0.0917	0.1452	0.6316	0.1419	0.1414	1.0038
r15	0.1627	0.2088	0.7792	0.2663	0.2284	1.1661
r16	0.1832	0.1677	1.0927	0.1736	0.1707	1.0168
r17	0.2704	0.2787	0.9701	0.1997	0.0988	2.0203
r18	0.1848	0.1902	0.9713	0.2287	0.1783	1.2825
r19	0.1313	0.1687	0.7784	0.1635	0.1891	0.8649
r20	0.0811	0.1487	0.5455	0.1150	0.2547	0.4515
r21	0.0713	0.1732	0.4119	0.2102	0.2046	1.0274

续表

产业代码	中国			美国		
	GVC_Pat_f	GVC_Pat_b	GVC_Pat	GVC_Pat_f	GVC_Pat_b	GVC_Pat
r22	0.1590	0.1110	1.4323	0.0730	0.1337	0.5457
r24	0.1229	0.1686	0.7291	0.0362	0.0799	0.4531
r25	0.0686	0.0974	0.7045	0.0364	0.0799	0.4556
r26	0.1075	0.1039	1.0345	0.3052	0.1171	2.6053
r27	0.0086	0.1364	0.0629	0.0063	0.1030	0.0610
r29	0.1494	0.0471	3.1692	0.1023	0.0342	2.9924
r30	0.1502	0.0471	3.1863	0.0048	0.0349	0.1381
r31	0.1182	0.0742	1.5924	0.1172	0.1117	1.0497
r32	0.2061	0.0943	2.1854	0.2039	0.1261	1.6174
r33	0.2540	0.1687	1.5058	0.2168	0.1346	1.6108
r34	0.1348	0.0985	1.3680	0.1319	0.0608	2.1682
r35	0.0704	0.0721	0.9766	0.1576	0.0731	2.1567
r36	0.0632	0.0554	1.1405	0.0155	0.0568	0.2730
r39	0.0410	0.0602	0.6800	0.0446	0.0745	0.5991
r40	0.0801	0.1229	0.6517	0.0658	0.0529	1.2444
r41	0.1006	0.0319	3.1506	0.0913	0.0224	4.0693
r42	0.0836	0.0615	1.3582	0.0340	0.0442	0.7690
r44	0.0343	0.0166	2.0658	0.0120	0.0201	0.5954
r45	0.1988	0.1172	1.6965	0.0938	0.0452	2.0753
r47	0.1210	0.1040	1.1627	0.0626	0.0538	1.1629
r49	0.0567	0.1124	0.5046	0.1043	0.0538	1.9367
r50	0.0537	0.0831	0.6453	0.1054	0.0471	2.2406
r51	0.0073	0.0637	0.1139	0.0105	0.0603	0.1739
r52	0.0059	0.0642	0.0924	0.0162	0.0435	0.3735
r53	0.0044	0.0750	0.0583	0.0013	0.0494	0.0260
r54	0.0562	0.0876	0.6419	0.0160	0.0542	0.2945

注：数据库中，r28、r37、r38、r43、r46、r48、r55、r56 产业无数据，因此计算时将其删除。且为了区别各产业全球价值链参与指数，数据保留了 4 位小数。

资料来源：UIBE 数据库。

3. 中美全球价值链的参与度时间比较分析

本章继续选取中美全球价值链参与度均相对较高的金融服务活动（保险和养恤金除外）（r41）进行时间比较分析。如表 3 – 12 所示，总体来看，中国和美国的全球价值链参与度均有一定程度上升，中国全球价值链参与指数从 2000 年的 2.5320 上升至 2014 年的 3.1506，而美国全球价值链参与指数从 2000 年的 2.3903 上升至 2014 年的 4.0693。美国在金融服务活动（保险和养恤金除外）（r41）全球价值链参与度高于中国，主要是因为前向参与度与后向参与度的比值较大，而全球价值链前向参与度与后向参与度均低于中国。如图 3 – 3 所示，中国和美国在金融服务活动（保险和养恤金除外）（r41）产业全球价值链参与度比较平稳，并有小幅增长，中国在 2005 年之后有一定的增加，而美国是在 2008 年之后得到了增长。虽然中国在 2000 年的全球价值链参与度大于美国，但美国全球价值链参与度上升程度高于中国，说明 2008 年经济危机之后美国的金融服务行业恢复并逆势较快增长。从全球价值链前向参与指数来看，中国的增长幅度大于美国，只是在 2008 年后有小幅回落。从全球价值链后向参与指数来看，中国的增长幅度仍大于美国，只是在 2005 年之后不断下降，从 2000 年的 0.0295 小幅增长到 0.0319，而美国波动较小，相对较为平稳，从 2000 年的 0.0219 小幅增长到 0.0224。

表 3 – 12   2000 ~ 2014 年金融服务活动

（保险和养恤金除外）（r41）中美全球价值链参与度

年份	中国			美国		
	GVC_Pat_f	GVC_Pat_b	GVC_Pat	GVC_Pat_f	GVC_Pat_b	GVC_Pat
2000	0.0747	0.0295	2.5320	0.0522	0.0219	2.3903
2001	0.0733	0.0368	1.9921	0.0485	0.0191	2.5373
2002	0.0823	0.0490	1.6809	0.0464	0.0172	2.6895
2003	0.0904	0.0509	1.7756	0.0466	0.0176	2.6459
2004	0.1030	0.0533	1.9330	0.0504	0.0236	2.1366
2005	0.1113	0.0581	1.9164	0.0514	0.0223	2.3073
2006	0.1207	0.0457	2.6434	0.0559	0.0236	2.3667

续表

年份	中国			美国		
	GVC_Pat_f	GVC_Pat_b	GVC_Pat	GVC_Pat_f	GVC_Pat_b	GVC_Pat
2007	0. 1196	0. 0365	3. 2770	0. 0637	0. 0284	2. 2476
2008	0. 1178	0. 0375	3. 1380	0. 0698	0. 0315	2. 2168
2009	0. 0947	0. 0325	2. 9148	0. 0698	0. 0266	2. 6304
2010	0. 1051	0. 0367	2. 8646	0. 0751	0. 0254	2. 9615
2011	0. 1059	0. 0370	2. 8631	0. 0840	0. 0220	3. 8166
2012	0. 1031	0. 0347	2. 9687	0. 0875	0. 0177	4. 9514
2013	0. 0995	0. 0337	2. 9530	0. 0894	0. 0210	4. 2526
2014	0. 1006	0. 0319	3. 1506	0. 0913	0. 0224	4. 0693

资料来源：UIBE 数据库。

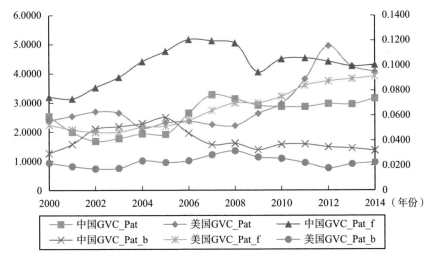

图 3 - 3　2000 ~ 2014 年中美金融服务活动（保险和养恤金除外）（r41）

全球价值链参与度趋势

注：图中中国的指数使用虚线，美国的指数使用实线，以更好地区分和比较，圆形代表全球价值链参与指数，方形代表全球价值链前向参与指数，三角形代表全球价值链后向参与指数。GVC_Pat_f：全球价值链前向参与指数；GVC_Pat_b：全球价值链后向参与指数；GVC_Pat：全球价值链参与指数。

资料来源：UIBE 数据库。

3.4.2 中美在全球价值链分工中的参与地位分析

1. 测量指标

根据王直等（Wang et al.，2017b）的研究方法，全球价值链位置指数由前向生产长度和后向生产长度之比表示。生产长度定义为从一个国家行业部门的原始投入另一个国家生产出最终产品这一过程中的平均生产阶段数。

前向生产长度 PLv_GVC 是基于产业的前向联系计算的生产长度，是反映前向参与全球价值链的生产技术复杂度，计算公式如下：

$$PLv\_GVC = \frac{Xv\_GVC}{V\_GVC} \qquad (3.6)$$

其中，Xv_GVC 是指由国内增加值拉动的总产出，V_GVC 是指基于前向关联的国内增加值。

后向生产长度 PLy_GVC 是基于产业的后向联系计算的生产长度，是反映后向参与全球价值链的生产技术复杂度，计算公式如下：

$$PLy\_GVC = \frac{Xy\_GVC}{Y\_GVC} \qquad (3.7)$$

其中，Xy_GVC 是指由最终产品或服务拉动的总产出，Y_GVC 是指行业最终品的价值。

全球价值链位置指数 GVCPs（Global Value Chain Position Index）是前向生产长度和后向生产长度的比值，计算公式为式（3.8）。一国 GVCPs 值越大，则在全球价值链中越处在上游位置。

$$GVCPs = \frac{PLv\_GVC}{PLy\_GVC} \qquad (3.8)$$

2. 中美全球价值链的参与地位产业比较分析

如表 3 – 13 所示，中美全球价值链的地位指数呈现较大的不同。中国的参与地位最大值是焦炭及精炼石油产品的制造产业（r10）的 1.4039，而美国的参与地位最大值是电、煤气、蒸气和空调的供应（r24）产业的 1.3585。中国的焦炭及精炼石油产品的制造产业（r10）主要是前向生产长度指数高，为 5.9612，而美国这一产业的前向生产长度指数只有 3.9778。美国的电、煤气、蒸气和空调的供应（r24）产业也主要通过嵌入全球价值链上游的方式参与全球价值链，全球价值链前向生产长度指数是 5.0105，而中国这一产业的前向生产长度指数已达到 6.7605，中国全球价值链地位低主要是因为后向参与指数较大，为 5.5819。中国的全球价值链地位指数的均值为 0.9827，而美国的均值为 0.9861，说明美国产业参与全球价值链地位平均水平高于中国。除此之外，中国的电、煤气、蒸气和空调的供应（r24），采矿和采石（r04），林业与伐木业（r02），金融服务活动（保险和养恤金除外）（r41）产业全球价值链参与地位较高，参与地位指数分别为 1.3201、1.3140、1.2784 和 1.1822。美国的集水、水处理与水供应（r25），建筑业（r27），采矿和采石（r04）和焦炭及精炼石油产品的制造（r10）产业全球价值链参与地位较高，参与地位指数分别是 1.3413、1.2517、1.2288 和 1.2252。

表 3 - 13　　　　　2014 年中国和美国全球价值链参与地位指数

产业代码	中国			美国		
	PLv_GVC	PLy_GVC	GVCPs	PLv_GVC	PLy_GVC	GVCPs
r01	6.3293	5.4787	1.1553	3.7615	4.2821	0.8784
r02	6.3381	4.9578	1.2784	4.3179	3.9626	1.0896
r03	6.6241	5.6976	1.1626	4.4243	3.9626	1.1165
r04	6.6647	5.0722	1.3140	4.6174	3.7576	1.2288
r05	6.1724	5.4515	1.1323	3.9094	4.6534	0.8401
r06	4.6019	5.9789	0.7697	3.6114	4.3769	0.8251
r07	5.2593	5.4862	0.9586	4.0769	4.2146	0.9673
r08	5.4971	5.3367	1.0301	4.0959	4.4054	0.9297
r09	5.4471	5.6850	0.9581	4.1543	4.3929	0.9457
r10	5.9612	4.2462	1.4039	3.9778	3.2467	1.2252
r11	5.4396	5.3776	1.0115	4.0763	4.2506	0.9590
r12	3.6793	5.5375	0.6644	3.7073	4.2506	0.8722
r13	4.9176	5.6450	0.8711	3.8241	4.3332	0.8825
r14	4.3534	5.3103	0.8198	3.6586	4.0356	0.9066

产业代码	中国			美国		
	PLv_GVC	PLy_GVC	GVCPs	PLv_GVC	PLy_GVC	GVCPs
r15	5.3336	4.9995	1.0668	4.3761	4.1618	1.0515
r16	4.5475	5.6542	0.8043	3.9799	4.3870	0.9072
r17	4.4898	5.2341	0.8578	3.5857	4.3191	0.8302
r18	4.4585	5.6550	0.7884	3.5440	4.3606	0.8127
r19	4.7848	5.6610	0.8452	3.7479	4.3505	0.8615
r20	4.9902	6.0417	0.8260	3.3459	4.4259	0.7560
r21	4.5933	5.7470	0.7993	3.3489	4.2844	0.7817
r22	3.9140	5.5745	0.7021	3.5704	4.3731	0.8164
r24	6.7605	5.1211	1.3201	5.0105	3.6883	1.3585
r25	6.3618	5.8063	1.0957	4.9472	3.6883	1.3413
r26	6.1605	5.5819	1.1037	4.1073	4.2658	0.9628
r27	4.4317	5.7880	0.7657	5.3577	4.2803	1.2517
r29	4.7217	5.5139	0.8563	3.9963	4.4859	0.8908
r30	4.6725	5.5139	0.8474	4.8788	4.5566	1.0707
r31	5.4223	5.6918	0.9526	4.2207	4.2196	1.0002
r32	4.8752	5.5252	0.8824	4.0388	4.2095	0.9594
r33	3.8841	4.9960	0.7775	3.5088	3.9878	0.8799
r34	5.7769	5.3374	1.0824	4.4510	4.4801	0.9935
r35	5.8282	5.5396	1.0521	4.2199	4.4482	0.9487
r36	5.6120	5.8196	0.9643	5.0369	4.6006	1.0948
r39	5.9517	5.5808	1.0665	4.3650	4.4618	0.9783
r40	4.1211	5.3385	0.7720	4.3514	4.3082	1.0100
r41	6.2001	5.2446	1.1822	4.1298	4.6237	0.8932
r42	5.4921	5.1327	1.0700	4.7398	4.2400	1.1179
r44	6.0729	5.6105	1.0824	5.1594	4.7766	1.0801

续表

产业代码	中国			美国		
	PLv_GVC	PLy_GVC	GVCPs	PLv_GVC	PLy_GVC	GVCPs
r45	4.9023	5.4640	0.8972	4.6702	4.2580	1.0968
r47	5.8763	5.5382	1.0610	4.4853	4.3802	1.0240
r49	6.2661	5.4627	1.1471	4.0135	4.3802	0.9163
r50	4.7217	5.5004	0.8584	4.3065	4.3909	0.9808
r51	5.6481	5.4001	1.0459	4.4707	4.3126	1.0367
r52	5.9140	5.2872	1.1185	3.7933	4.5136	0.8404
r53	5.5445	5.9489	0.9320	3.9159	4.4205	0.8859
r54	5.8663	5.5439	1.0581	5.1376	4.4501	1.1545
均值	5.3453	5.4687	0.9827	4.1950	4.2759	0.9861

资料来源：UIBE 数据库。

3. 中美全球价值链的参与地位动态分析

通过产业分析可以发现，中美在焦炭及精炼石油产品的制造（r10）和电、煤气、蒸气和空调的供应（r24）产业全球价值链中地位较高，因此本章就这两个行业进行动态分析。

在焦炭及精炼石油产品的制造（r10）产业方面，如表 3 - 14 所示，总体来看，中国全球价值链地位指数均有一定程度上升，而美国全球价值链地位在不断下降。中国从 2000 年的 1.2405 上升至 2014 年的 1.4039，而美国从 2000 年的 1.3370 降至 2014 年的 1.2252。且 2000～2014 年，中国前向生产长度和后向生产长度均高于美国。如图 3 - 4 所示，中国在 2001 年之后全球价值链地位指数不断上升，尤其是 2003～2006 年出现大幅增长，从 1.2310 增加到 1.3919；而美国从 2004 年开始下降，从 1.3333 下降至 2014 年的 1.2252。虽然 2000 年美国全球价值链参与地位高于中国，但在 2005 年左右中国超过了美国。可以发现，入世对中国的全球价值链参与地位提升起到很大的推动作用，且主要来源于前向生产长度，从 2004 年的 5.1228 增长至 2014 年的 5.9612。而中国的后向生产长度、美国的前向生产长度以及美国的后向生产长度均为小幅变动。

表 3 -14   2000～2014 年中国和美国焦炭及精炼石油产品的
制造（r10）产业全球价值链地位指数

年份	中国			美国		
	PLv_GVC	PLy_GVC	GVCPs	PLv_GVC	PLy_GVC	GVCPs
2000	4.9907	4.0232	1.2405	4.0776	3.0499	1.3370
2001	5.0205	4.1485	1.2102	4.0052	3.0545	1.3113
2002	5.0613	4.1479	1.2202	3.9842	3.0105	1.3234
2003	5.0322	4.0879	1.2310	3.9862	3.0190	1.3204
2004	5.1228	3.9371	1.3012	4.0397	3.0300	1.3333
2005	5.4707	4.0496	1.3509	4.1231	3.0959	1.3318
2006	5.6306	4.0452	1.3919	4.0698	3.0956	1.3147
2007	5.7220	4.1154	1.3904	4.1088	3.1819	1.2913
2008	5.6133	3.9622	1.4167	4.0414	3.1383	1.2878
2009	5.7843	4.1388	1.3976	3.8817	3.1096	1.2483
2010	5.7331	4.0456	1.4171	3.9131	3.1336	1.2487
2011	5.7821	4.0298	1.4348	3.9416	3.1379	1.2561
2012	5.8740	4.0734	1.4421	3.9669	3.1287	1.2679
2013	5.9321	4.1775	1.4200	3.9790	3.2103	1.2394
2014	5.9612	4.2462	1.4039	3.9778	3.2467	1.2252

资料来源：UIBE 数据库。

在电、煤气、蒸气和空调的供应（r24）产业方面，如表 3 - 15 所示，总体来看，美国的全球价值链地位指数一直大于中国。但美国全球价值链地位有一定程度的下降，中国全球价值链地位指数有一定程度的上升。中国从 2000 年的 1.2710 上升至 2014 年的 1.3201，而美国从 2000 年的 1.4124 降至 2014 年的 1.3585。且 2000～2014 年，中国前向生产长度和后向生产长度均高于美国，全球价值链地位低于美国主要是因为中国前向生产长度与后向生产长度的比值较低。如图 3 - 5 所示，中国全球价值链地位指数呈现波动阶段型增长，而美国的这一指数呈现波动阶段型下降，但仍高于中国。可以发现，中国全球价值链地位增长且主要来源于前向生产长度，从 2000 年的 5.7432 增长至 2014 年的 6.7605。美国的后向生产长度增长幅度大于前向生产长度，但增长幅度均不大，这是美国全球价值链地位指数下降的重要原因。

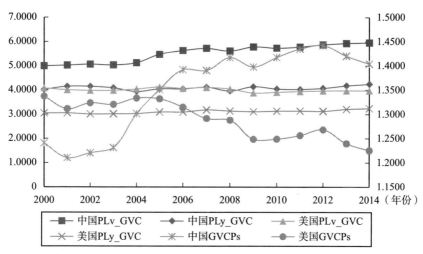

图 3 - 4 　2000 ~ 2014 年中国和美国焦炭及精炼石油产品的制造（r10）
产业全球价值链地位指数

注：PLv_GVC：前向生产长度；Ply_GVC：后向生产长度；GVCPs：全球价值链位置指数，下图同。
资料来源：UIBE 数据库。

表 3 - 15 　2000 ~ 2014 年中国和美国电、煤气、蒸气和空调的供应（r24）
产业全球价值链地位指数

年份	中国			美国		
	PLv_GVC	PLy_GVC	GVCPs	PLv_GVC	PLy_GVC	GVCPs
2000	5.7432	4.5186	1.2710	4.8495	3.4335	1.4124
2001	5.7054	4.5881	1.2435	4.7519	3.4401	1.3813
2002	5.6110	4.5530	1.2324	4.7210	3.3485	1.4099
2003	5.9422	4.7957	1.2391	4.7004	3.2741	1.4356
2004	6.1517	4.8720	1.2627	4.7285	3.2683	1.4468
2005	6.4449	5.0853	1.2674	4.8269	3.3676	1.4333
2006	6.5555	5.1569	1.2712	4.8444	3.3851	1.4311
2007	6.6658	5.2840	1.2615	4.9209	3.5242	1.3963
2008	6.5128	4.9214	1.3234	4.9393	3.4715	1.4228

年份	中国			美国		
	PLv_GVC	PLy_GVC	GVCPs	PLv_GVC	PLy_GVC	GVCPs
2009	6.6415	5.0893	1.3050	4.8168	3.4022	1.4158
2010	6.5710	4.9888	1.3172	4.9070	3.4652	1.4161
2011	6.5785	4.9191	1.3374	4.9905	3.5390	1.4102
2012	6.6332	4.9603	1.3373	4.9938	3.6472	1.3692
2013	6.7282	5.0697	1.3271	5.0200	3.6838	1.3627
2014	6.7605	5.1211	1.3201	5.0105	3.6883	1.3585

资料来源：UIBE 数据库。

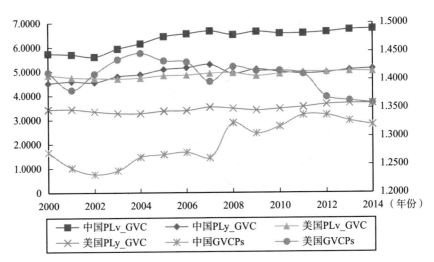

图 3-5　2000~2014 年中国和美国电、煤气、蒸气和空调的供应（r24）
产业全球价值链地位指数

资料来源：UIBE 数据库。

上述分析表明，中美全球价值链的参与度呈现较大的不同。中国参与度最高的是产业零售贸易（汽车和摩托车除外）（r30），而美国参与度最高的是金融服务活动（保险和养恤金除外）（r41）。中国和美国的全球价值链参与度均有一定程度的上升，入世对中国的全球价值链参与地位提升起到很大的推动作用，且主要来源于前向生产长度，而中国的后向生产长度、美国的前向生产长度以及美国的后向生产长度均较为稳定，呈小幅变动。且美国产业参与全球价值链的平均水平高于中国。

美国的全球价值链地位高于中国。与蔡礼辉等（2020）研究结论相似，中国制造业参与 GVC 分工地位指数总体小于美国同期值，美国制造业在 GVC 分工中处于相对上游环节，这与中国制造业后向参与 GVC 分工程度较高相一致。

3.5　本章小结

本章对中美全球价值链分工状况的研究从增加值贸易、价值链关联和全球价值链嵌入程度三个方面展开。

中国对美国增加值出口更多地分布于低技术制造业和第一产业，而美国对中国增加值出口更多地分布于服务业和高技术制造业。中国加入世贸组织对增加值出口影响较大，关税大幅降低，交易成本减少，增加值出口增多。而美国经济继续复苏，经济总量基本恢复至危机前的水平，带动了出口产业发展，推动对中国增加值的出口。

价值链关联分析从中美的关联效应、中间品关联和增加值关联角度展开研究。中国自美国中间品进口额和对美国中间品出口额均有大幅增长。中间品进口额最多的五大产业是食品、饮料及烟草产品制造（r5），化学品和化学产品的制造（r11），计算机制造、电子和光学制品（r17），建筑业（r27），未另分类的机械和设备制造（r19）。增加值关联从前向和后向增加值进行分析。2014 年美国前向增加值的平均水平和产业之间差异水平均比中国高，从全球价值链结构来看，中国在简单全球价值链的占比高于美国，而美国的第二种复杂价值链的占比高于中国，批发贸易（汽车和摩托车除外）（r29）第一种复杂价值链的占比美国高于中国，在采矿和采石（r04）中美国第一种复杂价值链的占比高于中国。2014 年中国后向增加值的平均水平比美国高，但产业之间差异水平不如美国高。从全球价值链结构来看，中国在简单全球价值链的占比高于美国，而两种复杂全球价值链的占比均低于美国。2000~2014 年，中国和美国前向增加值和后向增加值一直在不断增加。

中美全球价值链的参与度呈现较大的不同。中国的价值链参与度最高的是零售贸易（汽车和摩托车除外）（r30），而美国的价值链参与度最高的是金融服务活动（保险和养恤金除外）（r41）。且美国产业参与全球价值链的平均水平高于中国。中国和美国的全球价值链参与度均有一定程度上升，加入世界贸易组织对中国的全球价值链参与地位提升起到很大的推动作用，且主要来源于前向生产长度，而中国的后向生产长度、美国的前向生产长度以及美国的后向生产长度均较为稳定，呈小幅波动。

以上分析表明，对于如何保障中国的利益不受损或者受损的幅度最小，需要根据不同情况进行深入的研究。

第4章

中美全球价值链分工博弈模型分析

本章主要从基础假设、全球价值链上下游分工博弈模型构建、中美价值链分工博弈模型构建角度展开研究。

4.1 基 础 假 设

4.1.1 上下游生产环节区位假设

鲍德温和维纳布尔斯（Baldwin and Venables, 2013）应用新经济地理学对全球价值链的区位分布框架进行分析，认为全球价值链的生产模式分为蜘蛛形（spider）和蛇形（snake），指出各国生产成本差异和聚集产生的利益共同决定了生产过程分割，而以上哪个因素起主导作用由生产阶段之间的技术关系最终决定。结果表明，运输成本深刻影响全球价值链下的分工。生产区位分布会随着运输成本下降到一定阈值以下而产生"突变"，导致生产阶段的一系列区位转移。

蜘蛛形生产模式是将各种中间产品或零件组装在一起，组装的产品既可以是零件也可以是最终产品。这种结构的代表是机械电子类产品的全球价值链。蛇形生产模式是指产品沿着产业链自上而下线性流动，在每个生产环节实现价值增值。典型的行业是纺织行业，每一个环节都要按从纤维到纱线再到面料的顺序进行。同样，生产区位会受企业的跨国生产组织形式影响，单一独立代理人和独立决策人分别控制两种情况下的生产区位选择。独立决人制度是指上下游企业自行决策其上下游的生产区位，该情况主要针对采用跨国生产的外包形式。很多学者从垂直关联、比较优势、要素密集度、贸易成本（Amiti and Konings，2005）、市场规模（Kranich，2008）等多个因素分析独立决策人制度下生产区位的选择。单一代理人是指一方统一控制上下游环节的生产，主要与采用一体化形式的跨国生产相对应。

因此，在传统贸易理论框架下全球价值链不同生产区位分布产生主要是因为技术差异或要素价格差异。本章讨论的情况是美国针对中国的中间品征收进口关税，所以假设上下游生产环节区位是蛇形的，两国之间序贯生产。

4.1.2 参与企业设定

在传统贸易理论框架下生产模式确定的情况下，企业作为全球价值链的最直接参与者，内生选择生产环节的实现形式，主要是从交易成本和产权理论两方面进行分析。

在交易成本方面，垂直一体化会稀释中间品市场，而全球价值链分工会使中间品市场稠密化。市场的厚度（Grossman and Helpman，2005）是指市场上中间投入品的生产者和供应商的数量，其在企业外包和内部整合中起着重要作用。市场越厚，中间产品的生产者和需求者越多，甚至使市场达到完全竞争的状态。最终产品的独立生产者很容易找到合适的中间投入生产者，交易成本越低。产权方面，当契约不完全时，所有权就是权力的来源。在不完全契约条件下，安特拉斯和赫尔普曼（Antràs and Helpman，2004）探讨了企业边界选择，选择外包还是一体化的问题。安特拉斯（Antràs，2005）运用动态一般均衡李嘉图南北贸易模型研究发达国家和发展中国家之间的国际外包和国际内部一体化时，发现不完全企业导致发达国家负责新产品的开发，这些新产品只有在成熟后才会在发展中国家生产，而价值链中的高价值中间产品集中在发达国家，低价值中间产品则在发展中国家生产。安特拉斯和赫尔普曼（Antràs and Helpman，2007）引入了投资的不完全契约性质，发现契约环境的改善有利于增强投资，跨国公司对不同性质中间投入需求的连续性决定了国际生产组织形式。安特拉斯和肖尔（Antràs and Chor，2013）构建了企业边界的产权模型，研究了不完全契约条件下顺序生产的所有权分配问题，提出了上游度的概念，引入了顺序生产的自然顺序或技术顺序，假定只有上游所有中间产品都到达时，下游生产才能开始。阿西莫格鲁等（Acemoglu et al., 2017）和科斯蒂诺特等（Costinot et al., 2013）着重研究契约摩擦对生产区位以及贸易结构的影响问题，契约摩擦通过改变企业生产的组织形式，从而影响了不同部门间中间品和最终品的分布。各国可以通过有效执行契约的方式来专业化从事契约密集产品，继而成为该产品的净出口方。

价值链条的生产组织形式与价值链上不同环节厂商议价能力的分布有关。供应商在价值链中的位置是影响企业整合决策的重要因素，最终产品制造商面临的需求替代弹性显著影响整合与价值链位置的关系。所以，基于已有的相关理论，本章将全球价值链分工博弈的对象设定为企业，从企业视角探索全球价值链分工博弈的均衡结果。

4.1.3　设定议价能力

全球价值链上下游分工博弈的根本是价值链上不同环节厂商议价能力，本章将关键核心要素设定在双方议价能力方面，主要是上下游企业对中间品价格的谈判优势。以下相关文献均将中间品议价能力作为博弈的核心。连建军（2013）提出并研究了全球价值链位势理论，认为全球价值链垂直竞争的讨价还价能力是位能，水平竞争的讨价还价能力是势能。杜义飞和李仕明（2004）建立了关于价格博弈的模型，通过简化假设条件，研究独立企业且不存在统一"权威"的供应链内中间产品的价格确定问题。谢申祥和蔡熙乾（2018）设立了第三国博弈模型，发现无论是在企业同时竞争的情形下，还是在企业先后进入市场竞争的情形下，企业谈判势力均通过影响中间产品的价格进而影响到水平转移利润和垂直转移利润的相对大小，从而影响到一国贸易政策的选择。

4.2　博弈论概述

博弈论亦称为对策论或赛局理论，是现代数学的一个重要分支，同时也是运筹学的关键学科。它专注于研究公式化的激励结构间的相互作用，尤其是那些涉及斗争或竞争性质现象的数学理论和方法。

4.2.1 博弈论的起源与发展

1. 历史渊源

博弈论的思想源远流长，可追溯至两千多年前的中国和古希腊。中国古代军事著作如《孙子兵法》中已蕴含了博弈论的思想精髓。这一著作不仅可以指导军事行动，还可以通过分析和预测敌我双方的策略来谋取胜利，因此可被视为最早的博弈论著作之一。

2. 早期探索

博弈论的早期研究主要聚焦于象棋、桥牌、赌博等具有竞争性质的活动。在这些活动中，人们通过实践和经验积累，逐渐学会了如何根据对手的策略来制定自己的策略。然而，这些研究大多停留在经验层面，尚未形成系统的理论框架。

3. 现代博弈论的奠基

现代博弈论的诞生与 20 世纪初数学家们的研究密切相关。策梅洛（Ernst Friedrich Ferdinand Zermelo）、波莱尔（Émile Borel）及冯·诺依曼（John von Neumann）等数学家开始对博弈问题进行精确的数学表达，为博弈论的发展奠定了坚实基础。1928 年，冯·诺依曼证明了博弈论的基本原理，这一里程碑式的成果标志着博弈论作为一门学科正式诞生。随后，他与经济学家奥斯卡·摩根斯坦（Oskar Morgenstern）合作，于1944 年共同出版了《博弈论与经济行为》一书。该书将二人博弈推广至 n 人博弈结构，并将博弈论系统地应用于经济领域，从而奠定了现代博弈论的理论基石。

4. 博弈论的深化与发展

在冯·诺依曼和摩根斯坦之后，博弈论迎来了迅速的发展。其中，约翰·福布斯·纳什（John Forbes Nash Jr.）的贡献尤为显著。1950 年和1951 年，他发表了两篇关于非合作博弈的重要论文，提出了著名的"纳什均衡"概念。纳什均衡描述了博弈中所有参与者都采取最优策略的状态，即当每个参与者都选择了一种策略，且没有任何一个参与者可以通过改变策略来获得更好的结果时，就达到了纳什均衡。这一概念的提出为博弈论的发展开辟了新路径，使博弈论在经济学、管理学、社会学、政治学等多个领域得到了广泛应用。

此外，莱因哈德·泽尔腾（Reinhard Selten）、约翰·海萨尼（John Harsanyi）等经济学家也对博弈论的发展做出了重要贡献。他们的研究进一步丰富了博弈论的理论体系，并推动了博弈论在各个领域的广泛应用和持续发展。

5. 博弈论的广泛应用

随着博弈论理论的持续完善与发展，它已逐渐成为经济学、金融学、生物学、国际关系、计算机科学、政治学以及军事战略等多个领域不可或缺的重要分析工具。在经济学领域，博弈论已然成为标准的分析工具之一，为经济学家们提供了深入洞察市场行为、企业策略与消费者选择的新视角。在国际关系领域，博弈论被广泛应用于分析国家间的战略互动，帮助政策制定者预测他国行为并制定相应的外交政策。在计算机科学领域，博弈论在算法设计与优化等方面发挥着关键作用，为解决复杂问题提供了新的思路和方法。

4.2.2　博弈论的基本概念

博弈论的核心在于一系列基础而关键的概念，这些概念构成了理解和应用该理论的坚实基础。

1. 参与者（players）

（1）定义。在博弈的框架内，每一个拥有决策权的个体或组织都被赋予"参与者"的身份，也被称为局中人。这些参与者可以是多样化的，包括个人、企业实体、团队乃至国家。

（2）特性。每个参与者都怀揣着各自的目标或利益，并致力于通过精心策划的策略选择来实现这些既定的目标。

（3）数量范畴。参与者的数量具有灵活性，从一个参与者构成的单人博弈，到多个参与者共同参与的多人博弈。

2. 策略（strategies）

（1）定义。在博弈的舞台上，每个参与者都拥有一组精心设计的、可行的完整行动方案，这些方案即为策略。策略实质上是参与者在特定情境下的选择集合。

（2）性质。参与者会根据自己所掌握的信息以及对对手可能行动的预判来精心挑选自己的策略。

（3）实例解析。以经典的囚徒困境为例，每个囚徒都面临着"坦白"与"不坦白"这两种截然不同的策略选择。

3. 支付（payoffs）

（1）定义。当博弈的帷幕落下，每个参与者所收获的收益或效用被称为支付，它同样可以被理解为得失。

（2）特性剖析。支付的多少不仅与参与者自身的策略选择紧密相连，还深受其他参与者策略选择的影响。

（3）实例说明。在囚徒困境的案例中，如果两位囚徒都选择了"坦白"，那么他们将共同面临较重的刑罚；相反，如果他们都选择了"不坦白"，那么他们将获得较轻的刑罚。

4. 信息（information）

（1）定义。在博弈进程中，参与者所能够获取到的关于博弈本身、其他参与者的策略以及支付等信息。

（2）分类探讨。信息可以是完全透明的（即每个参与者都对其他参与者的策略和支付了如指掌），也可以是不完全的（参与者只能获取部分信息）。

（3）重要性强调。信息在参与者的策略选择中扮演着至关重要的角色，它能够对最终的博弈结果产生深远的影响。

5. 均衡（equilibrium）

（1）定义。在博弈的语境中，当所有参与者都不再有改变自身策略的意愿时，这种状态被称为均衡，也常被称为纳什均衡。

（2）特性描绘。在均衡的状态下，每个参与者的策略都是对其他参与者策略的最佳回应。

（3）实例剖析。以囚徒困境为例，（坦白，坦白）便是一个典型的纳什均衡状态，因为在给定对方选择的情况下，每个囚徒都无法找到比坦白更有利的选择。

此外，博弈还可以根据多种维度进行分类：第一，根据参与者的数量，博弈可以被分为单人博弈、双人博弈以及多人博弈。第二，根据参与者之间是否存在合作的可能性，博弈可以被分为合作博弈和非合作博弈。第三，根据信息的完整性，博弈可以被分为完全信息博弈和不完全信息博弈。第四，根据决策结构的不同，博弈可以被分为静态博弈和动态博弈。

4.2.3　博弈论的核心理论

博弈论的核心理论如下。

1. 纳什均衡（Nash equilibrium）

在博弈论中，纳什均衡占据着核心地位，为我们深入理解和分析多人策略互动提供了强有力的理论工具。这一概念由美国杰出数学家约翰·纳什（John Nash）于 1950 年首次提出，并在其具有里程碑意义的论文《非合作博弈》（Non－cooperative Games）中进行了系统阐述，为现代博弈论的发展奠定了坚实基础。纳什均衡描述了一种特定的策略组合状态，在此状态下，任何参与者都无法仅通过单方面改变自身策略来获得更为优越的结果。

（1）纳什均衡的定义。纳什均衡是指在某个博弈场景中，所有参与者都已选择各自的最优策略，并且这种策略组合呈现出稳定特征。具体而言，这意味着在没有其他参与者改变策略的前提下，任何一位参与者都缺乏改变自身策略的动机。更精确地说，纳什均衡代表了一种策略组合，其中每位参与者的策略都是针对其他参与者策略的最佳应对策略。换言之，若所有参与者都准确预测到其他参与者将坚守其策略，那么每位参与者都会坚持自己的当前策略。

（2）纳什均衡的核心性质剖析。

①稳定性特质。纳什均衡体现了一种策略组合的稳定性，即在没有外部策略变动的影响下，任何参与者都缺乏改变自身策略的驱动力。这种稳定性确保了博弈结果的持久性和可预测性。

②最优性特质。在纳什均衡状态下，每位参与者的策略都达到了最优状态。这意味着在给定其他参与者策略的情况下，该参与者无法通过策略调整来提高自身收益。这种最优性彰显了博弈中参与者的理性决策过程。

③相互依赖性特质。纳什均衡中的策略组合是相互依存的，即每位参与者的策略都是对其他参与者策略的最佳回应。这种相互依赖性凸显了博弈中参与者之间的策略互动和相互影响。

（3）纳什均衡的分类探讨。

①纯策略纳什均衡。在此类均衡中，每位参与者都选择了明确的行动方案，未涉及随机性因素。这种均衡在某些相对简单的博弈场景中可能存在，

但在更为复杂的博弈中可能难以成立。

②混合策略纳什均衡。在此类均衡中，至少有一位参与者采用了混合策略，即根据一定的概率分布随机选择不同的行动方案。这种均衡在复杂的博弈场景中更为普遍，因为它允许参与者通过引入随机性来应对其他参与者策略的不确定性。

（4）纳什均衡的应用领域。

①经济学领域。在经济学研究中，纳什均衡被广泛应用于分析市场竞争格局、产业组织结构、公共物品供给等问题。例如，在寡头市场环境中，企业之间的竞争行为可以被视为一种博弈过程，而纳什均衡则有助于我们准确预测企业的产量和价格决策。此外，纳什均衡还在税收政策、社会福利等公共政策问题的分析中发挥着重要作用。

②政治学领域。在政治学研究中，纳什均衡被用于深入探究选举策略制定、外交博弈等问题。例如，在选举过程中，候选人之间的竞选策略可以被视为一种博弈过程，而纳什均衡则有助于我们准确预测候选人的策略选择和选举结果。在外交博弈中，各国之间的合作与竞争关系也可以被视为一种博弈过程，而纳什均衡则为我们提供了分析各国外交策略和国际关系的有力工具。

③生物学领域。在生物学研究中，纳什均衡被广泛应用于研究物种之间的竞争关系和进化过程。例如，在生态系统中，不同物种之间的资源争夺可以被视为一种博弈过程，而纳什均衡则有助于我们准确预测物种的适应策略和进化方向。

④计算机科学领域。在计算机科学研究中，纳什均衡被广泛应用于算法设计和优化问题的解决过程中。例如，在机器学习和人工智能领域的研究中，纳什均衡被用于设计多智能体系统中的合作与竞争策略。此外，纳什均衡还在网络安全问题的分析和博弈树等问题的研究中发挥着重要作用。

作为博弈论的核心概念之一，纳什均衡为我们深入理解和分析多人策略互动提供了有力的理论工具。通过全面而深入地探讨纳什均衡的定义、核心性质、不同分类以及其在多个领域内的广泛应用，我们可以更加灵活地运用这一理论来解决实际问题。同时，随着博弈论的不断发展和完善，纳什均衡将在更多领域发挥更加重要的作用。

　　2. 帕累托最优（Pareto optimality）

　　帕累托最优亦称帕累托效率，是一个在经济学、工程学以及多目标优化问题中广泛使用的概念。它描述了一种资源分配的理想状态，即在不损害任何个体或偏好准则的前提下，无法使任何其他个体或偏好准则变得更好。

　　（1）定义。帕累托最优指的是资源分配的一种状态，其中不可能通过重新分配资源使至少一个人变得更好而不使任何其他人变得更糟。这一概念由意大利经济学家维尔弗雷多·帕累托（Vilfredo Pareto）提出，用于衡量资源分配的效率和公平性。

　　（2）核心特点剖析。

　　①公平与效率的理想结合。帕累托最优状态体现了公平与效率的和谐统一。它要求在资源重新分配的过程中，不仅不能损害任何人的利益，而且至少要使一个人的状况变得更好。

　　②无改进余地。帕累托最优状态是一种无法再通过帕累托改进来进一步优化的状态。换句话说，此时已经不存在任何可以使一部分人受益而不损害其他人利益的资源分配方案。

　　③多目标平衡。帕累托最优方法为多目标优化问题找到了一个平衡点，这个平衡点使各个目标之间达到了最优的协调状态，无法在不牺牲其他目标的前提下进一步改进任何一个目标。

　　（3）实现方法。

　　①市场机制调节。市场机制是实现帕累托最优的一种自然和有效的方式。在完全竞争的市场中，价格机制能够自动引导资源的优化配置，从而趋向于帕累托最优状态。

　　②政府干预。为了克服市场机制的局限性，政府需要通过税收、补贴、法律等手段进行干预和调节，以促进资源的优化配置和帕累托最优状态的实现。

　　③多目标优化方法。在经济学、管理学等领域，帕累托最优常被应用于多目标优化问题中。多目标优化方法通过寻找在多个目标之间达到最优平衡点的解集来实现帕累托最优。

　　④补偿机制。在某些情况下，完全实现帕累托最优可能非常困难或不可能。此时，可以采用补偿机制来使部分受损者得到合理的补偿，从而推动整体资源配置向帕累托最优状态逼近。

⑤教育与宣传。提高公众对帕累托最优概念的认识和理解也是实现帕累托最优的重要途径之一。

（4）应用领域。帕累托最优在经济学、工程学、管理学、社会科学等多个领域都有着广泛的应用。无论是在经济政策制定、市场机制分析、收入分配等经济学领域，还是在工程设计、生产流程优化等工程学领域，或是在企业决策、项目管理等管理学领域，帕累托最优都发挥着重要的指导作用。同时，在社会科学领域，如公共政策制定、环境保护等方面，帕累托最优也提供了有益的分析视角。

（5）实践中的注意事项。在应用帕累托最优时，需要注意以下几个方面的问题：第一，明确帕累托最优的定义与前提，确保对其有准确的理解。第二，确保数据的准确性和完整性，以避免分析结果的失真。第三，考虑多目标之间的平衡和限制条件的影响，以确保方案的可行性和有效性。第四，注重动态调整与持续改进，以适应市场环境的变化。第五，避免误解和滥用帕累托最优的概念和方法。第六，关注伦理和社会影响，确保帕累托最优的实现符合社会公平和正义的要求。

4.2.4 博弈论的分类

1. 合作博弈与非合作博弈

合作博弈与非合作博弈是博弈论中的两大核心概念，它们在理论基础、应用场景及解决方案上均展现出显著差异。

（1）合作博弈。合作博弈亦称联盟博弈或正和博弈，是博弈论的一个重要分支。它主要探讨在参与者之间存在合作的可能性时，如何协作以达到最优或次优策略选择。

①定义与特性。合作博弈指的是参与者以同盟、合作的方式进行的博弈，其中博弈活动体现为不同集团间的对抗。在此博弈中，参与者虽不一定实际合作，但存在外部机构对非合作者进行惩罚。它强调集体理性，注重利益分配的公平性，并追求通过协调行动或形成联盟来共创更大价值或减少损失，进而增进社会整体利益。合作博弈的特性包括集体理性、联盟的形成、利益分配以及外部机构的约束。

②理论基础与核心概念：合作博弈理论基于博弈论，但拥有独特的研究领域和方法。它关注参与者如何通过合作实现共同利益的最大化，以及合作

过程中可能出现的利益冲突和分配问题。合作博弈的核心概念涉及联盟、值函数、分配方案以及夏普里值等。

③分类。可按参与博弈的局中人数量、合作后的收益变化以及合作博弈的强制程度等标准进行分类。

④实现条件与过程。合作博弈的实现条件包括联盟的整体收益需大于个体单独经营收益之和，以及每个参与者都能获得比不加入联盟更高的收益。合作博弈的实现过程涵盖信息交流与协商、建立有效的效用分配制度以及执行与监督等步骤。

合作博弈理论在经济学、政治学、管理学、社会学等多个领域具有广泛应用。

随着全球化与数字化进程的推进，合作博弈理论的应用领域将更加广泛，并注重跨学科融合与创新发展。

（2）非合作博弈。非合作博弈是博弈论中的另一个核心概念，它强调在博弈过程中参与者之间无法进行合作，每个参与者均追求个人利益的最大化。

①定义与特性。非合作博弈是指在策略环境下，参与者之间无法进行合作，而是基于个体理性行为做出决策，以追求自身利益最大化的一种博弈形式。非合作博弈的特性包括自利性、缺乏合作、策略互动以及复杂性。

②理论基础与核心概念。非合作博弈理论建立在博弈论之上，尤其以纳什均衡理论为重要分析工具。非合作博弈的核心概念包括纳什均衡、精炼纳什均衡以及不完全信息博弈等。

③类型与分类。非合作博弈可按信息结构（完全信息与不完全信息）和行动顺序（静态与动态）进行分类。

非合作博弈理论在经济学、政治学、管理学、社会学等多个领域同样具有广泛应用价值。

随着社会经济发展和博弈论研究的深入，非合作博弈理论将不断发展和完善，并注重跨学科融合与创新发展。

合作博弈与非合作博弈在理论基础、应用场景及解决方案等方面存在显著差异。合作博弈强调共同利益的最大化，通过协商与合作实现共赢；而非合作博弈则更侧重于个体利益的最大化，常呈现出竞争性和冲突性。然而，在实际应用中，两者并非完全孤立，博弈各方可能在不同阶段和情境下交替采取合作与非合作策略。深入了解这两种博弈类型的概念和特点，有助于我们更好地应对现实生活中的复杂情境，并灵活运用合作与非合作策略，以实现自身利益和社会整体利益的最大化。

2. 完全信息博弈与不完全信息博弈

（1）完全信息博弈。完全信息博弈是博弈论的一个重要分支，其核心在于每位参与者都拥有关于其他所有参与者的特征、策略空间及得益函数等方面的全面且准确的信息。

①定义与特性。完全信息博弈指的是在博弈过程中，每个参与者都完全掌握其他所有参与者的详细信息，包括他们的特征、策略集以及得益函数等。这种高度的信息透明度使每个参与者在制定决策时都能基于对其他参与者行为模式的全面了解。完全信息博弈的特性主要包括：一是信息的完全性。这是完全信息博弈最显著的特点，即每个参与者都拥有所有其他参与者的完整信息。二是策略的互动性。由于信息的完全性，参与者的策略选择会相互影响，形成一个错综复杂的策略互动网络。三是均衡状态的存在。在完全信息博弈中，通常存在至少一个均衡状态，如纳什均衡，使在给定其他参与者策略的情况下，任何参与者都无法通过单方面改变策略来获得更大的利益。

②类型划分。完全信息博弈可以根据行动顺序的不同进一步划分为完全信息静态博弈和完全信息动态博弈。在完全信息静态博弈中，所有参与者同时选择行动，或者虽非同时行动但后行动者无法观察到先行动者的选择。由于信息完全且行动同时或独立，参与者需要基于对其他参与者可能策略的预期来制定决策。在完全信息动态博弈中，参与者的行动有先后顺序，且后行动者能够观察到先行动者的选择。这种信息结构和行动顺序使博弈过程更加复杂，后行动者可以根据先行动者的策略来调整自己的策略。

③理论基础与关键概念。完全信息博弈的理论基础主要来自博弈论的基本原理和均衡理论，其中纳什均衡理论为其提供了重要的分析工具和方法论基础。完全信息博弈的关键概念包括：一是纳什均衡。在完全信息博弈中，纳什均衡描述了博弈达到稳定状态时参与者的策略组合。在纳什均衡下，任何参与者都无法通过单方面改变策略来获得更大的利益。二是得益函数。得益函数是描述参与者在不同策略组合下所获得收益的函数。在完全信息博弈中，每个参与者都完全了解其他参与者的得益函数，这是进行策略选择和决

策分析的基础。

④应用领域与实例分析。完全信息博弈理论在经济学、政治学、管理学、社会学等多个领域具有广泛的应用。

在经济学领域，该理论被广泛应用于市场分析、产业组织、竞争策略等。例如，在寡头市场竞争中，企业之间往往拥有关于彼此成本结构、市场需求等方面的完全信息，形成了一个典型的完全信息博弈场景。通过博弈分析，企业可以制定出最优的市场进入策略、产量决策和价格策略等。

在政治学领域，该理论也被用于分析政治决策过程。例如，在国际关系中，国家之间通常能够了解对方的外交政策、军事力量、经济实力等信息，并基于这些信息来制定外交策略和军事行动方案。

在管理学领域，该理论被用来分析团队协作、项目管理等问题。例如，在团队项目中，如果团队成员之间能够充分了解彼此的能力、专长和偏好等信息，就可以通过协作来实现项目目标的最优化。

随着博弈论研究的深入和应用领域的拓展，完全信息博弈理论将继续发展和完善。未来，该理论可能更加注重跨学科融合和创新发展，以应对现实世界中的复杂挑战。同时，随着信息技术和数据科学的发展，完全信息博弈理论也将更加依赖于大数据分析和机器学习等先进技术手段来提升决策效率和准确性。

（2）不完全信息博弈。不完全信息博弈也被称为贝叶斯博弈，是博弈论中的一个关键分支。其核心特征在于，至少有一名参与者对其他参与者的某些关键信息（如特征、策略空间、收益函数等）了解得不够准确或不完全。

①定义与特性。不完全信息博弈是指在博弈过程中，至少有一名参与者对其他参与者的特征、策略空间及收益函数等信息不完全了解。这种不确定性导致参与者在制定决策时需要依赖不完全的信息推测其他参与者的行为，并据此来制定自己的策略。不完全信息博弈的特性主要包括：一是信息的不完全性。这是不完全信息博弈最显著的特点。由于至少有一名参与者对其他参与者的某些关键信息不完全了解，因此在决策过程中存在不确定性。二是策略的复杂性。由于信息不完全，参与者需要制定更加复杂的策略来应对这种不确定性。这可能包括使用概率分布来估计其他参与者的行为、采用混合策略等。三是均衡状态的多样性。在不完全信息博弈中，可能存在多种均衡

状态，这些均衡状态取决于参与者对不完全信息的理解和处理方式。

②理论基础与关键概念。不完全信息博弈的理论基础主要来自博弈论和信息经济学。不完全信息博弈的关键概念包括：第一，贝叶斯纳什均衡。在不完全信息静态博弈中，如果存在一个策略组合，在给定其他参与者的策略分布时，没有任何一个参与者能够通过单方面改变策略来获得更大的期望收益，那么这个策略组合就被称为贝叶斯纳什均衡。第二，类型。在不完全信息博弈中，参与者的某些私人信息（如成本、偏好等）被称为类型。这些信息是不被其他参与者所了解的，但会影响参与者的策略选择。第三，海萨尼转换。这是一种处理不完全信息博弈的标准方法。通过引入一个虚拟的"自然"参与者首先行动，按照某一概率分布指定博弈中的不完全信息，从而将不完全信息博弈转化为不完美但完全信息的博弈，便于求解和分析。

③类型划分。不完全信息博弈可以根据行动顺序和信息类型分为不完全信息静态博弈和不完全信息动态博弈。在不完全信息静态博弈中，所有参与者同时选择行动，或者虽非同时行动但后行动者无法观察到先行动者的选择。参与者需要基于对其他参与者类型分布的估计来制定策略。在不完全信息动态博弈中，参与者的行动有先后顺序，且后行动者能够观察到先行动者的部分或全部行动。参与者需要根据观察到的信息和对其他参与者类型的估计来动态调整自己的策略。

④应用领域与实例分析。不完全信息博弈理论在经济学、政治学、管理学、社会学等多个领域具有广泛的应用价值。

在经济学领域，该理论被广泛应用于市场分析、产业组织、竞争策略等。例如，在拍卖市场中，竞拍者通常不知道其他竞拍者的估价信息，需要根据不完全信息来制定出价策略。在产业组织中，企业可能不完全了解竞争对手的成本结构或市场需求信息，需要基于不完全信息进行市场进入或产量决策。

在政治学领域，该理论被用于分析政治决策过程。例如，在国际关系中，国家之间可能不完全了解对方的外交政策或军事实力信息，需要基于不完全信息进行外交策略或军事行动方案的制定。

不完全信息博弈在实际中的应用实例包括拍卖和商业竞争中的价格战。在拍卖中，每个参与者都知道自己的估价信息但不知道其他参与者的估价信息，因此需要在不完全信息下制定自己的出价策略以最大化收益。在价格战中，企业之间可能不完全了解对方的成本结构和市场需求信息，需要在不完全信息下进行价格决策以争夺市场份额。

随着博弈论和信息经济学的不断发展以及大数据和人工智能等技术的兴起，不完全信息博弈理论的研究将更加深入和广泛。未来，该理论可能更加注重跨学科融合和创新发展，以应对现实世界中的复杂挑战。同时，随着信息技术和数据科学的进步，不完全信息博弈理论的应用也将更加广泛和深入。例如，在金融市场中，交易员可以利用不完全信息博弈理论来制定交易策略和风险控制方案；在人工智能领域，计算机程序可以通过模拟不完全信息博弈来学习和优化决策过程。

3. 静态博弈与动态博弈

静态博弈与动态博弈是博弈论中的两大核心，它们的主要差异在于参与者做出决策时能否观察到其他参与者的选择。

（1）静态博弈。静态博弈是博弈论中的一个关键概念，它描述的是所有参与者同时做出决策，或者尽管行动有先后顺序，但后行动者无法了解到先行动者的具体行动信息的博弈情境。

①定义与特性。静态博弈指的是参与者要么同时选择行动，要么虽然行动有先后顺序但后行动者并不知晓先行动者具体行动信息的博弈，也被称为"同时决策博弈"。静态博弈的特性包括：行动的同时性或信息的隔离性、策略间的互动性，以及均衡状态的存在性。

②类型划分。静态博弈可以根据信息的完全性被进一步划分为完全信息静态博弈和不完全信息静态博弈。在完全信息静态博弈中，每个参与者都全面掌握其他参与者的特征、策略空间及收益函数等信息。而在不完全信息静态博弈中，至少有一个参与者对其他参与者的某些关键信息了解不完全。

③理论基础与核心概念。静态博弈的理论基石主要源自博弈论的基本原理和均衡理论，其中纳什均衡理论为其提供了重要的分析工具。静态博弈的核心概念包括纳什均衡和贝叶斯纳什均衡，它们分别描述了完全信息和不完全信息静态博弈中的均衡状态。

④应用领域与实例分析。静态博弈理论在经济学、政治学、管理学、社会学等多个领域都有广泛的应用。典型的静态博弈实例包括囚徒困境、拍卖以及价格战等。

随着博弈论研究的不断深入和应用领域的持续拓展，静态博弈理论也将继续发展和完善。未来，它可能会更加注重跨学科融合和创新发展，以更好地应对现实世界的复杂挑战。

（2）动态博弈。动态博弈是博弈论中的另一个重要概念，它描述的是参与者行动有先后顺序，且后行动者能够观察到先行动者的选择，并据此做出相应选择的博弈过程。

①定义与特性。动态博弈指的是参与者的行动有明确的先后顺序，且后行动者能够观察到先行动者的选择并据此调整自己策略的博弈。动态博弈的特性包括行动的顺序性、信息的可观察性以及策略的动态调整性。

②理论基础与核心概念。动态博弈的理论基础主要源自博弈论的基本原理和动态规划等数学方法。核心概念包括子博弈和子博弈精练纳什均衡。子博弈是分析动态博弈的重要工具，而子博弈精练纳什均衡则是一个重要的均衡概念，它要求在每个子博弈中，参与者的策略组合都构成纳什均衡。

③表示方法与分析工具。动态博弈通常可以通过扩展式（或博弈树）来表示，这是一种树状图结构，用于清晰地描述动态博弈的整个过程和参与者的策略选择。分析动态博弈的常用工具是逆向归纳法，它从博弈的最后阶段开始，逐步向前推导参与者的最优策略选择，最终找到整个博弈的均衡状态。

④应用领域与实例分析。动态博弈理论在经济学、政治学、管理学、军事学等多个领域都有广泛的应用。典型的动态博弈实例包括斯塔克尔伯格模型、讨价还价博弈以及军事对抗等。

随着博弈论研究的不断深入和应用领域的持续拓展，动态博弈理论也将继续发展和完善。未来，它可能会更加注重跨学科融合和创新发展，以更好地应对现实世界的复杂挑战。同时，随着信息技术和数据科学的进步，动态博弈理论的应用也将更加广泛和深入。

静态博弈和动态博弈的主要区别在于参与者是否能够观察到其他参与者的选择。在静态博弈中，参与者同时或独立做出决策，信息不透明；而在动态博弈中，参与者行动有先后顺序，后行动者能够观察到先行动者的选择，并据此做出决策。这两种博弈类型在现实生活和经济活动中都有广泛的应用，理解它们的特点和策略对于做出明智的决策至关重要。

总之，博弈论的核心理论涵盖了纳什均衡、帕累托最优以及博弈的分类。纳什均衡为分析多人博弈中参与者的策略选择提供了理论基础；帕累托最优是衡量资源分配效率的关键标准；而博弈的分类则有助于我们针对具体情境选择适当的博弈理论进行分析。运用这些理论，我们能够更有效地理解和解决各类竞争与冲突问题。

4.2.5　博弈论的经典模型

1. 囚徒困境（prisoner's dilemma）

（1）定义与渊源。囚徒困境是博弈论中的一个经典模型，用以阐述两个被捕囚徒之间的一种特殊博弈情境。该概念最初于 1950 年由梅里尔·弗勒德和梅尔文·德雷希尔在美国兰德公司提出，并由艾伯特·塔克以囚徒故事的形式加以阐释和命名。

（2）基本设定。设想两名涉嫌共同犯罪的嫌疑人 A 和 B 被警方逮捕，但警方掌握的证据不足以起诉他们。为了获取证据，警方将两人隔离审讯，并为他们提供了以下选择：

第一，若两人均选择沉默（即不揭发对方），则因证据匮乏，两人均将被判入狱一年。

第二，若一人揭发对方而对方沉默，则揭发者将立即获释，沉默者则因不合作而被判入狱十年。

第三，若两人互相揭发，则因证据确凿，两人均将被判入狱八年。

（3）困境剖析。

①个人与集体的理性冲突。从个人理性出发，无论对方如何选择，揭发都是 A 和 B 的最佳策略，因为揭发可带来立即获释或避免更重的刑罚。然而，从集体理性视角看，双方沉默能带来仅一年的较轻刑罚，显然是更优的结果。

②信息不对称与信任缺失。隔离审讯导致信息不对称，使得双方无法建立信任，从而更倾向于背叛。

③单次与重复博弈的差异。单次博弈中，因缺乏未来合作机会，双方更可能选择背叛；而在重复博弈中，多次交互的可能性增加了合作的可能性，因为背叛可能破坏未来合作，而合作能带来长期利益。

（4）现实应用。囚徒困境不仅是一个理论框架，它在价格竞争、环境保护、国际关系等多个现实领域都有体现。在这些场景中，个体追求自身利益的最大化往往导致集体利益受损，因此如何在囚徒困境中寻找合作、实现共赢成为关键问题。

（5）应对策略。针对囚徒困境，博弈论学者提出了多种解决策略，如引入第三方机制以奖惩行为、调整博弈规则和结构以减少背叛动机并增加合作的可能性。同时，建立长期合作关系、提高信息透明度、促进信任等也是解决囚徒困境的有效方法。

囚徒困境作为博弈论的重要概念，揭示了个人理性与集体理性之间的冲突以及信息不对称对合作的影响。通过深入分析囚徒困境的情境和根源，我们可以更好地理解现实生活中的合作与竞争现象，并探索有效的解决策略以促进合作与共赢。

2. 智猪博弈（boxed pigs）

智猪博弈揭示了大猪和小猪在按按钮和吃食物之间的策略选择，反映了"搭便车"现象。

（1）定义与起源。智猪博弈是博弈论中的一个经典模型，由经济学家约翰·纳什于1950年提出。它描述了在一个特定情境中，两个参与者（常被称为"大猪"和"小猪"）如何根据对方行为选择自身行动策略，以最大化自身利益。

（2）基本设定。在智猪博弈中，设想有一个猪圈，里面有一头大猪和一头小猪。猪圈的一端设有一个按钮，另一端则是一个食槽。每当按钮被按下，食槽里就会落入10份食物。然而，按下按钮会消耗相当于2份食物能量的成本，这意味着无论是大猪还是小猪，只要去按按钮，都会因为消耗体力而失去一部分吃食物的时间和机会。

（3）策略与收益剖析。

①若大猪和小猪都选择等待，则无食物进入食槽，两者收益均为0。

②若大猪按按钮而小猪等待，大猪消耗2份食物能量后得到6份食物（实得4份）；小猪则不劳而获，得到4份食物。

③若小猪按按钮而大猪等待，小猪消耗2份食物能量后，因大猪进食迅速，小猪仅能得到1份食物（实得 -1 份），大猪则得到9份食物（实得9份）。

④若大猪和小猪同时按按钮，两者都消耗2份食物能量，但大猪因进食速度快，最终得到7份食物（实得5份），小猪则得到3份食物（实得1份）。

通过比较以上四种情况，可以看出，对于小猪而言，无论大猪如何选择，其最佳策略都是等待。因为只有当大猪去按按钮时，小猪才能获得最大收益（4 份食物）。而对于大猪来说，虽然知道小猪会选择等待，但由于按按钮至少还能得到 4 份食物（比等待多），所以大猪的最优策略仍然是去按按钮。

（4）智猪博弈的启示。

①资源分配不均。智猪博弈揭示了资源分配的不均衡性。在现实生活中，类似的情况屡见不鲜。例如，在团队中，成员间能力和贡献的差异往往导致资源分配的不均衡。

②搭便车现象。小猪通过等待大猪行动来获得食物的行为，即"搭便车"。这种现象在现实中也很常见，如小公司等待大公司投入研发后再进入市场。

③激励机制的重要性。为避免搭便车现象，需要建立有效的激励机制。例如，在团队中，可以通过设立奖励制度来激励成员间的合作与贡献。

智猪博弈通过简洁的模型揭示了复杂的决策过程和社会现象。它不仅有助于我们理解个体在特定情境下的行为选择，还为我们提供了解决现实问题的思路和方法。通过深入分析智猪博弈的原理和启示，我们可以更好地应对生活中的各种挑战和机遇。

3. 斗鸡博弈（chicken game）

斗鸡博弈是指两个参与者面临攻击或躲避的选择，反映了在冲突中的策略选择。

（1）定义与起源。斗鸡博弈又称懦夫博弈，是博弈论中的一个经典案例。它起源于两只公鸡狭路相逢时的情境，象征着两个实力相当、地位接近的个体之间的冲突和策略选择。尽管名称听起来更贴近公鸡之间的争斗，但实际上，斗鸡博弈更多地被用于描述人类社会中类似的竞争和冲突场景。

（2）基本设定。斗鸡博弈的基本情境是：两只公鸡（或两个地位相近的个体）在一条狭窄的道路上相遇，它们面临两个选择：一是前进，与对方进行直接冲突；二是后退，避免直接对抗。这两种选择会导致不同的结果：

①若两者都选择前进，则可能两败俱伤，双方都会遭受较大损失。在模型中，这通常表示为（ −2，−2），即两者都获得 −2 的收益。

②若一方前进，一方后退，则前进者获胜，后退者受损。在模型中，这

通常表示为（1，-1）或（-1，1），即前进者获得1的收益，后退者获得-1的收益。

③若两者都选择后退，则虽然避免了直接冲突，但双方也都没有获得任何收益。在模型中，这通常表示为（-1，-1），即两者都获得-1的收益。

（3）策略剖析。在斗鸡博弈中，每个参与者都需考虑对方可能的选择，并据此做出决策。由于双方的选择直接影响彼此的收益，因此这是一个典型的动态博弈。

①换位思考。在斗鸡博弈中，双方需换位思考，考虑自己选择前进或后退时对方的反应。这有助于双方找到最大化自身利益的均衡点。

②非理性因素的影响。斗鸡博弈中常涉及面子、尊严等非理性因素，可能导致一方在明知不利的情况下仍选择前进，增加冲突风险。

③补偿与谈判的作用。在斗鸡博弈中，如果双方能换位思考并进行有效谈判，可能通过补偿方式达成均衡，即一方后退以换取另一方的某种补偿，从而减少冲突，实现双赢。

（4）现实应用。斗鸡博弈不仅在理论上具有重要意义，在现实生活中也有广泛应用。

在商业竞争中，两家公司可能因市场份额、品牌声誉等问题陷入斗鸡博弈。此时，双方需权衡前进和后退的利弊，并考虑通过谈判或合作避免直接冲突。

在国际关系中，两个国家可能因领土争端、资源分配等问题陷入斗鸡博弈。此时，双方需谨慎考虑自身行动对对方和国际社会的影响，并寻求通过外交手段或国际合作解决问题。

在个人关系中，斗鸡博弈也时有发生。例如，夫妻争吵时，双方可能因琐事陷入僵持状态，此时需要一方或双方做出让步以化解矛盾。

斗鸡博弈是一个复杂而有趣的博弈论案例，揭示了人类社会中竞争和冲突的本质。通过深入分析斗鸡博弈的原理和策略，我们可以更好地理解现实生活中的各种竞争和冲突场景，并学会运用博弈论的思想来指导我们的决策和行为。

4.2.6 博弈论的应用领域

博弈论作为研究决策过程中参与者行为及其相互影响的学科，其应用领域广泛且多样。

1. 经济学

博弈论在经济学中的应用尤为显著，它几乎渗透到了经济学的所有分支，包括微观经济学、宏观经济学、产业组织理论等。借助博弈论，经济学家能够深入分析市场中各参与者（企业、消费者、政府等）的策略互动，预测市场均衡状态，为政策制定和经济决策提供坚实的理论支撑。例如，在寡头市场中，企业间的价格竞争和产量决策就构成了一个典型的博弈过程。博弈论的分析能够揭示企业策略选择的相互影响，以及如何通过合作或竞争策略来实现利润的最大化。

2. 政治学

在政治学领域，博弈论被广泛应用于分析选举过程中的投票策略、国家间的外交博弈以及利益集团如何影响政策制定等问题。它为政治学家提供了一种全新的视角来理解和预测政治现象。例如，在国际关系中，国家间的竞争和冲突可以视为一种博弈过程。博弈论的分析能够揭示国家策略选择的相互影响，以及如何通过外交手段或国际合作来维护各自的国家利益。

3. 计算机科学

在计算机科学领域，博弈论在设计和分析人工智能系统的交互策略方面发挥着重要作用。例如，在网络安全领域，黑客与防御者之间的攻防过程就可以视为一种博弈。博弈论的分析有助于设计出更有效的防御策略来应对黑客的攻击。此外，博弈论还在机器学习、知识图谱、自然语言处理等多个领域发挥着关键作用。在机器学习中，博弈论被用于解决监督学习、强化学习和协同学习中的一系列问题；在知识图谱中，博弈论则有助于解决实体间的关联和排序等问题。

4. 生物学

在生物学领域，博弈论被用于解释进化论中的某些现象，如合作行为的进化等。通过博弈论的分析，我们可以更深入地理解生物种群中个体策略互动如何影响种群的进化方向。例如，在捕食者与猎物之间的相互作用中，捕食者可能会选择追逐速度较慢的猎物，而猎物则可能会选择聚集在一起以增加生存机会。这种相互作用可以视为一种博弈过程，通过博弈论的分析可以揭示其中的策略选择和进化结果。

5. 军事战略

在军事战略领域，博弈论被广泛应用于研究战争和冲突中的策略与均衡状态。例如，在冷战期间的美苏核武器竞争中，双方都需要考虑对方的反应和策略选择来制定自己的战略计划。博弈论的分析能够揭示双方的策略互动和均衡状态。

6. 法律和伦理学

在法律和伦理学领域，博弈论被用于研究法律规则和道德规范如何影响人们的行为决策。例如，在分析如何防止腐败、制定公平的贸易规则或实施有效的法律制裁等问题时，博弈论为我们提供了有力的分析和指导。

7. 社会学

在社会学领域，博弈论被用于研究社会互动和社会现象。例如，在分析社会规范和习俗的形成、社会群体的分化和冲突等问题时，博弈论能够揭示个体策略互动如何影响整个社会的结构和动态。

8. 哲学

在哲学领域，博弈论被用于研究和解释道德哲学、政治哲学和社会哲学等领域的问题。例如，在探讨正义的本质、权力与自由的关系或社会契约的理论基础等问题时，博弈论为我们提供了新的视角和思考方式。

4.3 全球价值链分工博弈模型构建

4.3.1 博弈模型选择

本章借鉴谢申祥和蔡熙乾（2018）使用的第三国市场模型，并加入了贸易摩擦等因素，从产量、价格和博弈顺序方面进行理论分析。除此之外，还有一些因素不在假设之内但仍会对博弈结果带来影响，如表 4 - 1 所示，本章在后文实证部分会考虑这些因素。彭支伟和张伯伟（2017）从生产技术层面考察决定国际分工收益的基本因素及其变化，构建了一个连续的比较静态分析框架。依据陈璋和张晓娣（2005）对里昂惕夫投入产出模型的评述，供需平衡被假定为通过数量调整而非价格调节机制来实现，这可能会导致模型采用的技术固定假设无法实现成本最小化。投入产出模型本质上是一种经过简化的一般均衡模型，它在一定程度上排除了价格对消费需求结构、生产技术选择以及要素供给调节的影响。不同的因素也会涉及全球价值链上下游分工。吴明（2012）提出发展中国家无论如何进行产业升级和采用何种嵌入价值链的方式，都必须与居于高端价值链环节的发达国家建立联系，进行博弈，在不同市场结构的价值链环节进行利润分配。张桂梅（2011）发现，发展中国家在价值链分工中处于弱势地位，获得的贸易利益相对较小。

表 4-1   相关博弈模型

文章	博弈模型	结论
杜义飞和李仕明（2004）	静动态博弈模型	谁具有价格决定权，谁将获得更多的利润，企业独立的定价权力使供应链整体利润不能达到最大
谢申祥和蔡熙乾（2018）	第三国市场模型和博弈论	无论是在企业同时竞争的情形下，还是在企业先后进入市场竞争的情形下，企业谈判势力均通过影响中间产品的价格进而影响到水平转移利润和垂直转移利润的相对大小，从而影响到一国贸易政策的选择
喻言和任剑新（2017）	需求不确定下中间品定价模型	上游厂商区别定价需要结合需求波动，不同需求情形对应概率不同
何宇等（2020）	多阶段全球价值链生产模型	技术水平高和劳动要素成本高的国家更倾向于全球价值链上游阶段
安特拉斯和肖尔（Antràs and Chor, 2013）	厂商组织形式选择模型	存在唯一的"临界值"生产阶段，在此之前的相对上游阶段都外包，而在此之后的相对下游的所有阶段一体化生产
李世杰和李伟（2018）	中间产品市场和最终产品市场组成的纵向产业链模型；斯彭格勒（Spengler，1950）双重加价模型	中间产品市场的垄断加价会通过"传导效应""协同效应""抑制效应"3 种途径影响产业链效率与社会福利

4.3.2 产量博弈

假设三个企业，一体化企业 d、中间品企业 u、最终品生产企业 f。中间品厂商 u 与最终品厂商 f 根据谈判势力，先确定中间品价格 m，垄断优势 a，a 的取值范围为 $0 \leqslant a \leqslant 1$，$a$ 越大表示中间品企业 u 的谈判优势越大，当 a 取 1 时代表中间品企业 u 完全控制中间品价格。最终品企业 f 生产的产品与一体化企业 d 生产的产品在第三国市场进行产量博弈。垄断寡头竞争模型的设计较符合中国制造业企业出口集中度较高的现实情况（钱学锋等，2019）。

反需求函数为：

$$p = 1 - q_d - q_f \tag{4.1}$$

假设无生产成本[①]，一单位最终品生产需一单位中间品，中间品价格为 m。

因此，各企业的利润为：

$$\pi_d = pq_d \tag{4.2}$$

$$\pi_f = (p - m)q_f \tag{4.3}$$

$$\pi_u = mq_f \tag{4.4}$$

第一，同时博弈的情形。

将式（4.1）代入式（4.2）和式（4.3）中，求：

$$\max_{q_d}\pi_d = \max_{q_d}(1 - q_d - q_f)q_d \tag{4.5}$$

$$\max_{q_f}\pi_f = \max_{q_f}(1 - q_d - q_f - m)q_f \tag{4.6}$$

可得：

$$q_d = \frac{1 + m}{3}$$

$$q_f = \frac{1 - 2m}{3}$$

此时，价格 $p = \frac{1 + m}{3}$。

中间商 u 和下游厂商 f 的价格商定，根据 $\max\limits_{m} a\ln\pi_u + (1 - a)\ln\pi_f$，可得，$m = \frac{a}{4}$

$$q_d = \frac{4 + a}{12} \qquad \pi_d = \frac{(4 + a)^2}{144}$$

---

① 在实证部分会分析生产成本对增加值带来的影响。

$$q_f = \frac{2-a}{6} \qquad\qquad \pi_f = \frac{(2-a)^2}{36}$$

$$p = \frac{4+a}{12} \qquad\qquad \pi_u = \frac{a(2-a)}{12}$$

第二，先后博弈的情形。

假设一体化企业先进入，因为其往往在市场中更具有信息、规模等优势。使用逆向归纳法，需要先求最终品厂商的产量。

将式（4.1）代入式（4.3），求：

$$\max_{q_f} \pi_f = \max_{q_f}(1 - q_d - q_f - m) q_f$$

可得：

$$q_f = \frac{1 - q_d - m}{2}$$

将其代入式（4.2），求解一体化企业 d 的产量：

$$\max_{q_d} \pi_d = \max_{q_d}(1 - q_d - q_f) q_d = \max_{q_d}\left(1 - q_d - \frac{1 - q_d - m}{2}\right) q_d$$

可得：

$$q_d = \frac{1 + m}{2}$$

$$q_f = \frac{1 - 3m}{4}$$

此时，价格 $p = \dfrac{1+m}{4}$。

中间商 u 和下游厂商 f 商定中间品价格，根据：

$\max\limits_{m} a\ln \pi_u + (1-a)\ln \pi_f$，可得 $m = \dfrac{a}{6}$。

$$q_d = \frac{6+a}{12} \qquad\qquad \pi_d = \frac{(6+a)^2}{288}$$

$$q_f = \frac{2-a}{8} \qquad\qquad \pi_f = \frac{(2-a)^2}{64}$$

$$p = \frac{6+a}{24} \qquad\qquad \pi_u = \frac{a(2-a)}{48}$$

4.3.3　价格博弈

仍假设三个企业，一体化企业 d、中间品企业 u、最终品生产企业 f。中间品厂商 u 与最终品厂商 f 根据谈判势力，先确定中间品价格，其后最终品企业 f 生产的产品与一体化企业 d 生产的产品进行价格博弈。

需求函数为（为了方便计算，将两个产品的替代系数设为 1）：

$$q_i = 1 - p_i + p_j \tag{4.7}$$

假设无生产成本，1 单位最终品生产需 1 单位中间品，中间品价格为 m。

因此，各企业的利润为：

$$\pi_d = p_d q_d \tag{4.8}$$

$$\pi_f = (p_f - m) q_f \tag{4.9}$$

$$\pi_u = m q_f \tag{4.10}$$

第一，同时博弈的情形。

将式（4.7）代入式（4.8）和式（4.9）中，求：

$$\max_{p_d} \pi_d = \max_{p_d} p_d (1 - p_d + p_f) \tag{4.11}$$

$$\max_{p_f} \pi_f = \max_{p_f} (p_f - m)(1 - p_f + p_d) \tag{4.12}$$

可得：

$$p_d = \frac{3 + m}{3}, \ p_f = \frac{3 + 2m}{3}$$

中间商 u 和下游厂商 f 商定中间品价格，根据 $\max_m a \ln \pi_u + (1 - a) \ln \pi_f$，可得 $m = \frac{3a}{2}$。

因此，得到主要变量的解为：

$$p_d = 1 + \frac{a}{2} \qquad \pi_d = \left(1 + \frac{a}{2}\right)^2$$

$$p_f = 1 + a \qquad \pi_f = \left(1 - \frac{a}{2}\right)^2$$

$$q_d = 1 + \frac{a}{2} \qquad \pi_u = \frac{3a}{2}\left(1 - \frac{a}{2}\right)$$

$$q_f = 1 - \frac{a}{2}$$

第二，先后博弈的情形。

假设一体化生产企业先进入，因为其往往在市场中更具有信息、规模等优势。使用逆向归纳法，需要先求最终品生产厂商的价格。

将式（4.7）代入式（4.9）求：

$$\max_{p_f}\pi_f = \max_{p_f}(p_f - m)(1 - p_f + p_d)$$

可得：

$$p_f = \frac{1 + p_d + m}{2}$$

将其代入式（4.8），求解一体化生产企业 d 的价格：

$$\max_{p_d}\pi_d = \max_{p_d}p_d\left(1 - p_d + \frac{1 + p_d + m}{2}\right) = \max_{p_d}p_d\left(\frac{3}{2} - \frac{p_d}{2} + \frac{m}{2}\right)$$

可得：

$$p_d = \frac{3}{2} + \frac{m}{2}$$

$$p_f = \frac{5}{4} + \frac{3m}{4}$$

中间商 u 和下游厂商 f 商定中间品价格，根据 $\max_{m} a\ln\pi_u + (1 - a)\ln\pi_f$，可得 $m = \dfrac{5a}{2}$。

因此，得到主要变量的解为：

$$p_d = \frac{3}{2} + \frac{5a}{4} \qquad\qquad \pi_d = \frac{1}{2}\left(\frac{3}{2} + \frac{5a}{4}\right)^2$$

$$p_f = \frac{5}{4} + \frac{15a}{8} \qquad\qquad \pi_f = \left(\frac{5}{4} - \frac{5a}{8}\right)^2$$

$$q_d = \frac{3}{4} + \frac{5a}{8} \qquad\qquad \pi_u = \frac{5a}{2}\left(\frac{5}{4} - \frac{5a}{8}\right)$$

$$q_f = \frac{5}{4} - \frac{5a}{8}$$

4.3.4　博弈结果分析

对上文博弈模型进行总结，如表 4 - 2 所示。可以发现，各厂商的利润、中间品价格与垄断优势 a 均有关，中间品价格与 a 呈现线性相关关系，各厂商的利润与 a 呈现非线性相关关系。博弈的先后顺序对企业的利润有影响，在产量博弈中，先后博弈的利润小于同时博弈的利润，而在价格博弈中，先后博弈的利润大于同时博弈的利润。因为垄断优势 $0 \leqslant a \leqslant 1$，所以产量博弈中同时博弈中间品价格为 $0 \leqslant \dfrac{a}{4} \leqslant \dfrac{1}{4}$，先后博弈的中间品价格为 $0 \leqslant \dfrac{a}{6} \leqslant \dfrac{1}{6}$。

价格博弈中同时博弈中间品价格的范围为 $0 \leqslant \dfrac{3}{2}a \leqslant \dfrac{3}{2}$，先后博弈的中间品

价格为 $0 \leqslant \dfrac{5}{2}a \leqslant \dfrac{5}{2}$，且均高于产量博弈的中间品价格。

表 4 - 2 　　　　　　　　　企业全球价值链上下游分工博弈结果

博弈类型	博弈顺序	中间品价格	本国中间品厂商利润 π_u	外国最终品企业利润 π_f	本国产业一体化企业利润 π_d
产量博弈	同时博弈	$\dfrac{a}{4}$	$\dfrac{a(2-a)}{12}$	$\dfrac{(2-a)^2}{36}$	$\dfrac{(4+a)^2}{144}$
	先后博弈	$\dfrac{a}{6}$	$\dfrac{a(2-a)}{48}$	$\dfrac{(2-a)^2}{64}$	$\dfrac{(6+a)^2}{288}$
价格博弈	同时博弈	$\dfrac{3a}{2}$	$\dfrac{3a}{2}\left(1-\dfrac{a}{2}\right)$	$\left(1-\dfrac{a}{2}\right)^2$	$\left(1+\dfrac{a}{2}\right)^2$
	先后博弈	$\dfrac{5a}{2}$	$\dfrac{5a}{2}\left(\dfrac{5}{4}-\dfrac{5a}{8}\right)$	$\left(\dfrac{5}{4}-\dfrac{5a}{8}\right)^2$	$\dfrac{1}{2}\left(\dfrac{3}{2}+\dfrac{5a}{4}\right)^2$

先后博弈如果不考虑垄断优势 $0 \leqslant a \leqslant 1$，各厂商的利润中，本国中间品厂商利润呈倒 U 形关系，随着垄断优势 a 先增加后减少。而外国最终品和本国一体化利润呈现微笑曲线即正 U 形曲线，随着垄断优势 a 先减少后增加。但考虑垄断优势 $0 \leqslant a \leqslant 1$，在产量博弈时，无论同时博弈还是先后博弈，本国中间品利润均先增加后减少，在 $a = \dfrac{1}{4}$ 达到最大值，外国最终品企业利润一直在减小，而本国一体化企业利润一直在增加。在价格博弈时，无论同时博弈还是先后博弈，本国中间品厂商利润一直在增加，外国最终品企业利润一直在减小，而本国一体化企业利润一直在增加。

4.4　中美全球价值链分工博弈模型

4.4.1　基本假设

中美贸易摩擦是在贸易扩张基础上产生的摩擦。贸易扩张型摩擦主要关注的是贸易双方的增长比例是否失衡。如果其中一个国家出口的增长快于另一个国家出口的增长，则会对增长慢的国家的贸易利益造成损害。其实质是贸易双方对贸易带来的利益增量的争夺，贸易扩张带来的利益不会均匀地分配到双方手中。扩张型摩擦不是建立在对当前贸易存量的重新分割基础上，而是对双方贸易增量的争夺，所以这种摩擦一般不会形成零和博弈。

中美贸易摩擦的主要形式有出口禁售、反倾销、反补贴、保障措施、加征进口关税和"301"条款等政策工具。本章主要以征税代表贸易摩擦，而一国的进口关税会从两方面影响全球生产：第一，进口关税会损害为国外厂商提供中间投入品的国内上游厂商，因为进口壁垒会降低国外最终品的价值和供给，同时减少归于国内中间供应商的收入。第二，当国内最终品企业使用国外中间品进行生产时，由进口关税而产生的某些损失会通过生产链传递给国外中间品供应商。国内最终品的一些收入归于国外上游厂商，而国外最终品的一些收入也归于国内厂商。

基于前文上下游企业之间的博弈，本章继续将出口政策加入博弈模型，分析贸易摩擦对企业上下游博弈结果的影响。为了回答上述问题，借鉴谢申祥和蔡熙乾（2018）的方法构建如下模型：本国存在一个一体化企业和一个中间品生产企业，而外国仅有一个需要从本国中间品生产企业进口中间产品才能生产最终产品的企业，买卖双方谈判确定中间产品的价格。以加征进口关税代表中美贸易摩擦，美国加征进口关税，非一体化企业会提高成本，丧失市场优势。中国的中间品出口减少，则会减少非一体化企业利润。一体化企业的优势不变，第三国的市场仍会具有价格优势。他国加征进口关税，相当于本国进行了出口补贴，本章的模型一样适用于出口补贴的分析。

4.4.2 产量博弈

假设有三个企业，一体化企业 d、中间品企业 u、最终品生产企业 f。中间品厂商 u 与最终品厂商 f 根据谈判势力，先确定中间品价格，其后最终品企业 f 生产的产品与一体化企业 d 生产的产品在第三国市场进行产量博弈。此时，外国政府对进口中间品加征关税 r，则最终品生产企业 f 的利润会受到影响，竞争会发生改变。a 代表中间品生产企业 u 的谈判势力，$0 \leqslant a \leqslant 1$。$a$ 越大，则企业谈判势力越强，$a = 1$，则意味着中间品的价格完全是由中间品生产企业 u 决定的。

反需求函数为：

$$p = 1 - q_d - q_f \qquad (4.13)$$

假设无生产成本[①]，1 单位最终品生产需要 1 单位中间品，中间品价格为 m。

因此，各企业的利润为：

$$\pi_d = pq_d \qquad (4.14)$$

$$\pi_f = (p - m - r)q_f \qquad (4.15)$$

$$\pi_u = mq_f \qquad (4.16)$$

第一，同时博弈。

将式（4.13）代入式（4.14）和式（4.15）中，求：

$$\max_{q_d} \pi_d = \max_{q_d}(1 - q_d - q_f)q_d \qquad (4.17)$$

$$\max_{q_f} \pi_f = \max_{q_f}(1 - q_d - q_f - m - r)q_f \qquad (4.18)$$

可得：

$$q_d = \frac{1 + m + r}{3}, \quad q_f = \frac{1 - 2m - 2r}{3}$$

此时，价格 $p = \dfrac{1 + m + r}{3}$。

中间商 u 和下游厂商 f 商定中间品价格，根据 $\max_{m} a\ln\pi_u + (1 - a)\ln\pi_f$，可得 $m = \dfrac{(1 - 2r)a}{4}$。

---

① 在实证部分会分析生产成本对增加值带来的影响。

因此，得到主要变量的解是：

$$q_d = \frac{1+r}{3} + \frac{1-2r}{12}a \qquad\qquad \pi_d = \left(\frac{1+r}{3} + \frac{1-2r}{12}a\right)^2$$

$$q_f = \frac{1-2r}{3} - \frac{1-2r}{6}a \qquad\qquad \pi_f = \left(\frac{1-2r}{3} - \frac{1-2r}{6}a\right)^2$$

$$p = \frac{1+r}{3} + \frac{1-2r}{12}a \qquad\qquad \pi_u = \frac{(1-2r)a}{4}\left(\frac{1-2r}{3} - \frac{1-2r}{6}a\right)$$

第二，先后博弈。

假设一体化企业先进入，因为其往往在市场中更具有信息、规模等优势。使用逆向归纳法，需要先求最终品厂商的产量。

将式（4.13）代入式（4.15）求：

$$\max_{q_f}\pi_f = \max_{q_f}(1 - q_d - q_f - m - r)q_f$$

可得：

$$q_f = \frac{1 - q_d - m - r}{2}$$

将其代入式（4.14），求解一体化企业 d 的产量：

$$\max_{q_d}\pi_d = \max_{q_d}(1 - q_d - q_f)q_d = \max_{q_d}\left(1 - q_d - \frac{1 - q_d - m - r}{2}\right)q_d$$

可得：

$$q_d = \frac{1+m+r}{2}。\ q_f = \frac{1-3m-3r}{4}$$

此时，价格 $p = \frac{1+m+r}{4}$。

中间商 u 和下游厂商 f 商定中间品价格，根据 $\max_{m} a\ln\pi_u + (1-a)\ln\pi_f$，可得 $m = \frac{a(1-3r)}{6}$。

因此，得到主要变量的解为：

$$q_d = \frac{1+r}{2} + \frac{(1-3r)a}{12} \qquad\qquad \pi_d = \frac{1}{2}\left[\frac{1+r}{2} + \frac{(1-3r)a}{12}\right]^2$$

$$q_f = \frac{1-3r}{4} - \frac{1-3r}{8}a \qquad\qquad \pi_f = \left(\frac{1-3r}{4} - \frac{1-3r}{8}a\right)^2$$

$$p = \frac{1+r}{4} + \frac{a(1-3r)}{24} \qquad\qquad \pi_u = \frac{a(1-3r)^2}{24}\left(1 - \frac{a}{2}\right)$$

4.4.3 价格博弈

仍假设有三个企业，一体化企业 d、中间品企业 u、最终品生产企业 f。中间品厂商 u 与最终品厂商 f 根据谈判势力，先确定中间品价格，其后最终品企业 f 生产的产品与一体化企业 d 生产的产品价格博弈。此时，外国政府对进口中间品加征关税 r，则最终品生产企业 f 利润会受到影响，竞争会发生改变。

反需求函数为（为了方便计算，将两个产品的替代系数设为1）：

$$q_i = 1 - p_i + p_j \tag{4.19}$$

假设无生产成本，1 单位最终品生产需 1 单位中间品，中间品价格为 m。

因此，各企业的利润为：

$$\pi_d = p_d q_d \tag{4.20}$$
$$\pi_f = (p_f - m - r) q_f \tag{4.21}$$
$$\pi_u = m q_f \tag{4.22}$$

第一，同时博弈。

将式（4.19）代入式（4.20）和式（4.21）中，求：

$$\max_{p_d} \pi_d = \max_{p_d} p_d (1 - p_d + p_f) \tag{4.23}$$
$$\max_{p_f} \pi_f = \max_{p_f} (p_f - m - r)(1 - p_f + p_d) \tag{4.24}$$

可得：

$$p_d = \frac{3 + m + r}{3}, \quad p_f = \frac{3 + 2m + 2r}{3}$$

中间商 u 和下游厂商 f 商定中间品价格，根据 $\max_m a \ln \pi_u + (1-a) \ln \pi_f$，可得 $m = \frac{a(3-r)}{2}$。

因此，得到主要变量的解为：

$$p_d = \frac{3+r}{3} + \frac{3-r}{6}a \qquad \pi_d = \left(\frac{3+r}{3} + \frac{3-r}{6}a\right)^2$$

$$p_f = \frac{3+2r}{3} + \frac{(3-r)a}{3} \qquad \pi_f = \left[\frac{3+2r}{3} + \frac{(3-r)a}{3}\right]\left[\frac{3-r}{3} - \frac{(3-r)a}{6}\right]$$

$$q_d = \frac{3+r}{3} + \frac{3-r}{6}a \qquad \pi_u = \frac{a(3-r)}{2}\left[\frac{3-r}{3} - \frac{(3-r)a}{6}\right]$$

$$q_f = \frac{3-r}{3} - \frac{(3-r)a}{6}$$

第二，先后博弈。

假设一体化企业先进入，因为其往往在市场中更具有信息、规模等优势。使用逆向归纳法，需要先求最终品厂商的价格。

将式（4.19）代入式（4.21）求

$$\max_{p_f}\pi_f = \max_{p_f}(p_f - m - r)(1 - p_f + p_d) \tag{4.25}$$

可得：

$$p_f = \frac{1 + p_d + m + r}{2}$$

将其代入式（4.23），求解一体化生产企业 d 的价格：

$$\max_{p_d}\pi_d = \max_{p_d}p_d\left(1 - p_d + \frac{1 + p_d + m + r}{2}\right) = \max_{p_d}p_d\left(1 - \frac{p_d}{2} + \frac{1 + m + r}{2}\right)$$

可得：

$$p_d = \frac{3 + m + r}{2}, \quad p_f = \frac{5 + 3(m + r)}{4}$$

中间商 u 和下游厂商 f 商定中间品价格，根据：

$$\max_m a\ln\pi_u + (1 - a)\ln\pi_f, \text{ 可得 } m = \frac{a(5 - r)}{2}。$$

因此，得到主要变量的解是：

$$p_d = \frac{3 + r}{2} + \frac{(5 - r)a}{4} \qquad \pi_d = \frac{1}{2}\left[\frac{3 + r}{2} + \frac{(5 - r)a}{4}\right]^2$$

$$p_f = \frac{5 + 3r}{4} + \frac{3a(5 - r)}{8} \qquad \pi_f = \left[\frac{5 + 3r}{4} + \frac{3a(5 - r)}{8}\right]\left[\frac{5 - r}{4} - \frac{a(5 - r)}{8}\right]$$

$$q_d = \frac{3 + r}{4} + \frac{5 - r}{8}a \qquad \pi_u = \frac{a(5 - r)}{2}\left[\frac{5 - r}{4} - \frac{a(5 - r)}{8}\right]$$

$$q_f = \frac{5 - r}{4} - \frac{a(5 - r)}{8}$$

4.4.4　博弈结果分析

对上文博弈模型进行总结，如表 4 - 3 所示。可以发现，各厂商的利润、中间品价格与垄断优势 a 和加征关税 r 均有关，中间品价格与 a 和 r 呈现线性一次项关系，各厂商的利润与 a 和 r 呈现非线性二次项关系。为了保证模型正确性和有意义，需要保证中间品价格为正，对关税 r 的取值有一定要求，需要 $0 < r < \frac{1}{3}$。加征关税超出 $0 < r < \frac{1}{3}$ 的范围，则没有意义，且双方均受到很大的影响。中间品价格与垄断优势 a 正相关，而与关税 r 负相关。在产量博弈中，同时博弈的中间品价格高于先后博弈，而在价格博弈中，先后博弈的中间品价格高于同时博弈。博弈的先后顺序对企业的利润有影响，产量博弈中，本国中间品企业先后博弈的利润小于同时博弈的利润。且产量博弈的同时博弈和先后博弈中，本国中间品厂商利润是随着垄断优势 a 增加而增加。对于其他各种情况的企业利润，需要具体的值代入进行计算才可以比较相对大小和变动。

表 4 – 3 中美企业全球价值链上下游分工博弈结果分析

博弈类型	博弈顺序	中间品价格	本国中间品厂商利润 π_u	外国最终品企业利润 π_f	本国产业一体化企业利润 π_d
产量博弈	同时博弈	$\dfrac{(1-2r)a}{4}$	$\dfrac{(1-2r)^2(2-a)a}{24}$	$\left(\dfrac{1-2r}{3} - \dfrac{1-2r}{6}a\right)^2$	$\left(\dfrac{1+r}{3} + \dfrac{1-2r}{12}a\right)^2$
产量博弈	先后博弈	$\dfrac{a(1-3r)}{6}$	$\dfrac{a(1-3r)^2}{24}\left(1-\dfrac{a}{2}\right)$	$\left(\dfrac{1-3r}{4} - \dfrac{1-3r}{8}a\right)^2$	$\dfrac{1}{2}\left[\dfrac{1+r}{2} + \dfrac{(1-3r)a}{12}\right]^2$
价格博弈	同时博弈	$\dfrac{a(3-r)}{2}$	$\dfrac{a(3-r)}{2}\left[\dfrac{3-r}{3} - \dfrac{(3-r)a}{6}\right]$	$\left(\dfrac{1-3r}{4} - \dfrac{1-3r}{8}a\right)^2$	$\dfrac{1}{2}\left[\dfrac{1+r}{2} + \dfrac{(1-3r)a}{12}\right]^2$
价格博弈	先后博弈	$\dfrac{a(5-r)}{2}$	$\dfrac{a(5-r)}{2}\left[\dfrac{5-r}{4} - \dfrac{a(5-r)}{8}\right]$	$\left[\dfrac{5+3r}{4} + \dfrac{3a(5-r)}{8}\right]\left[\dfrac{5-r}{4} - \dfrac{a(5-r)}{8}\right]$	$\dfrac{1}{2}\left[\dfrac{3+r}{2} + \dfrac{(5-r)a}{4}\right]^2$

4.5 本章小结

通过本章对中美全球价值链分工博弈模型的构建，发现在不考虑生产成本因素的情况下，上下游企业的利润与垄断优势、加收关税有关，且中间品价格与其呈现线性关系，一部分企业利润也呈现线性关系，还有一部分企业呈现非线性关系。

在全球价值链上下游分工博弈模型中，各厂商的利润、中间品价格与垄断优势均有关，中间品价格与垄断优势呈线性相关关系，各厂商的利润与垄断优势呈现非线性相关关系。博弈的先后顺序对企业的利润有影响，产量博弈中，先后博弈的利润小于同时博弈的利润，而在价格博弈中，先后博弈的利润大于同时博弈的利润。先后博弈中如果不考虑垄断优势，在各厂商的利润中，本国中间品厂商利润呈现倒 U 形曲线，随着垄断优势先增加后减少。而外国最终品和本国一体化生产企业利润呈现微笑曲线即正 U 形曲线，随着垄断优势先减少后增加。如果考虑垄断优势，在产量博弈时，无论同时博弈还是先后博弈，本国中间品厂商均先增加后减少，而本国一体化企业利润一直在增加。在价格博弈时，无论同时博弈还是先后博弈，本国中间品厂商的利润一直在增加，外国最终品生产企业的利润一直在减少，而本国一体化企业的利润一直在增加。

在中美全球价值链上下游分工博弈模型中，各厂商的利润、中间品价格与垄断优势和关税均有关，中间品价格与垄断优势和关税呈现线性相关关系，各厂商的利润与垄断优势和关税呈现非线性相关关系。中间品价格与垄断优势正相关，而与关税负相关。在产量博弈中，同时博弈的中间品价格高于先后博弈，而在价格博弈中，先后博弈的中间品价格高于同时博弈。博弈的先后顺序对企业的利润有影响，产量博弈中，本国中间品生产企业先后博弈的利润小于同时博弈的利润。且产量博弈的同时博弈和先后博弈中，本国中间品厂商利润随着垄断优势的增加而增加。在其他各种情况中，企业利润需要具体的值代入进行计算才可以比较相对大小和变动。

因此，博弈先后顺序、关税额度以及博弈类型都与企业利润息息相关，具体还需要根据条件和设定情况进行判定。接下来的实证分析将生产成本的量和价格同时加入中美全球价值链分析模型，结果会更加全面、准确。

第5章

中美全球价值链上下游分工博弈的实证分析

基于第 4 章构建的中美全球价值链分工博弈模型，我们发现在不考虑生产成本因素的情况下，上下游企业的利润与垄断优势、加收关税有关。第 5 章将生产成本的量和价格同时加入中美全球价值链进一步进行实证模型分析，对中美全球价值链上下游分工博弈进行实证分析，从指标界定到实证模型设定以及稳健性等多个方面展开研究。

5.1　主要指标构建

5.1.1　主要指标

1. 全球价值链分工博弈指标

根据第 4 章的全球价值链分工博弈理论模型中两国企业博弈的利润结果，本章在中观方面继续深入探索，用全球价值链相关指标的差额代表全球价值链分工博弈。该指标包括六个方面：增加值进口、增加值出口、中间品关联、增加值关联、全球价值链参与度和全球价值链分工地位，与第 3 章分析全球价值链时使用的指标相对应，如表 5 - 1 所示。被解释变量为全球价值链分工博弈，即全球价值链相关指标比较，本章主要选取了全球价值链各方面的指标，借鉴其他文献进行比较分析。

表 5 – 1　　　　　　　　　　　　　　　　**全球价值链相关指标**

一级指标	二级指标	指标说明
增加值贸易	r 国对 s 国增加值出口 VAX_Frs	WIOD 数据库 2016 版投入产出表计算得到的 VAX_Fsr 数据（VAX_Fsr_long. csv 文件），本章中 s 国代表中国，r 代表美国
	s 国对 r 国增加值出口 VAX_Fsr	
价值链关联	中间品关联	中间品进出口额 Zsr 和 Zrs
	增加值关联	前向增加值 SVA 和后向增加值 FGY
全球价值链	全球价值链参与度	GVC_Pat 是一国的全球价值链前向参与指数与后向参与指数的比值
	全球价值链分工地位	GVCPs 由前向生产长度和后向生产长度比值来表示

2. 贸易摩擦相关指标

参考余振等（2018）贸易摩擦状态的判定标准和王孝松等（2017）贸易壁垒的界定，首先需要明确何时才是贸易摩擦真正开始的年份，本章将贸易伙伴国对中国某行业开始发起反倾销调查的年份定义为贸易摩擦开始的年份，记为 init_date，同时将反倾销调查时间定义为贸易摩擦持续时间，记为 duration。

3. 影响全球价值链的主要因素相关指标

基于前文理论模型的分析，除了贸易摩擦因素外，本章进一步控制影响中美全球价值链差距的其他可能的因素，具体包括以下四个方面：第一，需求因素，从市场规模角度分析，需求因素用总增加值的数量代表。第二，成本因素，资本成本、劳动力成本和中间品投入成本是影响中美增加值贸易成本的主要因素。生产成本包含资本成本和劳动力成本，资本成本使用实际固定资本存量和资本报酬来衡量，劳动力成本使用就业人员数量和劳动报酬来衡量，中间品投入成本使用价格水平和中间品投入数量来衡量。第三，技术水平也是影响全球价值链相对地位的主要因素，采用 DEA 数据包络分析法计算得出。第四，行业价格水平同样是影响全球价值链相对地位的主要因素，使用总产出价格水平来衡量。

5.1.2　数据来源与说明

1. 被解释变量：全球价值链数据

各国产业增加值、其他类型的增加值以及全球价值链参与指数，均来自

WIOD 数据库的子数据库 UIBE。中间品进出口数据来自 WIOD 数据库中的
世界投入产出表（2016 版）。全球价值链数据均包含 56 个部门，时间跨度
为 2000～2014 年。

2. 核心解释变量：中美贸易摩擦

本章主要从世界银行暂时性贸易壁垒数据库（TTBD）（Bown，2014）
中获得暂时性贸易壁垒（TTBs）的数据，包括反倾销实施时间等，选取了
18 个制造业行业 2000～2014 年的数据进行实证分析。此外，其他贸易摩擦
数据相关数据库如表 5－2 所示。数据中包括采用暂时性贸易壁垒的进口国
家、暂时性贸易壁垒针对的国家和产品。反倾销税与贸易摩擦的关税有一些
区别，而本章更倾向于研究有针对性地实施加征关税政策带来的影响，更加
注重时间性，因此主要使用的指标是贸易摩擦起始时间（init_date）以及贸
易摩擦持续时间（duration）。

表 5－2 贸易摩擦数据库

数据来源或数据库	解释说明
Global Antidumping Database http://econ. worldbank. org/ttbd/gad/	包括反倾销信息、主要日期、产品、对象国、关税、结果、HS 产品种类类型等，使用官方机构联结了大部分的反倾销数据
Public WTO data on AD activity https://www. wto. org/english/tratop＿e/adp＿e/adp＿e. htm	总结和解释 WTO 的反倾销协议，按年总结反倾销行动和关于反倾销争议的信息
WTO Case Law Project http://globalgovernanceprogramme. eui. eu/wto-case-law-peoject/	美国法律协会项目，总结 WTO 反倾销争议，讨论和分析 WTO 带来的案件和大部分关于反倾销的诉讼
Global Trade Alert http://www. globaltradealert. org/	日常更新在世界的贸易政策中的行动，包括反倾销
U. S. Antidumping Information http://www. usitc. gov/ http://trade. gov/enforcement/operations http://www. gpoaccess. gov/fr/	美国国际贸易协会；美国商务部，以及美国联邦局；美国的反倾销行动、日期和官方决议的综合性报告
TradeDefence Investigations https://tron. trade. ec. europa. eu/investigations/ongoing	欧盟委员或欧盟理事会的贸易保护调查

3. 控制变量：影响全球价值链的主要因素

固定资本、劳动力、行业价格、中间品投入数量、中间品投入价格、总增加值和汇率来自 WIOD 数据库的社会经济核算账户 SEA，借鉴张玉兰（2019）关于原始国家货币数据的处理方法，将其进行汇率换算和价格指数平减。关于技术变量的数据运用数据包络分析法，用 DEAP 软件计算得到。控制变量的数据均包含 56 个部门，时间跨度为 2000~2014 年。

5.2　计量模型设定与内生性检验

5.2.1　计量模型设定

上文的理论模型提供了中美贸易摩擦影响全球价值链的理论机理，结合其他的影响因素，实证模型设定如下：

$$Y_{it} = \beta_0 + \beta_1 T_{it} + \beta_2 C_{it} + \beta_3 A_{it} + \beta_4 P_{it} + \beta_5 D_{it} + \varepsilon_{it} \tag{5.1}$$

其中，t 代表时间，i 代表产业。被解释变量为全球价值链差距变量（Y），主要有增加值出口差距相对值（ucvax）、中间品出口差距相对值（cuz）、全球价值链参与度差距相对值（ucgvc_pat）、全球价值链前向参与度差距相对值（ucgvc_pat_f）、全球价值链后向参与度差距相对值（ucgvc_pat_b）、全球价值链参与地位差距相对值（ucgvcps）、前向生产长度差距相对值（cuplv_gvc）、后向生产长度差距相对值（cuply_gvc）以及增加值前向分解（ucsva、uc1_va_d、lnuc2_va_rt、uc3a_va_gvc_r、uc3b_va_gvc_d、uc3c_va_gvc_f、uc3_va_gvc）和后向分解（ucfgy、uc1_fgy_d、uc2_fgy_rt、uc3a_fgy_gvc_r、uc3b_fgy_gvc_d、uc3c_fgy_gvc_f、ucfgy_gvc）的相关指标差距相对值。价值链差距主要借鉴余振等（2018）相对全球价值链地位指数和相对全球价值链参与度指数的构建方法，将绝对指标使用差值法求出差额，将相对指标使用比值法求出差额，以代表两国博弈的结果。

在各指标的前面加"uc"代表的是美国超过中国的部分再与中国做比较得到的相对值，而前面加"cu"代表的是中国超过美国的部分再与美国做比较得到的相对值，在研究期限内，中国的前向生产长度和后向生产长度均大于美国，导致相对值为负，无法求解对数值，故使用带"cu"的指标。

而在其他相对值求解中，出现负值则对数值不存在，即我们不考虑中国已经超过美国的行业，而考虑美国指标超过中国的行业，而为了研究后向生产长度，考虑了中国超过美国的行业。

解释变量中包含主要核心解释变量（中美贸易摩擦变量）和其他控制变量。核心解释变量中美贸易摩擦 T，使用贸易摩擦起始时间（init_date）和贸易摩擦持续时间（duration）作为变量指标。控制变量包括以下方面：一是需求 D，使用总增加值数量指数（vaqi）代表。二是生产成本 C、资本成本 K、中间品投入价格水平指数（iipi）和中间品投入数量指数（iiqi），其中资本成本 K 有实际固定资本存量（dk）和资本报酬（dcap）两个变量，劳动力成本有就业人员数量（emp）、职员报酬（dcomp）和劳动报酬（dlab）三个变量。中间品投入价格水平（iipi）变量，中间品投入数量指数（iiqi）变量。三是技术水平 A。四是行业价格水平 P，使用总产出价格水平（gopi）变量。变量命名规则主要是来自 WIOD 数据库，在处理过程中进行了对数化则在前面加"ln"，加"c"代表是基于中国视角，加"u"代表是基于美国视角，加"d"代表经过汇率换算的指标，加"r"代表通过了价格指数平减。

5.2.2 基础回归结果

1. 描述性统计与相关系数矩阵

各指标的描述性统计信息如表 5-3 所示，主要的解释变量和被解释变量均采用对数形式，且在对数化过程中有部分数据损失，所以观察值的数量并不统一。描述性统计分别从观测值、均值、标准差、最小值和最大值角度进行。观测值数量最多的是 840 个，包括贸易摩擦起始时间（init_date）、贸易摩擦持续时间（duration）、总增加值数量指数（lnvaqi）、中间品投入价格指数（lniipi）和中间品数量指数（lniiqi）。在描述性统计的均值中，数值最大的是实际固定资本存量（lndk），数值为 11.419，说明资本相对其他要素增长率的平均水平较高。均值中数值最小的是技术水平（lna），为 −5.047，说明技术相对其他要素的增长率平均水平较低。在描述性统计的标准差中，数值最大的是贸易摩擦起始时间（init_date），为 35.254，说明贸易摩擦起始时间的波动水平较大，标准差中数值最小的是中间品投入价格指数（lniipi），为 0.181，说明中间品投入价格指数较为稳定。在描述性统计的最小值中，实际固定资本存量（lndk）的数值最大，为 6.590，说明实际固定资本存量的最小值相对其他变量处于较高水平。在描述性统计的最小值中，中美 GVC 参与度相对值（lnucgvc_pat）的数值最小，为 - 8.486，说明中美两国的全球价值链参与度最小值相对其他变量仍处于较低水平。在描述性统计的最大值中，贸易摩擦起始时间（init_date）的数值最大，为 393.000，说明贸易摩擦起始时间的最大值相对其他变量处于较高水平。在描述性统计的最大值中，美中后向生产长度（lncuply_gvc）差距相对值的数值最小，为 - 2.490，说明中美两国后向生产长度的最大值相对其他变量处于较低水平。

表 5 - 3　　　　　　　　　　　　描述性统计

变量	含义	观测值	均值	标准差	最小值	最大值
lnucvax	中美增加值出口差距相对值	564	1.176	1.187	- 4.649	4.522
lncuz	美中中间品出口差距相对值	325	1.401	2.006	- 5.526	7.064
lnucsva	中美前向分解增加值差距相对值	546	0.939	1.671	- 5.976	6.824
lnuc1_va_d	中美前向分解增加值中国内消费部分差距相对值	563	1.090	1.644	- 6.032	6.892
lnuc2_va_rt	中美前向分解增加值中传统贸易部分差距相对值	306	0.517	1.882	- 6.154	5.958
lnuc3a_va_gvc_r	中美前向分解增加值中简单 GVC 差距相对值	450	0.616	1.845	- 6.255	6.464
lnuc3b_va_gvc_d	中美前向分解增加值中复杂 GVC 第一种类型差距相对值	652	1.850	1.866	- 3.783	8.689
lnuc3c_va_gvc_f	中美前向分解增加值中复杂 GVC 第二种类型差距相对值	409	0.736	1.819	- 4.325	6.751
lnuc3_va_gvc	中美前向分解增加值中涉及 GVC 部分差距相对值	464	0.699	1.861	- 5.675	6.698
lnucfgy	中美后向分解增加值差距相对值	531	1.378	1.608	- 5.091	7.891
lnuc1_fgy_d	中美后向分解增加值中国内消费部分差距相对值	557	1.527	1.649	- 4.975	8.225

变量	含义	观测值	均值	标准差	最小值	最大值
lnuc2_fgy_rt	中美后向分解增加值中传统贸易部分差距相对值	434	1.993	3.769	-4.221	17.295
lnuc3a_fgy_r	中美后向分解增加值中简单GVC差距相对值	520	1.011	1.599	-4.226	7.319
lnuc3b_fgy_d	中美后向分解增加值中复杂GVC第一种类型差距相对值	569	1.679	1.723	-4.597	8.059
lnuc3c_fgy_f	中美后向分解增加值中复杂GVC第二种类型差距相对值	413	0.648	1.540	-5.287	6.231
lnucfgy_gvc	中美后向增加值分解中涉GVC部分差距相对值	503	0.726	1.777	-8.089	6.766
lnucgvc_pat_b	中美后向参与GVC差距相对值	161	-1.796	1.337	-8.000	0.168
lnucgvc_pat_f	中美前向参与GVC差距相对值	280	-0.627	1.356	-5.523	1.844
lnucgvc_pat	中美GVC参与度差距相对值	423	-0.336	1.450	-8.486	2.756
lncuplv_gvc	美中前向生产长度差距相对值	705	-1.3886	0.3414	-2.5861	-0.3481
lncuply_gvc	美中后向生产长度差距相对值	705	-4.081	0.503	-5.707	-2.490
lnucgvcps	中美参与GVC地位差距相对值	396	-2.328	1.240	-7.992	0.098
init_date	贸易摩擦起始时间	840	7.617	35.254	0.000	393.000
duration	贸易摩擦持续时间	840	0.065	0.710	0.000	11.000
lnvaqi	总增加值数量指数	840	4.289	0.634	1.047	5.227
lndk	实际固定资本存量	705	11.419	1.515	6.590	16.088
lndcap	资本报酬	705	9.926	1.375	5.738	13.134
lnemp	就业人员数量	705	8.644	1.528	4.087	12.491
lndlab	劳动报酬	705	9.962	1.342	4.727	13.590
lniipi	中间品投入价格指数	840	4.503	0.181	3.798	4.841
lniiqi	中间品数量指数	840	4.313	0.600	0.661	5.564
lna	技术水平	673	-5.047	1.157	-6.908	-1.266
lngopi	总产出价格水平	840	4.508	0.205	3.710	5.051

如表 5-4 所示，相关系数矩阵选择了增加值出口差距相对值与主要的

解释变量的相关系数度量。增加值出口差距相对值与各解释变量均具有一定的相关性，相关程度最高的是技术指标变量，相关系数是 - 0. 111。相关程度较高的变量是贸易摩擦起始时间（init_date），相关系数是 0. 095，贸易摩擦持续时间（duration）的相关系数是 0. 006。其他全球价值链相关指标由于篇幅的问题暂时省略，在研究过程中也做了分析，与主要解释变量呈现初步的相关。

表 5 - 4　　　　　　　　　　　　相关系数矩阵

变量	lnucvax	init_date	duration	lnvaqi	lndk	lndcap	lnemp	lndlab	lniiipi	lniiqi	lna	lngopi
lnucvax	1. 000											
init_date	0. 095	1. 000										
duration	0. 006	0. 066	1. 000									
lnvaqi	0. 074	0. 133	- 0. 107	1. 000								
lndk	- 0. 031	0. 176	- 0. 031	0. 448	1. 000							
lndcap	- 0. 045	0. 204	- 0. 009	0. 304	0. 738	1. 000						
lnemp	0. 072	- 0. 003	- 0. 004	0. 156	0. 378	0. 508	1. 000					
lndlab	- 0. 032	0. 136	- 0. 038	0. 505	0. 672	0. 725	0. 758	1. 000				
lniiipi	- 0. 069	0. 107	- 0. 030	0. 560	0. 432	0. 372	0. 240	0. 626	1. 000			
lniiqi	0. 067	0. 161	- 0. 080	0. 767	0. 496	0. 346	0. 103	0. 467	0. 598	1. 000		
lna	- 0. 111	0. 233	- 0. 036	0. 060	0. 183	0. 174	0. 351	0. 012	0. 125	0. 133	1. 000	
lngopi	- 0. 044	0. 088	0. 011	0. 206	0. 330	0. 298	0. 148	0. 434	0. 800	0. 582	0. 136	1. 000

2. 基本实证回归

本章通过 STATA 15 进行实证分析得出具体回归结果。本章通过使用 LSDV 最小二乘虚拟变量估计方法，得出个体效应较为显著的结果，固定效应模型回归结果中 F（12，46）为 188. 42，显著拒绝原假设，故选择固定效应模型优于选择混合回归模型。另外使用 LM 检验和 MLE 检验得出结果均为接受原假设，故选择混合效应模型优于随机效应模型。再者，选择固定效应模型优于随机效应模型是通过 Hausman 检验，结果 Prob > chi2 = 0. 0371，在 5% 显著性水平下拒绝了原假设。最后，通过萧（Hsiao，1986）

提出的涉及"双去均值"的代数解方法，且添加时间效应考察双向 FE 模型，结果是时间效应联合显著，故选择双向固定效应模型优于单向固定效应模型。

为了参照和对比，将混合回归、固定效应和随机效应的回归结果呈现在表 5－5 中。可以发现，在固定效应模型中，核心解释变量贸易摩擦起始时间（init_date）和贸易摩擦持续时间（duration）参数显著为正。作为参照的混合回归和随机效应，核心解释变量的显著性不同。在混合回归中，仅贸易摩擦起始时间显著为正，而在随机效应模型中，仅贸易摩擦持续时间显著为正。这符合我们理论模型的分析，中美贸易摩擦会扩大两国的增加值出口差距。无论是起始时间还是持续时间，结论仍稳健。根据上文关于模型选择的分析，本章选择双向固定效应模型，且也是核心变量均显著的模型。后文的回归以双向固定效应模型研究为主。

双向固定效应模型中贸易摩擦起始时间（init_date）的回归系数为0.001，表示在其他条件不变的情况下，贸易摩擦发生的起始时间和增加值出口差距正相关，而贸易摩擦的持续时间（duration）回归系数为 0.031，表示在其他条件不变的情况下，贸易摩擦的持续时间和增加值出口差距正相关。这主要是因为国际分工发生了扭曲，王孝松等（2017）也证实了这一点，反倾销对行业参与国际分工起到了严重的阻碍和破坏作用。而全球价值链分工虽然对贸易摩擦有缓冲作用，但是仍然会拉大两国之间的贸易收益差距，成为美国短期内遏制中国实力提升的手段之一。

表 5－5　　　　　　　　　混合回归和面板回归结果

变量	（1）lnucvax 混合回归	（2）lnucvax 固定效应	（3）lnucvax 随机效应
init_date	0.004 *** （3.00）	0.001 * （1.76）	0.001 （1.46）
duration	0.015 （0.26）	0.031 * （1.80）	0.033 * （1.85）
lnvaqi	0.822 *** （3.07）	0.361 ** （2.45）	0.726 *** （5.86）
lndk	0.022 （0.34）	－ 0.244 ** （－2.39）	－ 0.257 *** （－2.76）

续表

变量	（1）lnucvax 混合回归	（2）lnucvax 固定效应	（3）lnucvax 随机效应
lndcap	−0.046 （−0.56）	0.378 *** （4.29）	0.242 *** （3.02）
lnemp	0.254 ** （1.98）	0.467 *** （4.70）	0.375 *** （3.98）
lndlab	−0.244 * （−1.66）	0.629 *** （4.37）	0.249 ** （2.01）
lniipi	−1.236 （−1.35）	−2.058 *** （−5.32）	−2.389 *** （−6.18）
lniiqi	−0.018 （−0.07）	−0.386 *** （−3.63）	−0.270 ** （−2.55）
lna	−0.025 （−0.24）	−0.061 （−1.21）	−0.057 （−1.09）
lngopi	1.939 ** （2.30）	0.398 （0.97）	1.380 *** （3.80）
_cons	−4.587 （−1.20）	−2.619 （−1.39）	−1.664 （−0.91）
行业	YES	YES	YES
年份	YES	YES	YES
N	532	532	532
r^2	0.100	0.565	0.552

注：括号内为 t 统计量，*、** 和 *** 分别代表变量系数在 10%、5% 和 1% 的水平上显著。后同。

进一步分析其他控制因素。在固定效应模型中，在需求方面，总增加值数量指数（lnvaqi）显著为正，为 0.361，说明在其他条件不变的情况下，总需求量提高 1%，增加值出口差距会提高 0.361%。在生产成本方面，实际固定资本存量（lndk）显著为负，说明在其他条件不变的情况下，实际固定资本存量提高 1%，增加值出口差距会减少 0.244%。资本报酬（dcap）显著为正，说明在其他条件不变的情况下，资本报酬提高 1%，增加值出口差距会增加 0.378%。就业人员数量（lnemp）和劳动报酬（dlab）的系数均显著为正，分别为 0.467 和 0.629。中间品投入价格水平（lniipi）和中间品投入数量指数（lniiqi）的系数均显著为负，分别为 -2.058 和 -0.386，说明在其他条件不变的情况下，中间品投入价格水平或中间品投入量提高1%，增加值出口差距会分别减少 2.058% 和 0.386%。技术水平（lna）和总产出价格水平（lngopi）系数不显著。综合分析可以发现结果与理论模型一致，中间品投入价格和中间品投入量对增加值出口差距影响较大，尤其是中间品投入价格上涨会极大缩小两者的差距。

3. 增加值关联与中间品关联

本章继续对增加值关联差距和中间品关联差距进行了回归分析，如表5-6所示。模型（1）被解释变量为前向分解的增加值差距（lnucsva），模型（2）被解释变量为后向分解的增加值差距（lnucfgy），模型（3）被解释变量为中美中间品出口相对值差距（lnucvax）。在模型（1）中，核心解释变量贸易摩擦发生时间（init_date）对前向增加值差距显著为负，系数为 -0.007，说明在其他条件不变的情况下，贸易摩擦发生时间提早发生1%，前向增加值差距会减少0.007%。这主要是由于贸易摩擦发生得越早，中国会越早减少对美国中间品的进口，更多地通过自主创新制造中间品供自己消费或再出口，从而缩小与美国的差距。在模型（2）中，核心解释变量贸易摩擦持续时间（duration）对后向增加值差距显著为正，系数为 0.063，说明在其他条件不变的情况下，贸易摩擦持续时间延长1%，后向增加值差距会增加0.063%，与本书的主要观点一致。在模型（3）中，核心解释变量贸易摩擦发生时间（init_date）和贸易摩擦持续时间（duration）不显著，主要是因为它们对中间品出口相对值差距无影响，中间品贸易进出口往往同时受到中美贸易摩擦的影响，因而降低了对中间品出口相对值差距的影响。

表5-6　　　　　　　　增加值关联和中间品关联回归结果

变量	（1）lnucsva	（2）lnucfgy	（3）lncuz
init_date	-0.007** (-2.37)	-0.001 (-0.11)	-0.001 (-0.65)
duration	-0.007 (-0.25)	0.063** (2.38)	0.003 (0.08)

续表

变量	（1）lnucsva	（2）lnucfgy	（3）lncuz
lnvaqi	−0.207 （−0.93）	0.808 （1.19）	3.613*** （6.05）
lndk	0.040 （0.35）	0.103 （0.25）	−0.126 （−0.28）
lndcap	−0.480*** （−3.58）	−0.453 （−1.21）	−0.703 （−1.59）
lnemp	0.019 （0.14）	−0.324 （−1.12）	0.979** （1.98）
lndlab	−0.141 （−0.78）	−1.612*** （−3.39）	−1.955*** （−3.01）
lniiipi	0.703 （1.22）	−4.532*** （−2.91）	−7.613*** （−3.84）
lniiiqi	−0.271* （−1.94）	−0.530 （−1.45）	−0.376 （−0.78）
lna	−0.102 （−1.38）	0.126 （1.47）	0.032 （0.15）
lngopi	0.684 （1.02）	4.793** （2.53）	10.306*** （−4.93）
_cons	2.384 （1.03）	20.387*** （3.16）	−4.662 （−0.63）
行业	YES	YES	YES
年份	YES	YES	YES
N	533	520	306
r²	0.817	0.762	0.326

4. 增加值前向分解和后向分解

增加值前向分解的模型回归结果如 5-7 所示。模型（1）~模型（5）分别是前向分解中一国用于本国消费最终品增加值的差距（lnuc1_va_d）、一国最终品价值中用于国外消费的增加值的差距（lnuc2_va_rt）、参与简单全球价值链的增加值的差距（即跨国家生产的简单生产共享价值，中间品出口中，由进口商直接吸收部分的差距）（lnuc3a_va_gvc_r）、参与复杂全球价值链第一种类型（即中间品出口中由进口商再转出口，最终被来源国吸收的部分）的差距（lnuc3b_va_gvc_d）、参与复杂全球价值链第二种类型（即中间品出口中进口商再转出口，最后被他国吸收的部分）的差距（lnuc3c_va_gvc_f）。模型（6）是被解释变量全球价值链增加值之和的差距（lnuc3_va_gvc）（即增加值3a_va_gvc_r、3b_va_gvc_d 和3c_va_gvc_f 的和）。

表 5-7 增加值前向分解回归结果

变量	(1) lnuc1_va_d	(2) lnuc2_va_rt	(3) lnuc3a_va_gvc_r	(4) lnuc3b_va_gvc_d	(5) lnuc3c_va_gvc_f	(6) lnuc3_va_gvc
init_date	-0.004 (-1.18)	0.016 (0.59)	-0.004 (-1.09)	-0.003 *** (-3.01)	-0.019 *** (-3.92)	-0.004 (-0.94)
duration	-0.003 (-0.13)	0.011 (0.38)	0.054 ** (2.37)	-0.001 (-0.08)	0.034 ** (2.04)	0.012 (0.32)
lnvaqi	0.032 (0.08)	-1.041 (-1.09)	-1.110 ** (-2.13)	-0.622 * (-1.96)	-0.621 (-1.13)	-1.171 ** (-2.14)
lndk	0.082 (0.47)	0.026 (0.06)	0.598 * (1.75)	-0.073 (-0.24)	0.617 * (1.85)	0.503 * (1.77)
lndcap	-0.545 *** (-2.97)	-0.415 (-0.64)	-0.718 ** (-2.05)	-0.051 (-0.18)	-0.961 *** (-2.98)	-0.619 * (-1.84)
lnemp	-0.017 (-0.11)	0.222 (0.64)	0.313 (1.11)	0.041 (0.19)	0.084 (0.32)	0.310 (1.21)
lndlab	-0.146 (-0.53)	0.911 (0.82)	0.315 (0.59)	-0.244 (-0.67)	0.156 (0.31)	0.545 (1.07)
lniipi	-0.854 (-0.92)	0.567 (0.36)	4.152 *** (3.39)	1.573 (1.43)	4.380 *** (3.51)	3.945 *** (3.75)
lniiqi	-0.465 *** (-2.82)	-0.431 (-0.72)	0.227 (0.75)	0.307 (1.46)	0.412 (1.27)	-0.069 (-0.23)
lna	0.001 (0.02)	0.206 (0.91)	0.169 (1.26)	-0.006 (-0.07)	0.015 (0.13)	0.130 (1.22)
lngopi	1.121 (1.12)	-2.236 (-0.71)	-3.214 * (-1.85)	-1.569 (-1.33)	-2.160 (-1.32)	-3.260 * (-2.00)

续表

变量	(1) lnuc1_va_d	(2) lnuc2_va_rt	(3) lnuc3a_va_gvc_r	(4) lnuc3b_va_gvc_d	(5) lnuc3c_va_gvc_f	(6) lnuc3_va_gvc
_cons	7.911* (1.98)	8.860 (1.20)	−3.381 (−0.67)	8.046 (1.66)	−6.492 (−1.23)	−2.930 (−0.60)
行业	YES	YES	YES	YES	YES	YES
年份	YES	YES	YES	YES	YES	YES
N	549	304	439	620	404	450
r^2	0.818	0.733	0.677	0.900	0.722	0.712

在模型（3）中，核心解释变量贸易摩擦持续时间（duration）对参与简单全球价值链的增加值差距（lnuc3a_va_gvc_r）显著为正，系数为0.054，说明在其他条件不变的情况下，贸易摩擦持续时间延长1%，参与简单全球价值链的增加值差距会增加0.054%。在模型（4）中，核心解释变量贸易摩擦发生时间（init_date）对参与复杂全球价值链第一种类型即中间品出口中由进口商再转出口，最终来源国吸收的部分的差距（lnuc3b_va_gvc_d）显著为负，系数为−0.003，说明在其他条件不变的情况下，贸易摩擦发生时间提早1%，参与复杂全球价值链第一种类型即中间品出口中由进口商再转出口，最终来源国吸收的部分的差距会减少0.003%。在模型（5）中，核心解释变量贸易摩擦发生时间（init_date）对参与复杂全球价值链第二种类型即中间品出口中进口商再转出口，最后被他国吸收的部分的差距（lnuc3c_va_gvc_f）显著为负，系数为−0.019，说明在其他条件不变的情况下，贸易摩擦发生时间提早1%，参与复杂全球价值链第二种类型即中间品出口中进口商再转出口，最后被他国吸收的部分的差距会减少0.019%，而贸易摩擦持续时间（duration）对其显著为正，系数为0.034，说明在其他条件不变的情况下，贸易摩擦持续时间延长1%，参与复杂全球价值链第二种类型即中间品出口中进口商再转出口，最后被他国吸收的部分的差距会增加0.034%。而模型（1）、模型（2）、模型（6）核心解释变量回归系数均不显著，说明其对国内经济差距（lnuc1_va_d）、传统贸易差距（lnuc2_va_rt）和全球价值链之和差距（lnuc3_va_gvc）影响极小。因此，贸易摩擦会影响增加值前向分解项中的参与简单全球价值链的增加值（即跨国家生产

的简单生产共享价值，中间品出口中由进口商直接吸收部分）的差距（lnuc3a_va_gvc_r）、参与复杂全球价值链第一种类型即中间品出口中由进口商再转出口，最终来源国吸收的部分的差距（lnuc3b_va_gvc_d）和参与复杂全球价值链第二种类型（即中间品出口中进口商再转出口，最后被他国吸收的部分）的差距（lnuc3c_va_gvc_f）。

增加值后向分解的模型回归结果如 5 – 8 所示，模型（1）~ 模型（5）分别是后向分解中一国用于本国消费最终品增加值的差距（lnuc1_fgy_d）、一国最终品价值中用于国外消费的增加值的差距（lnuc2_fgy_rt）、参与简单全球价值链的增加值的差距（即跨国家生产的简单生产共享价值，中间品出口中由进口商直接吸收部分的差距）（lnuc3a_fgy_gvc_r）、参与复杂全球价值链第一种类型（即中间品出口中由进口商再转出口，最终被来源国吸收的部分）的差距（lnuc3b_fgy_gvc_d）、参与复杂全球价值链第二种类型（即中间品出口中进口商再转出口，最后被他国吸收的部分）的差距（lnuc3c_fgy_gvc_f），模型（6）是被解释变量全球价值链的增加值之和的差距（lnucfgy_gvc）（即增加值 3b_fgy_gvc_r、3b_fgy_gvc_d 和 3c_fgy_gvc_f 的和）。

表 5 –8　　　　　　　　增加值后向分解回归结果

变量	(1) lnuc1_fgy_d	(2) lnuc2_fgy_rt	(3) lnuc3a_fgy_gvc_r	(4) lnuc3b_fgy_gvc_d	(5) lnuc3c_fgy_gvc_f	(6) lnucfgy_gvc
init_date	-0.011 (-1.41)	0.000 (0.05)	-0.005 (-0.96)	0.001 (0.47)	0.009 (1.67)	-0.004 (-0.43)
duration	-0.043 (-0.41)	-0.037 (-0.98)	0.039 *** (2.86)	-0.002 (-0.06)	0.045 (0.89)	0.067 ** (2.06)
lnvaqi	0.957 (1.35)	-0.466 (-0.31)	0.973 (1.09)	0.817 (1.09)	0.044 (0.06)	0.873 (0.98)
lndk	0.128 (0.32)	0.065 (0.06)	0.147 (0.36)	-0.052 (-0.15)	0.016 (0.03)	-0.020 (-0.04)
lndcap	-0.241 (-0.65)	-1.232 (-1.06)	-0.427 (-0.94)	-0.479 (-1.20)	0.132 (0.31)	-0.570 (-1.11)
lnemp	-0.715 ** (-2.09)	-0.137 (-0.19)	-0.472 (-1.45)	-0.109 (-0.38)	-0.064 (-0.19)	-0.263 (-0.69)

续表

变量	(1) lnuc1_fgy_d	(2) lnuc2_fgy_rt	(3) lnuc3a_fgy_gvc_r	(4) lnuc3b_fgy_gvc_d	(5) lnuc3c_fgy_gvc_f	(6) lnucfgy_gvc
lndlab	− 1.604 *** (− 3.26)	− 1.117 * (− 1.78)	− 1.718 ** (− 2.64)	− 1.522 *** (− 3.02)	− 0.712 (− 1.21)	− 1.435 ** (− 2.04)
lniiipi	− 5.516 *** (− 3.96)	8.762 * (1.85)	− 4.976 ** (− 2.20)	− 2.866 (− 1.41)	− 1.882 (− 0.75)	− 3.818 (− 1.50)
lniiqi	− 0.603 (− 1.64)	1.028 (1.34)	− 0.976 ** (− 2.19)	− 0.888 ** (− 2.11)	− 1.728 *** (− 3.99)	− 1.267 ** (− 2.15)
lna	0.264 *** (3.53)	− 0.248 (− 0.78)	0.212 (1.67)	0.186 (1.59)	0.294 (1.54)	0.092 (0.61)
lngopi	4.769 ** (2.44)	− 3.985 (− 1.29)	5.524 ** (2.30)	4.753 ** (2.49)	2.717 (1.42)	5.599 ** (2.25)
_cons	25.961 *** (4.17)	1.743 (0.11)	21.420 *** (2.90)	15.391 ** (2.43)	10.214 (1.11)	15.873 * (1.82)
行业	YES	YES	YES	YES	YES	YES
年份	YES	YES	YES	YES	YES	YES
N	546	412	504	547	405	490
r^2	0.642	0.507	0.605	0.807	0.607	0.556

在模型（3）中，核心解释变量贸易摩擦持续时间（duration）对参与简单全球价值链的增加值的差距即跨国家生产的简单生产共享价值，中间品出口中由进口商直接吸收部分的差距（lnuc3a_fgy_gvc_r）显著为正，系数为 0.039，说明在其他条件不变的情况下，贸易摩擦持续时间延长 1%，参与简单全球价值链的增加值（即跨国家生产的简单生产共享价值，中间品出口中由进口商直接吸收部分）的差距会增加 0.039%。在模型（6）中，贸易摩擦持续时间（duration）对后向分解的全球价值链的增加值之和差距（lnucfgy_gvc）显著为正，系数为 0.067，说明在其他条件不变的情况下，贸易摩擦持续时间延长 1%，后向分解的全球价值链的增加值之和差距会增加 0.067%。而模型（1）、模型（2）、模型（4）、模型（5）核心解释变量回归系数均不显著，说明对国内经济差距（lnuc1_va_d）、传统贸易差距（lnuc2_va_rt）、参与复杂全球价值链第一种类型（即中间品出口中由进口商

再转出口，最终被来源国吸收的部分）的差距（lnuc3b_fgy_gvc_d）、参与复杂全球价值链第二种类型（即中间品出口中，进口商再转出口，最后被他国吸收的部分）的差距（lnuc3c_fgy_gvc_f）的影响极小。因此，贸易摩擦持续时间会影响增加值后向分解项中的参与简单全球价值链的增加值的差距（即跨国家生产的简单生产共享价值，中间品出口中由进口商直接吸收部分的差距）（lnuc3a_fgy_gvc_r）和后向分解的全球价值链的增加值之和的差距（lnucfgy_gvc）。

5. 全球价值链参与度与参与地位

全球价值链参与度的实证分析如表5-9所示，模型（1）是被解释变量全球价值链前向参与指数差距（lnucgvc_pat_f）的回归，模型（2）是被解释变量全球价值链后向参与指数差距（lnucgvc_pat_b）的回归，模型（3）是被解释变量全球价值链参与度差距（lnucgvc_pat）的回归。

表5-9 全球价值链参与度回归结果

变量	（1）lnucgvc_pat_f	（2）lnucgvc_pat_b	（3）lnucgvc_pat
init_date	0.003 (1.32)	0.002 (0.89)	0.008 *** (2.89)
duration	0.014 (0.32)	0.050 (1.06)	0.012 (0.32)
lnvaqi	2.607 ** (2.38)	-0.222 (-0.18)	1.645 *** (2.94)
lndk	1.648 *** (2.96)	1.202 (0.98)	0.109 (0.27)
lndcap	-0.723 (-1.00)	0.045 (0.08)	-1.749 *** (-3.02)
lnemp	-1.212 ** (-2.15)	-2.045 * (-1.77)	-0.515 (-1.27)
lndlab	-1.214 (-1.17)	2.422 (1.52)	-0.313 (-0.45)
lniiipi	-3.153 (-1.16)	-1.034 (-0.48)	3.394 * (2.00)

续表

变量	（1）lnucgvc_pat_f	（2）lnucgvc_pat_b	（3）lnucgvc_pat
lniiqi	0.176 （0.38）	−1.674 （−1.69）	1.717*** （4.39）
lna	−0.044 （−0.15）	0.342 （1.51）	−0.093 （−0.45）
lngopi	6.996** （2.41）	−2.225 （−0.91）	1.897 （1.06）
_cons	−15.990 （−1.69）	1.954 （0.10）	−12.556*** （−2.78）
行业	YES	YES	YES
年份	YES	YES	YES
N	256	140	399
r²	0.392	0.569	0.405

在模型（3）中，核心解释变量贸易摩擦发生时间（init_date）对全球价值链参与度差距（lnucgvc_pat）显著为正，系数为0.008，说明在其他条件不变的情况下，贸易摩擦发生时间提早1%，全球价值链参与度差距会增加0.008%。贸易摩擦的发生，会导致中国曾经参与的全球价值链断裂，中国参与度降低，与美国的差距拉大。而在模型（1）和模型（2）中，核心解释变量回归系数均不显著，说明贸易摩擦对全球价值链前向参与指数差距（lnucgvc_pat_f）和全球价值链后向参与指数差距（lnucgvc_pat_b）的影响极小。

全球价值链参与地位的实证分析如表5−10所示，模型（1）是被解释变量前向生产长度差距（lncuplv_gvc）的回归，模型（2）是被解释变量后向生产长度差距（lncuply_gvc）的回归，模型（3）是被解释变量全球价值链参与地位差距（lnucgvcps）的回归。在模型（2）中，核心解释变量贸易摩擦发生时间（init_date）对后向生产长度差距（lncuply_gvc）显著为负，系数为−0.002，说明在其他条件不变的情况下，贸易摩擦发生时间提早1%，后向生产长度差距会减少0.002。而在模型（1）中，核心解释变量回归系数均不显著，说明贸易摩擦对前向生产长度差距（lncuplv_gvc）的影响极小。综合分析可以发现，贸易摩擦发生越早，中美参与价值链的后向长度差距和参与价值链地位差距会越小，但也会扩大中国与美国在全球价值链中参与度的差距，与表5-6模型（1）的解释类似。这反映出中国可能会减少对美国中间品的进口，更多地通过自主创新制造中间品缩小与美国在参与全球价值链分工方面的差距。贸易摩擦持续时间（duration）的回归系数为-0.159，说明贸易摩擦持续时间的延长会降低中美两国全球价值链分工参与地位的差距。贸易摩擦持续时间过长会反向倒逼中国前向和后向拓展价值链，加强自主创新，提升价值链复杂程度，缩减与美国的全球价值链差距。

表5-10 全球价值链参与地位回归结果

变量	（1）lncuplv_gvc	（2）lncuply_gvc	（3）lnucgvcps
init_date	-0.001 (-1.01)	-0.002 *** (-6.19)	-0.005 ** (-2.45)
duration	0.033 (1.59)	0.000 (0.01)	-0.159 * (-1.95)
lnvaqi	0.335 ** (2.03)	-0.178 *** (-3.54)	-1.395 *** (-2.76)
lndk	0.105 (1.12)	0.093 *** (3.28)	-0.009 (-0.04)
lndcap	-0.285 *** (-2.75)	-0.047 (-1.55)	1.172 *** (4.67)
lnemp	0.151 (1.35)	0.214 *** (6.29)	0.247 (1.04)
lndlab	-0.399 *** (-2.74)	0.018 (0.43)	2.035 *** (5.59)
lniipi	0.843 * (1.90)	-0.012 (-0.08)	1.900 (1.30)
lniiqi	0.222 * (1.92)	0.053 (1.58)	-0.760 *** (-2.72)
lna	0.028 (0.47)	0.000 (0.01)	-0.096 (-0.85)

续表

变量	（1） lncuplv_gvc	（2） lncuply_gvc	（3） lnucgvcps
lngopi	0.378 （0.80）	− 0.609 *** （− 4.16）	− 5.895 *** （− 4.13）
_cons	− 4.984 *** （− 2.78）	− 0.913 * （− 1.65）	− 8.446 （− 1.61）
行业	YES	YES	YES
年份	YES	YES	YES
N	602	673	380
r²	0.155	0.523	0.206

5.2.3　内生性检验

对于可能存在的异方差和自相关问题，本章一方面采取自然对数法处理数据，另一方面本章的数据属于短面板，时间维度 T 相对小于产业维度 N，一般也会假设随机扰动项是独立且同分布。对于内生性问题，本章采用面板工具变量法，结合上文使用的双向固定效应模型，使用双向固定效应工具变量法（IV－FE）进行估计和检验。回归结果如表 5－11 所示。

表 5－11　　　　　　　　双向固定效应工具变量回归结果

变量	（1） lnucvax
init_date	0.004 *** （8.32）
duration	0.017 （0.36）
lnvaqi	0.838 *** （3.41）
lndk	0.041 （0.79）
lndcap	− 0.083 （− 1.21）

续表

变量	（1）lnucvax
lnemp	0.184 (1.36)
lndlab	−0.120 (−0.81)
lniipi	−1.210 (−1.45)
lniiqi	−0.007 (−0.03)
lna	−0.064 (−0.71)
lngopi	2.053 ** (2.48)
_cons	−5.775 * (−1.90)
Anderson canon. corr. LM 统计值	503.121 [0.000]
Cragg Donald Wald F 统计值	1.8e+04 {4.75}
Sargan 统计值	4.315 [0.0378]
N	525
r²	0.099

注：括号内的数值为标准误差，***、** 和 * 分别表示 1%、5% 和 10% 显著性水平；小括号 "（）"内为 t 统计量；中括号 "[ ]"内为 P 值；大括号 "{ }"内为 F 统计值。

首先，需要检验是否存在内生性，即将中美贸易摩擦发生时间（init_date）作为内生变量，贸易摩擦持续时间（duration）不存在内生性。将滞后一期 L. init_date 和贸易伙伴国对中国某行业发起反倾销调查后最终确定中国该行业存在倾销行为（f_dump_date）作为 init_date 的工具变量进行 IV‑FE 估计，显著拒绝原假设，存在内生性。

其次，检验工具变量中美贸易摩擦发生时间（init_date）滞后一期和贸

易伙伴国对中国某行业发起反倾销调查后最终确定中国该行业存在倾销行为
（f_dump_date）对中美贸易摩擦发生时间（init_date）的有效性，包括是否
与内生变量相关而与随机扰动项不相关、检验工具变量的可识别性以及是否
存在弱工具变量和过度识别的问题。可识别性使用 Anderson canon. corr. LM
统计量，弱工具变量使用 Cragg Donald Wald F 统计量，过度识别使用 Sargan
统计量。研究发现，可识别性检验的 P 值所有模型都为 0，强烈拒绝不可识
别原假设，即工具变量与内生变量相关。过度识别检验的 P 值都在 5% 的水
平上显著，接受工具变量满足外生性的原假设（陈强，2014）。关于工具变
量与内生变量的相关性即弱工具变量问题，Cragg Donald Wald 检验 F 值较
大，符合要求，即不存在弱工具变量问题。Sargan 统计值显著拒绝原假设，
说明不存在过度识别的问题。

　　最后，运用双向固定效应工具变量法（IV－FE）进行估计，最后结果
如表 5－11 所示，模型（1）是中美贸易摩擦发生时间（init_date）的工具
变量回归结果。模型（1）中 init_date 仍然稳健，显著为 0.004。

5.3　稳健性检验

5.3.1　贸易摩擦指标构建方法改变

　　贸易摩擦度量指标选取其他三类标准来定义贸易摩擦的起始年份，进而
作为稳健性检验：第一，贸易伙伴国对中国某行业发起反倾销调查后，初步
判定中国该行业对其造成实质性损害，该发生的年份记为 p_inj_date；第二，
贸易伙伴国对中国某行业发起反倾销调查后，初步判定中国该行业存在倾销
行为，该发生年份记为 p_dump_date；第三，贸易伙伴国对中国某行业发起
反倾销调查后，最终确定中国该行业存在倾销行为，该发生年份记为
f_dump_date（余振等，2018）。具体回归结果如 5－12 所示。模型（1）是
对初步判定中国该行业对其造成实质性损害的年份（p_inj_date）的回归，
模型（2）在模型（1）的基础上加入初步判定中国该行业存在倾销行为的
年份（p_dump_date）的回归，模型（3）在模型（2）的基础上加入最终确
定中国该行业存在倾销行为的年份（f_dump_date）的回归。可以发现，模

型（3）的贸易摩擦指标最终确定中国该行业存在倾销行为的年份（f_dump_date）系数显著为 0.003，说明最终确定倾销行为的时间比其他两个摩擦指标 p_inj_date 和 p_dump_date 更为显著，对增加值出口差距的回归结果较为稳健。

表 5-12　　　　　　　　　　贸易摩擦替换指标回归结果

变量	（1）lnucvax	（2）lnucvax	（3）lnucvax
lnvaqi	0.361 (1.22)	0.361 (1.22)	0.362 (1.22)
lndk	-0.244 (-1.13)	-0.244 (-1.12)	-0.247 (-1.13)
lndcap	0.378 ** (2.16)	0.378 ** (2.16)	0.378 ** (2.15)
lnemp	0.467 ** (2.53)	0.467 ** (2.53)	0.469 ** (2.54)
lndlab	0.629 ** (2.22)	0.629 ** (2.22)	0.632 ** (2.23)
lniipi	-2.058 ** (-2.64)	-2.058 ** (-2.64)	-2.062 ** (-2.65)
lniiqi	-0.386 ** (-2.35)	-0.386 ** (-2.35)	-0.388 ** (-2.36)
lna	-0.061 (-0.87)	-0.061 (-0.87)	-0.061 (-0.86)
lngopi	0.398 (0.44)	0.398 (0.44)	0.396 (0.44)
duration1	0.031 *** (3.10)	0.031 *** (3.10)	0.032 *** (3.29)
p_inj_date	0.001 (1.17)	0.001 (0.62)	0.001 (0.64)
p_dump_date		-0.000 (-0.05)	-0.003 (-1.16)
f_dump_date			0.003 *** (2.82)

变量	（1） lnucvax	（2） lnucvax	（3） lnucvax
_cons	−2.619 （−0.63）	−2.619 （−0.63）	−2.601 （−0.63）
N	532	532	532
r^2	0.565	0.565	0.566

5.3.2　制造业稳健性分析

从第 3 章两国的增加值贸易比较分析中发现，中美增加值贸易分布结构有很大的差异性，考虑到贸易摩擦多发生在制造业，本章继续采用制造业数据进行异质性分析。借鉴樊茂清和黄薇（2014）的产业分类方法，按要素密集度将制造业划分为以下三类：一是劳动密集型制造业，包括以下产业：纺织品、服装、皮革制品制造（r6），木材、木材制品及软木制品的制造（家具除外），草编制品及编织材料物品的制造（r7），橡胶和塑料制品的制造（r13），家具的制造、其他制造业（r22），机械设备的修理和安装（r23）。二是资本密集型制造业包括以下产业：食品、饮料及烟草产品制造（r5），纸和纸制品的制造（r8），记录媒介物的印制及复制（r9），焦炭及精炼石油产品的制造（r10），其他非金属矿物制品的制造（r14），基本金属制造（r15），金属制品的制造（但机械设备除外）（r16）。三是知识密集型制造业，包括以下产业：化学品和化学产品的制造（r11），基本医药产品和医药制剂的制造（r12），计算机制造、电子和光学制品（r17），电子设备的制造（r18），未另分类的机械和设备制造（r19），汽车、挂车和半挂车的制造（r20），其他运输设备制造（r21）。

结果如表 5 − 13 所示，模型（1）、模型（2）和模型（3）分别是劳动密集型制造业、资本密集型制造业和知识密集型制造业的回归结果。模型（1）和模型（3）的核心变量 init_date 显著为负，模型（3）的系数绝对值 0.016 大于模型（1）的 0.007，说明知识密集型产业相比于劳动力密集型产业的贸易摩擦发生对中美制造业出口增加值的差距影响更大，主要还是因为我国制造业的核心技术不完善和美国对技术、知识要素出口的严格控制。模型（2）的核心变量 init_date 显著为正，系数为 0.002，说明资本密集型制造业贸易摩擦的发生反而会促进中美增加值的差距增大，主要是因为资本流动易受到贸易摩擦影响，使资本回流，加大中美资本密集型制造业的要素资源丰裕度差距，进而扩大中美出口增加值的差距。另一个核心解释变量 duration 不显著，说明产业要素密集度视角下贸易摩擦的持续时间对中美出口增加值的差距影响极小。

表5-13　　　　　　　　　制造业出口增加值差距回归结果

变量	(1) 劳动密集型制造业	(2) 资本密集型制造业	(3) 知识密集型制造业
init_date	-0.007 *** (-3.17)	0.002 *** (7.80)	-0.016 * (-1.95)
duration	0.002 (0.04)	-0.023 (-0.31)	0.037 (1.50)
lnvaqi	2.649 *** (3.58)	0.110 (0.40)	-1.539 (-1.45)
lndk	-2.408 *** (-3.48)	-0.173 (-0.47)	-2.476 *** (-3.53)
lndcap	3.253 * (1.94)	-0.914 ** (-2.88)	2.041 ** (2.24)
lnemp	4.485 *** (5.44)	-1.451 *** (-7.88)	1.884 *** (4.93)
lndlab	-3.622 ** (-2.71)	2.890 *** (14.34)	-0.739 * (-1.92)
lniipi	-22.339 *** (-3.57)	-5.581 ** (-2.77)	4.351 (0.94)
lniiqi	-2.395 *** (-3.13)	-0.234 (-0.53)	-0.121 (-0.16)
lna	-0.247 (-0.60)	-0.676 *** (-5.14)	0.754 (1.48)
lngopi	14.745 *** (3.67)	3.607 ** (2.40)	-10.848 ** (-2.64)
_cons	23.245 (0.99)	2.359 (0.41)	38.264 ** (2.57)
N	60	105	63
r^2	0.964	0.789	0.914

5.4 劳动力技能异质性分析

中美两国除了在全球价值链分工的产业分布不同以外，还有劳动力的技能和专业素质的差异，这两者同样也会影响到中美两国贸易利得差异。因此，本章继续探索在不同劳动技能条件下贸易摩擦对中美出口增加值差距的影响是否发生改变。在 WIOD 的 2013 年版社会经济账户（Socio - Economic Accounts，SEA）中，就业人员按受教育年限被分为高、中、低技能劳动者，劳动报酬也被分为高、中、低三类，但是仅有 2000 ~ 2009 年的数据，所以样本数据减少到 244 个。lnh_hs、lnh_ms 和 lnh_ls 分别代表高级技能、中级技能、低级技能的员工劳动时间比率（工作时间占总时间的份额），lnlabhs、lnlabms、lnlabls 代表高级技能、中级技能、低级技能的员工劳动报酬比率（占总劳动报酬的份额）。本节用其分别替代控制变量就业人员数量（emp）和劳动报酬（dlab），分别分析对出口增加值差距的影响。

实证回归结果如表 5 - 14 所示。第一个核心变量贸易摩擦起始时间（init_date）系数显著为正，在模型（1）和模型（3）中系数是 0.004，在模型（2）中系数是 0.005。第二个核心变量贸易摩擦持续时间（duration）的回归系数不显著，说明控制异质性的时候，会影响持续时间对两国全球价值链差距的显著性。这说明无论劳动力技能是否熟练，贸易摩擦的起始时间均会拉大美国和中国出口增加值的差距，而贸易摩擦持续时间与投入高技能劳动的产业和低技能劳动的产业对差距的影响程度是无关的。对于控制变量劳动时间和劳动报酬变量，模型（2）中中级技能的员工劳动时间比率（lnh_ms）和中级技能的员工劳动报酬比率（lnlabms）显著，回归系数分别是 −6.819 和 7.586。模型（3）中的低级技能的员工劳动时间比率（lnh_ls）和低级技能的员工劳动报酬比率（lnlabls）显著，回归系数分别为 −3.999 和 3.883，而模型（1）中高技能劳动者不显著，这说明中低技能劳动者会拉大美国和中国的出口增加值差距，而高技能劳动者不会产生作用，仅起到控制作用。且延长中低技能劳动者的劳动时间，减少低技能劳动者的报酬，会提升生产力，降低生产成本，继而缩小美国和中国的出口增加值差距。因此，除了得出本章主要结论，即中美贸易摩擦发生时间和持续时间会影响出口增加值差距以外，还可以发现中低技能劳动者的劳动时间和报酬均会影响中美两国出口增加值差距，减少劳动报酬会扩大中美两国出口增加值差距，而延长劳动时间会缩小中美两国出口增加值差距。

表 5 – 14　　　　　　出口增加值差距对高、中、低技能劳动力回归结果

变量	（1）lnucvax	（2）lnucvax	（3）lnucvax
init_date	0. 004 *** （5. 09）	0. 005 *** （3. 47）	0. 004 *** （4. 21）
duration1	0. 005 （0. 08）	0. 002 （0. 03）	0. 002 （0. 03）
lnvaqi	1. 017 *** （8. 15）	0. 823 *** （6. 59）	0. 990 *** （7. 39）
lndk	− 0. 013 （ − 0. 28）	0. 021 （0. 28）	− 0. 067 （ − 1. 09）
lndcap	− 0. 016 （ − 0. 20）	− 0. 201 * （ − 2. 08）	0. 024 （0. 33）
lniiipi	− 2. 236 *** （ − 4. 98）	− 2. 206 *** （ − 3. 85）	− 2. 545 *** （ − 5. 68）
lniiiqi	− 0. 117 （ − 1. 53）	− 0. 213 * （ − 2. 02）	− 0. 118 ** （ − 2. 67）
lna	− 0. 244 *** （ − 4. 29）	− 0. 324 *** （ − 8. 67）	− 0. 319 *** （ − 5. 47）
lngopi	2. 785 *** （10. 13）	2. 328 *** （8. 68）	2. 769 *** （7. 70）
lnh_hs	1. 923 （0. 68）		
lnlabhs	− 2. 325 （ − 0. 77）		
lnh_ms		− 6. 819 *** （ − 7. 20）	
lnlabms		7. 586 *** （6. 19）	

续表

变量	（1）lnucvax	（2）lnucvax	（3）lnucvax
lnh_ls			-3.999^* （-2.13）
lnlabls			3.883^{**} （2.26）
_cons	-6.172 （-1.51）	-1.406 （-0.33）	-4.010 （-0.94）
N	242	242	242
r^2	0.194	0.196	0.165

5.5　本章小结

　　本章对中美全球价值链分工博弈进行了实证分析，从指标界定到实证模型回归、内生性检验、度量指标更改稳健性检验、制造业稳健性检验和劳动力异质性分析等多方面展开研究。

　　研究发现，中美贸易摩擦的起始时间和贸易摩擦的持续时间均会扩大中美两国的增加值出口差距。中美贸易摩擦同时也主要影响中美两国增加值的前向分解、增加值的后向分解、全球价值链参与度和全球价值链参与地位。贸易摩擦起始时间提前会缩小前向增加值差距、增加值前向分解项中的参与复杂全球价值链第一种类型（即中间品出口中由进口商再转出口，最终被来源国吸收的部分）的差距、参与复杂全球价值链第二种类型（即中间品出口中进口商再转出口，最后被他国吸收的部分）的差距、生产后向长度和全球价值链参与地位的差距。而贸易摩擦持续时间的延长会扩大后向增加值差距、增加值前向分解中参与简单全球价值链的增加值的差距（即跨国家生产的简单生产共享价值，中间品出口中由进口商直接吸收部分的差距）、参与复杂全球价值链第二种类型（即中间品出口中进口商再转出口，最后被他国吸收的部分）的差距，以及增加值后向分解项中参与简单全球价值链的增加值的差距（即跨国家生产的简单生产共享价值，中间品出口中由进口商直接吸收部分的差距）和增加值后向分解项中全球价值链增加值之和的差距。贸易摩擦起始时间越早，中美价值链参与地位差距会越小，但会扩大中国与美国在全球价值链中参与度的差距。贸易摩擦持续时间的延长会缩小中美两国全球价值链分工参与地位的差距。

内生性检验以及稳健性检验使用了双向固定工具变量回归模型，结论较为稳健。参考余振等（2018）的指标解释中美贸易摩擦核心变量，分别进行了稳健性检验。选取其他三类标准定义贸易摩擦的起始年份：一是贸易伙伴国对中国某行业发起反倾销调查后初步判定中国该行业对其造成实质性损害的时间；二是贸易伙伴国对中国某行业发起反倾销调查后初步判定中国该行业存在倾销行为的时间；三是贸易伙伴国对中国某行业发起反倾销调查后最终确定中国该行业存在倾销行为的时间。在制造业稳健性检验中，中美贸易摩擦对拉大中美两国制造业的出口增加值差距更加奏效，这也解释了为什么美国加征关税名单更多地集中在制造业的零部件。

本章进一步从劳动力异质性角度进行回归研究，发现无论劳动力技能是否熟练，贸易摩擦的持续时间均会拉大美国和中国的出口增加值的差距，而贸易摩擦爆发时间对投入中技能劳动的产业和低技能劳动的产业均会有反向影响，缩小中美两国出口增加值差距。而且中低技能劳动者的劳动时间和报酬均会影响出口增加值差距：减少劳动报酬会扩大出口增加值差距，延长劳动时间会缩小出口增加值差距。

第6章

结论与政策建议

本章总结前文的状况分析、理论模型以及实证回归的主要结论，并在相关政策和文献的基础上提出相应的政策建议。

6.1 结　　论

本书通过典型化事实分析，针对中美参与全球价值链的状况和特点，从增加值贸易、价值链关联和全球价值链嵌入程度三个方面展开研究。

第一，增加值贸易方面，要注重国内经济的发展，推动国内和国际产业链的双向循环。中国对美国增加值出口更多地分布于低技术制造业和第一产业，而美国对中国增加值出口更多地分布于服务业和高技术制造业。中国加入世界贸易组织对增加值出口影响较大，关税大幅降低，交易成本减少，增加值出口增多。而美国在 2010 年经济复苏，经济总量基本恢复至次贷危机前的水平，带动了出口产业发展，推动了对中国增加值的出口。

第二，价值链关联分析方面，从中美的关联效应、中间品关联和增加值关联角度展开研究。中国自美国中间品进口额和对美国中间品出口额均大幅增长。增加值关联方面，从前向和后向增加值进行分析。2014 年美国前向增加值的平均水平和产业之间差异水平均比中国高，从全球价值链结构来看，中国的简单全球价值链的占比高于美国，而美国的第二种复杂价值链的占比高于中国。2014 年中国后向增加值的平均水平比美国高，但产业之间差异水平不如美国高。

第三，从全球价值链结构来看，中国的简单全球价值链的占比高于美国，而两种复杂全球价值链的占比均低于美国。2000～2014年，中国和美国前向增加值和后向增加值一直在不断增加。中美全球价值链的参与度呈现较大的不同。美国产业参与全球价值链的平均水平高于中国。中国和美国的全球价值链参与度均有一定程度上升，加入世界贸易组织对中国的全球价值链参与地位提升起到了很大的推动作用，且主要来源于前向生产长度，而中国的后向生产长度、美国的前向生产长度以及美国的后向生产长度均较为稳定，呈小幅变动。

在理论模型方面，本书首先了构建了全球价值链上下游分工博弈模型，在不考虑贸易摩擦因素的情况下，通过纳什均衡计算出各厂商的利润、中间品价格与垄断优势均有关，中间品价格与垄断优势呈现线性一次项关系，各厂商的利润与垄断优势呈现非线性二次项关系。博弈的先后顺序对企业的利润有影响，产量博弈中，先后博弈的利润小于同时博弈的利润，而在价格博弈中，先后博弈的利润大于同时博弈的利润。此外，本书在第三国市场模型中加入了贸易摩擦因素，构建了中美全球价值链上下游博弈模型，根据博弈类型（价格博弈和产量博弈）和博弈顺序（同时博弈和先后博弈）求解中间品价格和厂商利润，在不考虑生产成本因素的情况下，厂商的利润与核心因素垄断优势和关税均有关。中间品价格与垄断优势正相关，而与关税负相关。在产量博弈中，同时博弈的中间品价格高于先后博弈，而在价格博弈中，先后博弈的中间品价格高于同时博弈。博弈的先后顺序对企业的利润有影响，产量博弈中，本国中间品生产企业先后博弈的利润小于同时博弈的利润。在产量博弈的同时博弈和先后博弈中，本国中间品厂商利润是随着垄断优势的增加而增加。对于其他各种情况的企业利润，需要具体的值代入进行计算才可以比较相对大小和变动。

在实证模型中对全球价值链博弈进行量化与分析，从指标设定到实证模型设定内生性检验以及稳健性检验等多方面展开研究。得出以下结论：无论是从贸易摩擦的发生时间还是持续时间看，中美贸易摩擦都会扩大两国的增加值出口差距。贸易摩擦主要影响前后向分解的增加值差距、全球价值链参与度差距和全球价值链参与地位差距。贸易摩擦起始时间的提前会缩小前向增加值差距、增加值前向分解项中的参与复杂全球价值链第一种类型（即中间品出口中由进口商再转出口，最终被来源国吸收的部分）的差距、参与复杂全球价值链第二种类型（即中间品出口中由进口商再转出口，最后被他国吸收的部分）的差距、生产后向长度和全球价值链参与地位的差距。而贸易摩擦持续时间会扩大后向增加值差距、增加值前向分解中参与简单全球价值链的增加值的差距（即跨国家生产的简单生产共享价值，中间品出口中由进口商直接吸收部分的差距）、参与复杂全球价值链第二种类型（即中间品出口中由进口商再转出口，最后被他国吸收的部分）的差距，以及增加值后向分解项中参与简单全球价值链的增加值的差距（即跨国家生产的简单生产共享价值，中间品出口中由进口商直接吸收部分的差距）和增加值后向分解项中全球价值链增加值之和的差距。贸易摩擦发生得越早，中美在价值链参与地位差距会越小，但会扩大在全球价值链中参与度的差距。贸易摩擦持续时间的延长会缩小中美两国全球价值链分工参与地位的差距。

内生性检验以及稳健性检验使用了双向固定工具变量回归模型，结论较为稳健。在稳健性检验中，进行了度量指标更改稳健性检验和制造业稳健性检验，发现中美贸易摩擦会拉大制造业产业的出口增加值差距，本书进一步从劳动力异质性角度进行了回归分析，发现中国低技能劳动者的劳动时间和报酬均会影响中美出口增加值差距，其中减少劳动报酬会扩大中美出口增加值差距，而延长劳动时间会缩小中美出口增加值差距。

6.2　政策建议

在应对错综复杂的对外贸易问题方面，中国已经积累了丰富的经验，并且已有能力通过建立健全的商业环境和应用国际经济与贸易规则来获得新技术的溢出和推广，也有能力开拓新的市场，形成新的工业价值和供应链及其综合环节，但仍存在大而不强的问题，在全球价值链中处于低端生产环节，对国外高技术中间品仍具有较强的依赖性，尤其是核心零部件。本书从政策、产业、贸易成本、科技和对外发展等方面提出政策建议。产业方面，要加快产业链现代化水平提升，培育战略性新兴产业，提升整体核心产业竞争力。科技方面，要推动科技创新和研发，提高自主创新能力。贸易成本方面，要进一步优化营商环境，促进贸易自由化。对外方面，要进一步对外开放，转变发展方式，减少贸易摩擦。

6.2.1 加快产业链结构优化调整，促进产业链现代化

基于第 3 章中美参与全球价值链的典型化事实分析发现，中国存在低端困境和对外较高的产业关联程度，本书建议通过延长国内的价值链，破除区际壁垒，调整产业结构，鼓励传统产业数字化转型，在"双循环"的新发展格局下改变对全球价值链过度依赖的现状。

第一，通过延长国内的价值链，改变对全球价值链过度依赖的现状。通过延长国内价值链的方式，发展中国家可以逐步生产进口中间投入进口的替代品，从而减少对发达国家主导的全球价值链的过度依赖。延伸价值链可以从三个方面提高企业的创新能力：一是促进生产力的提高。企业价值链的延伸促进了企业与价值链的融合，增强了企业在国际纵向分工中的比较优势，必然会带来企业生产率的提高，从而激发企业创新，帮助企业实现价值链升级。二是促进产业集聚。国家价值链的延伸将使企业形成更高层次的规模经济，增强企业间的联系能力和资源整合能力，成为企业提升创新能力的重要保障。三是缓解企业融资约束。基于供应链企业的"赊销赊购"密切关系性，更长的国内价值链在很大程度上代表企业有提供更为稳定的资金链的能力，从而减小供应链不确定性风险发生的可能性，丰富了企业技术升级所需的金融资源。当前经济形势仍然复杂严峻，存在较大不确定性，减少不确定性的关键在于"练好内功"，加快产业结构优化调整，推进产业链现代化。以国内大循环作为主体，在国内和国际双循环相互促进的新发展背景下，积极推进经济社会发展工作中长期协调机制的建立。完善宏观调控的跨周期设计和调整，实现经济平稳增长和风险防范的长期平衡。

第二，破除区际壁垒，对内、对外同等力度开放。从提升区际整合质量进行政策设计，要减少市场分割，达到破除区际壁垒、对内和对外同等力度开放的目标。地方政府给予外资和外企的超国民待遇为国外跨国公司抢占原本属于中国本土企业的国内市场空间提供了机会，强化了全球价值链低端锁定。整合内部资源和制度，从提升中间品内向化质量进行政策设计，整合各区域生产网络，形成高质量、高效率、高性能的供应链，完善中间品分销网络。整合各类产业资源，形成规模经济，加强产业联系，扩大中间产品的放大效应和技术溢出效应。推动各种要素、商品和服务自由流动，优化资源配置，形成统一开放的国内大市场，释放国内市场规模效应，将其转化为新的

比较优势。优化相关制度，使之合理化、均衡化，稳步推进建立可以吸纳全球高级生产要素的平台。充分利用国内的生产要素和市场需求，发挥国内市场机制的作用，促进国内相关产业的发展，疏通国民经济生产、交换、分配、消费各个环节，激活国内经济活力，确保国内的经济循环顺畅有序。

第三，调整产业结构，推动产业链实现现代化。目前，中国的支柱产业结构仍较为单一，重工业仍占主体，产业链整体上仍处于中低端，高端产业缺乏国际竞争力。产业结构调整步伐缓慢，传统产业与新一代信息技术融合互动不足，高端装备产业与高技术产业占比不高，与先进地区的差距逐渐加大。机器人、航空产业、集成电路等战略性新兴产业虽然增长较快，但体量小，对产业链循环和合作的支撑力不足，"四新"产业（即新材料、新能源、新装备、新医药产业）总体上仍处于发展初期，部分关键核心零部件尚未破题，增长动力欠缺。近些年国内下游产业需求降低，造成钢铁、煤炭、石化等几大行业产能过剩，技术无法进一步创新升级。为达到在国际分工新趋势下推动中国制造全球价值链攀升的目的，应重视国内高级要素培育，增强内生发展能力，提升制造业的服务化水平，推动先进制造与现代服务相融合。

第四，要鼓励传统产业数字化转型，运用新技术开发国内市场。中国正在加快5G、数据中心、工业互联网等数字基础设施建设，基础设施水平正在不断提高。发挥跨境电商作用，提升中国跨境电子商务平台服务不同国家市场的能力，特别是"一带一路"共建国家。进一步完善产业链中关键核心零部件的本土化，运用科技创新实现技术突破，形成新的产业规模竞争力，实现国内价值链和全球价值链双轮推动。为了提升出口增加值收益的政策设计，应主动构建全球价值链，占领价值链高端，带动国内价值链全面发展。进一步从地方政府推动"走出去"战略实施的视角出发，更好地从区际整合层面指导贸易高质量发展，实现国内价值链和全球价值链双轮驱动。

总结上文，我们提出稳步推进产业链现代化具体实施的路径如下：一是推动产业链供需数据库的建立。高度重视产业链固链行动的开展，推动重点产业链供应链的供需对接。采用重点工业互联网平台、电商平台，以及云供应、云生产和云销售等方式，谋求以产业链协同合作对冲全球产业的不确定性。二是围绕产业链拓展柔性链。推动供应链向数字化、智能化转型，让现有生产设备有更多的柔性转换，让生产线有更多的功能拓展。推动产业链智能化，从新技术上推动对外贸易和全球价值链发展。数字平台自动化有助于降低贸易成本，提高生产率、扩大生产规模，推动企业走出本土市场、走向世界。三是以城市群建设推动产业集聚，加快形成产业链闭环。基于各城市群的发展基础和比较优势，促进省内城市群之间的合理分工，促进集群内城市形成紧密的产业链供应链。要以提高和改善产业链的稳定性和竞争力为重点，致力于构建和改善重点行业的整个产业链，形成产业链发展的闭环。

6.2.2 优化营商环境，促进贸易自由化程度

基于第 3 章对中国加入世界贸易组织带来的一系列贸易利益的分析，本书建议继续通过不断优化营商环境，促进贸易自由化。《中华人民共和国国民经济和社会发展第十四个五年规划和 2035 年远景目标纲要》提出，要建设更高水平开放型经济新体制。因此，应全面提高对外开放水平，推进贸易和投资自由化便利化，持续深化商品和要素流动型开放，稳步拓展规则、规制、管理、标准等制度型开放。因此，本书提出以下政策建议。

第一，降低贸易成本，提高贸易自由化程度。促进技术服务贸易自由化，可以降低中国在全球价值链生产环节的成本，提高贸易利益。通过优化中国出口补贴和出口退税的结构，优化进口结构，提高通关便利化水平，降低进口环节制度成本来吸引国外先进品牌和技术，以及让中国的中间品零部件更多地"走出去"，形成比较优势，增强中国品牌的全球竞争力。

贸易自由化程度较低主要是由于开放载体建设的滞后和开放环境亟待改善，使得国内市场一体化程度不高，国际国内市场也没有全面对接，并非所有有竞争力的产品都能够自由流动。现实情况是：具有国际影响力的对外开放展会平台较少，发展水平总体不高，招商引资乏力。通关效率低、通关成本高、招商引资政策不兑现、项目落地难等问题依然不同程度存在。经济的外向度不高，进出口额占全国比重较低，利用外资水平不高，外商在金融、技术服务等现代服务业投资较少。随着经济技术开发区、高新技术园区、综合保税区、保税区的设立，我国对外开放程度进一步提高，但与国际化、高水平的营商环境相比仍有较大差距。现有经济合作发展平台的开放措施需要进一步探索和落实，更重要的是，探索自由贸易港方向的更高层次的开放仍处于概念阶段。这与区域一体化、共建"一带一路"的实质要求还存在较大差距，迫切需要从开放体系、文化合作、商业环境等方面增强吸引力。

在《中国营商环境报告2021》的指标体系中，中国在信贷、破产、税收和跨境贸易方面仍落后于其他发达经济体，还有进一步改善的空间，包括借鉴新西兰、新加坡和韩国等经济体的先进经验。近几年来自贸试验区的设立和"一带一路"建设已经推动了中国的贸易便利化和自由化的提升，但许多改革措施仍需得到更强有力的跨部门协调和合作，需要加强地方政府和相关部门的合作。建筑许可、开办企业和登记财产等手续需要进一步完善、要实现信息透明化和手续便利化。制造业和金融等服务业的准入也需要进一步放宽，力争成为全球产业和资本布局调整转移的承接方。

第二，需要进一步健全现有法律体系，确保营商环境改革政策的落地。例如，根据当前法律规定，电子证照、电子印章和电子签名或者投资项目的联合审批难以得到具体落实，尽管中国近年来的改革取得了一定的成效，然而，在加强法治、促进竞争和建立所有企业（包括私营企业和外资企业）的公平竞争环境方面，仍有许多未完成的改革议程。在进一步开放经济各领域（尤其是服务业）、采用国际规范（如经济合作与发展组织针对国企待遇的竞争中性原则）（DRC – World Bank，2019，PBoC and IMF，2019）等方面还有进一步改进的空间。进一步加强对知识产权的有效保护，加大人力资本投入，通过增加私营部门参与、在线发布所有法规、开放数据访问等方法提高公共政策的透明度。这些措施不仅有助于促进包括私营部门在内的国内经济增长，而且还可以缓解潜在的贸易政策摩擦。

总之，针对以上分析，着重对跨境贸易进行管理和优化的具体路径包括：一是通过促进其他跨境监管机构采用合规风险管理，加强所有边境机构的合作与协调；二是严格实施无纸化办公，升级中国港口平台，为贸易商和物流运营商提供电子服务；三是在持续简化流程的背景下，为"贸易单一窗口"所涵盖的流程和服务以及物流控制提供路径。

6.2.3　加快科技研发，全面提升中国自主创新能力

基于第4章博弈模型中垄断优势对全球价值链分工博弈的影响，本书建议加快自主研发，缩小与美国在科研和技术方面的差距，提高中国的技术竞争力。

第一，通过引入竞争机制增强企业技术吸收能力。发展中国家企业提升国际竞争力亟须技术吸收能力的提升来体现。改革开放以来，中国提出了

"引进—消化—吸收—创新"的技术发展路径。虽然在技术引进方面取得了一些成绩，但在消化吸收方面还存在一些不足。如果本土企业能够提高对技术溢出的吸收能力，必将在技术跨越中打破"低端锁定"的困局，引入竞争机制来激发"鲇鱼效应"，从而提高企业的创新意识和危机意识。

强化竞争机制可以从以下三个方面进行：一是提升国内企业异质产品生产能力，增强产业链协同效应。通过加强异质产品生产能力，企业在竞争中会具有更多的比较优势，通过相互协调与合作，可以实现企业之间的资源和市场信息互补，从而在与上下游企业共同嵌入价值链的过程中增强国际影响力。二是消除市场分割，加强区域间竞争，让市场在资源配置中发挥决定性作用。市场应在企业创新中发挥更大的引导作用，加强实施以创新为导向而不是以 GDP 为目标的地方绩效考核体系，根据地方产业的特点和优势，营造"求新、求异"的创新竞争环境。三是推动知识产权制度的完善，从源头上为企业自主创新提供最佳保护壁垒。

技术变革作为推动贸易持续发展的重要因素之一，不仅能够改变贸易方式或形成新的贸易产品，而且也使各国的比较优势（如广泛运用自动化、工业机器人和人工智能，弱化了劳动力成本比较优势）得以塑造，反过来又使各国贸易政策发生改变，也让贸易增速和结构发生演变。随着产业链结构的逐步完善，中国制造业面临的首要问题是如何将不同价值链位置的技术融合起来，围绕制造核心环节重塑制造业新的竞争优势。通过技术创新实现对产业发展不同环节多点、连续嵌入，这可能和找准价值链的嵌入位置同等重要。

第二，要高度重视国内创新体系有效性的增强。短期内需以提高科研成果在国内及国家间传播扩散的广度与宽度为目标，长期目标是增强高技能劳动力在国内市场与国际市场进行有效联动并提高其一体化程度，以产业创新发展方向来对高等教育的层次结构、专业结构进行调整与优化，促进高技能劳动力供给规模扩大。以经济高质量和社会高质量协同为导向，国家应顺应新时期信息化和知识化的发展规律，通过生产标准体系、中介服务组织和文教研发体系的建设推动创新。政府要极力推动创新治理政策体系的完善，大力发展以 5G、人工智能、大数据、云计算、物联网等为代表的新技术，这些新技术正引发新一轮科技产业革命，带来社会生产力的变革。更重要的是，要充分发挥产业政策和科技创新政策的前瞻性与指导性，培育与之相适应的创新机制和创新主体。

把国内循环做强做大的过程，必不可少的就是技术和市场的不断创新。只有"巨大市场"在中国从潜在变成现实，才会真正形成对于各国企业的巨大吸引力，当我们的技术力量在不断创新的过程中不断壮大、更加独立、更具实力、无可替代以后，我们就可以站到全球价值链、创新链的制高点上。

总结前文，我们提出增强国内市场自主创新能力的具体措施：一方面要加强市场规范促进市场机制的正常运转，另一方面也要减小收入水平的差距来促进市场购买力的形成。而技术创新的任务，只能在保持对外开放的条件下实现。我们一方面要加强对于基础研究的投入，另一方面也要促进企业在应用技术的研发上发挥更大的作用。以探索自然规律为任务的基础研究容易获得国际合作，同时也能从长远的角度提高全民的科学认识水平与创新能力，而企业的技术创新从新产品、新工艺的开发进一步扩展到应用技术的研发，也是一种与时俱进。

6.2.4　积极拓展海外市场，转变外贸发展模式

基于第 5 章的实证研究，本书提出处理贸易关系的关键，是要积极拓展海外市场，加大开放力度，实现贸易多元化，且要转变外贸发展模式，不断向全球价值链"引领者"过渡。

第一，适度的对外开放政策不仅可以有效提高国际贸易合作水平，保持全球经济一体化和国际贸易自由化，还可以增强中国经济在全球价值链中的地位，实现高水平的对外开放。一方面要积极开拓新市场，另一方面要减轻对欧美市场的依赖性，力争建立崭新的国际供应链关系。积极向发达国家学习先进的技术和管理经验，提高中国制造业的引进、吸收和创新能力，促进中国制造业转型升级，培育参与国际竞争的新优势。基于中国上一轮对外开放侧重制造业，导致服务贸易发展相对滞后的事实，要更积极地推动中国优质服务"走出去"，稳步推进"一带一路"建设，深入挖掘与共建经济体的服务贸易合作可能性。努力完善以"一带一路"为核心的区域价值链体系的构建，力图从价值链分工的"参与者"转变成"引领者"。

目前全球的生产网络基本都以地区为中心建立，中国要大力推进双向"嵌套型"全球价值链产能合作体系的建设，即一方面要主导"一带一路"

区域价值链体系，另一方面要将其整体融入全球价值链体系中。这样做有两大优势：一是更多地从韩、日、欧等地引进高技术产品，进而最大限度降低了外部风险；二是通过将部分优势产业和产能转移到"一带一路"共建国家来进行优化配置，发挥其在区域价值链核心位置所具备的"内外联通"的枢纽作用，进而升级优化中国价值链。这种合作模式存在以下三个特点：一是使嵌套型分工体系更加包容。在"一带一路"区域价值链中，中国不仅能够做好自身高端、低端产业链的构建与衔接，而且可以极大地促进南北国家的产能合作。该价值链兼具包容性及稳定性，作为全球价值链的一部分，使更多国家加入其中，使传统发达国家"不稳定"的主导得到了缓解。二是使异质性参与主体更个性化。当今新型贸易模式如跨境电商、自贸区等不断崛起，各国都把培育自身个性化产业作为主要目标，进而增强本国的国际竞争力。中国在发展自身优势产业的基础上，更可通过进口各国优势产品来助力。三是使合作的国际企业成为载体。发挥与"一带一路"共建国家本土的大型企业合资经营的优势，应对复杂投资环境下的各种风险，进而促进当地产业竞争格局优化升级。

我国应积极参与国际经济规则的制定和完善，建立和完善政府的应对机制，构建国际贸易摩擦企业应对体系，积极应对国际贸易摩擦。鼓励企业开展全球化运营，加强全球资源整合。做好防范中美贸易摩擦冲击中国制造供应链的准备，短期来看要在需求上保证外资和出口份额的稳定性，中长期来看则要推进整合国内外资源，构建自主可控的供应链体系。

日本、韩国、新加坡等地不仅能够和欧美供应链进行沟通，而且也可以看作亚洲供应链的末端，所以中国内地（大陆）各个省份亟须加强与其在金融服务、零部件生产和高端研发服务中的密切合作。要合理安排、统筹发展东南亚的产业布局，在泰国、马来西亚进行中端环节生产，在越南、柬埔寨、老挝、缅甸等地进行中低端劳动密集型环节生产，同时要注重柬埔寨、老挝和缅甸在产业链和价值链中的地位提升。南亚地区虽具有劳动力成本低廉的优势，但是转移部分生产环节前需要审慎评估相关风险再进行操作。

第二，推动全方位对外开放，培育国际经济合作和竞争新优势，完善贸易规则和制度的供给机制，打造互利共赢的新型全球化格局。要以提高进口产品质量为重点，利用中国深度参与全球价值链，扩大外资、技术、产品对中国企业创新发展的带动和引领作用，进一步扩大开放领域，重视规则等制度开放。中国考虑加入《全面与进步跨太平洋伙伴关系协定》（CPTPP）这一举动就释放了这样一种信号，中国的加入完全可以带动太平洋地区的经济协作，形成在美国退出后的新推力。对外开放不仅有利于中国，也有利于世界各国经济。扩大开放可以有效提高全球贸易水平和开放合作水平。

面对全球部分产业链特别是高端、还未跨过全球产业链生产模式拐点产业的收缩与回流，我们的战略导向更多地应是实现你中有我、我中有你的相互制衡格局。充分利用中国的市场优势、加工配套优势、供应链弹性优势等，在产业链的生态中嵌入不可或缺的环节。坚持扩大开放的战略导向，实现从要素的开放向规则开放的深化。对标国际高标准，继续深入推进知识产权保护、负面清单制度、竞争中性原则、维护自由贸易秩序方面的改革，只有这样，中国的产业链国际竞争力水平才能不断提高，主动权和话语权才能掌握在自己手中。

总之，根据上文积极拓展海外市场、转变外贸发展模式的分析，我们提出积极拓展海外市场和转变外贸发展模式的具体措施：一是推动国际交流和协作，如利用中国国际进口博览会、"一带一路"、《区域全面经济伙伴关系协定》（RCEP）、自贸区等开展多方面的合作。扩大市场信息传递，推动资源流动，可以带动中国企业更好地开拓海外市场。二是鼓励和支持有条件的各类所有制企业"走出去"，开展多方面的经济合作，开展跨国生产、经营与管理。三是加大中国主要的比较优势产业"走出去"的力度，提供对接平台，简化手续，推动政务电子化和信息化，建立部门间协作机制，实现外贸管理部门与外汇、财政、税务、海关等涉外机构和部门进行数据交换和信息共享，提升部门行政效率和透明度。

最后，总结上文政策建议，在产业方面，应加快产业结构优化调整，培育战略性新兴产业，提升产业竞争力；在科技方面，应加快科技研发，全面提升中国自主创新能力；在对外方面，应稳定对外开放政策，积极拓展海外市场，转变外贸发展模式，减少贸易摩擦。

参 考 文 献

[1] 包群，叶宁华，王艳灵．外资竞争、产业关联与中国本土企业的市场存活 [J]．经济研究，2015（7）：102-115.

[2] 包耀东，李晏墅，邓洋阳．创新投入对制造业转型升级的影响：基于中国省级面板数据的实证研究 [J]．福建论坛，2021（4）：76-91.

[3] 鲍勤，张珣，魏云捷等．新冠肺炎疫情对我国对外贸易和产业转移的影响分析与对策建议 [J]．中国科学基金，2020，34（6）：740-746.

[4] 鲍晓华，陈清萍．反倾销如何影响了下游企业出口？——基于中国企业微观数据的实证研究 [J]．经济学（季刊），2019（2）：749-770.

[5] 鲍晓华．反倾销措施的贸易救济效果评估 [J]．经济研究，2007（2）：71-84.

[6] 蔡礼辉，曹小衡，王珊珊．两岸参与全球价值链分工的地位、模式与依赖关系 [J]．亚太经济，2019（6）：135-143.

[7] 蔡礼辉，任洁，朱磊．中美制造业参与全球价值链分工程度与地位分析——兼论中美贸易摩擦对中国价值链分工的影响 [J]．商业研究，2020（3）：39-48.

[8] 蔡中华，陈鸿，马欢．中美“技术脱钩”：领域研判与应对 [J]．科学学研究，2022，40（1）：1-16.

[9] 曹雨．全球价值链背景下中国装备制造业分工地位的影响因素分析 [D]．大连：东北财经大学，2018.

[10] 常冉，杨来科，王向进．全球价值链视角下中美贸易失衡与利益结构研究 [J]．亚太经济，2019（1）：22-32，153.

[11] 常冉，杨来科，张皜．中国八大区域供需双循环与双重价值链分

工——利用 IRIOT - WIOT 投入产出表的价值链分析 [J]. 西部论坛, 2021, 31 (1): 32 - 47.

[12] 陈明哲, 庞大龙. 中美贸易战: 基于动态竞争的视角 [J]. 外国经济与管理, 2019 (7): 3 - 24.

[13] 陈璋, 张晓娣. 投入产出分析若干方法论问题的研究 [J]. 数量经济技术经济研究, 2005 (9): 84 - 91.

[14] 程大中. 中国参与全球价值链分工的程度及演变趋势——基于跨国投入—产出分析 [J]. 经济研究, 2015 (9): 4 - 16, 99.

[15] 程文, 张建华. 收入水平、收入差距与自主创新——兼论"中等收入陷阱"的形成与跨越 [J]. 经济研究, 2018 (4): 47 - 62.

[16] 崔琨, 施建淮. 关税冲击下的中间品贸易、通货膨胀目标规则与福利分析 [J]. 世界经济, 2020 (10): 169 - 192.

[17] 崔日明, 宋换换, 李丹. 服务质量、技术创新与全球价值链地位攀升: 来自中国的经验证据 [J]. 经济问题探索, 2023 (3): 175 - 190.

[18] 戴魁早, 杨开开, 黄姿. 两业融合、技术溢出与企业创新绩效 [J]. 当代经济科学, 2023 (3): 29 - 43.

[19] 戴觅, 张轶凡, 黄炜. 贸易自由化如何影响中国区域劳动力市场? [J]. 管理世界, 2019, 35 (6): 56 - 69.

[20] 戴翔, 刘梦. 人才何以成为红利——源于价值链攀升的证据 [J]. 中国工业经济, 2018 (4): 98 - 116.

[21] 戴翔, 张雨. 全球价值链重构趋势下中国面临的挑战机遇及对策 [J]. China Economist, 2021, 16 (5): 132 - 158.

[22] 戴翔. 中国制造业出口内涵服务价值演进及因素决定 [J]. 经济研究, 2016 (9): 44 - 57.

[23] 丁一兵, 张弘媛. 中美贸易摩擦对中国制造业全球价值链地位的影响 [J]. 当代经济研究, 2019 (1): 76 - 84, 113.

[24] 董虹蔚, 孔庆峰. 对中美双边贸易利益结构的测算与分析——基于 WWZ 方法的测算与实证研究 [J]. 商业经济与管理, 2019 (6): 40 - 56.

[25] 杜鹏程, 刘睿雯, 张烁珣. 要素成本与劳动收入份额: 来自最低工资与进口关税的证据 [J]. 世界经济, 2022, 45 (2): 85 - 110.

[26] 杜新建. 制造业服务化对全球价值链升级的影响 [J]. 中国科技论坛, 2019 (12): 75-82.

[27] 杜义飞, 李仕明. 供应链的价值分配研究——基于中间产品定价的博弈分析 [J]. 管理学报, 2004 (3): 260-263, 245.

[28] 杜义飞. 基于价值创造与分配的产业价值链研究 [D]. 成都: 电子科技大学, 2005.

[29] 杜运苏, 彭冬冬. 制造业服务化与全球增加值贸易网络地位提升: 基于2000—2014年世界投入产出表 [J]. 财贸经济, 2018, 39 (2): 102-117.

[30] 段玉婉, 刘丹阳, 倪红福. 全球价值链视角下的关税有效保护率——兼评美国加征关税的影响 [J]. 中国工业经济, 2018 (7): 62-79.

[31] 段玉婉, 陆毅, 蔡龙飞. 全球价值链与贸易的福利效应: 基于量化贸易模型的研究 [J]. 世界经济, 2022, 45 (6): 3-31.

[32] 樊海潮, 黄文静, 吴彩云. 贸易自由化与企业内的产品质量调整 [J]. 中国工业经济, 2022 (1): 93-112.

[33] 樊海潮, 张军, 张丽娜. 开放还是封闭——基于"中美贸易摩擦"的量化分析 [J]. 经济学 (季刊), 2020 (4): 1145-1166.

[34] 樊海潮, 张丽娜. 中间品贸易与中美贸易摩擦的福利效应: 基于理论与量化分析的研究 [J]. 中国工业经济, 2018 (9): 41-59.

[35] 樊茂清, 黄薇. 基于全球价值链分解的中国贸易产业结构演进研究 [J]. 世界经济, 2014 (2): 50-70.

[36] 范子杰, 张亚斌, 彭学之. 基于上游延伸的中国制造业GVCs地域特征及变化机制 [J]. 世界经济, 2016 (8): 118-142.

[37] 费越, 张勇, 丁仙, 吴波. 数字经济促进我国全球价值链地位升级——来自中国制造业的理论与证据 [J]. 中国软科学, 2021 (S1): 68-75.

[38] 冯帆, 何萍, 韩剑. 自由贸易协定如何缓解贸易摩擦中的规则之争 [J]. 中国工业经济, 2018 (10): 118-136.

[39] 冯泰文. 生产性服务业的发展对制造业效率的影响: 以交易成本和制造成本为中介变量 [J]. 数量经济技术经济研究, 2009, 26 (3): 56-65.

［40］冯笑，王永进．多产品企业、中间品贸易自由化与产品范围［J］．中南财经政法大学学报，2019（5）：134－144，160.

［41］冯宗宪，向洪金．欧美对华反倾销措施的贸易效应：理论与经验研究［J］．世界经济，2010（3）：31－55.

［42］傅梦孜，付宇．对当前中美"脱钩论"的观察与思考［J］．人民论坛学术前沿，2020（7）：33－41.

［43］傅秋子，黄益平．数字金融对农村金融需求的异质性影响——来自中国家庭金融调查与北京大学数字普惠金融指数的证据［J］．金融研究，2018（11）：68－84.

［44］高翔，黄建忠，袁凯华．价值链嵌入位置与出口国内增加值率［J］．数量经济技术经济研究，2019（6）：41－61.

［45］高翔，张敏．全球价值链视角下中国制造业服务要素含量的动态演进研究——基于区分贸易类型的国家区域间投入产出表［J］．国际贸易问题，2021（1）：126－142.

［46］戈莫里，鲍莫尔．全球贸易和国家利益冲突［M］．文爽，乔羽译．北京：中信出版社，2003.

［47］葛琛，葛顺奇，陈江滢．疫情事件：从跨国公司全球价值链效率转向国家供应链安全［J］．国际经济评论，2020（4）：67－83.

［48］巩爱凌，刘廷瑞．全球价值链视角下外贸出口与能源消耗及其影响因素分析［J］．经济经纬，2012（5）：63－67.

［49］顾国达，周蕾．全球价值链角度下我国生产性服务贸易的发展水平研究——基于投入产出方法［J］．国际贸易问题，2010（5）：61－69.

［50］郭娟娟，冼国明，李怡．服务业外资自由化与中国制造业企业全球价值链地位提升［J］．财贸研究，2022，33（7）：16－30.

［51］郭美新，陆琳盛，柳刚等．反制中美贸易摩擦和扩大开放［J］．学术月刊，2018（6）：32－42.

［52］郭晴．中美经贸摩擦再评估：基于不同时间的比较研究［J］．中国软科学，2020（6）：10－21.

［53］韩晶，孙雅雯．全球价值链视角下的关税水平与贸易政策选择——基于生产分割视角的考察［J］．国际贸易问题，2020（7）：129－143.

［54］郝凤霞，黄含．投入服务化对制造业全球价值链参与程度及分工地位的影响［J］．产经评论，2019，10（6）：58－69.

［55］何宇，陈珍珍，张建华．中美贸易摩擦与扩大开放：基于理论与量化研究［J］．世界经济与政治论坛，2019（4）：29－47.

［56］何宇，张建华，陈珍珍．贸易冲突与合作：基于全球价值链的解释［J］．中国工业经济，2020（3）：24－43.

［57］贺俊．从效率到安全：疫情冲击下的全球供应链调整及应对［J］．学习与探索，2020（5）：79－89.

［58］胡方，彭诚．技术进步引起国际贸易摩擦的一个模型［J］．国际贸易问题，2009（9）：61－67.

［59］黄光灿，王珏，马莉莉．全球价值链视角下中国制造业升级研究——基于全产业链构建［J］．广东社会科学，2019（1）：54－64.

［60］黄静，吴和成，李慧．基于面板数据的高技术产业 R&D 投入产出关系研究［J］．科技进步与对策，2010（8）：58－62.

［61］黄鹏，汪建新，孟雪．经济全球化再平衡与中美贸易摩擦［J］．中国工业经济，2018（10）：156－174.

［62］黄群慧，霍景东．全球制造业服务化水平及其影响因素——基于国际投入产出数据的实证分析［J］．经济管理，2014（1）：1－11.

［63］黄群慧，倪红福．中国经济国内国际双循环的测度分析——兼论新发展格局的本质特征［J］．管理世界，2021，37（12）：40－58.

［64］黄永春，郑江淮，杨以文等．中国"去工业化"与美国"再工业化"冲突之谜解析——来自服务业与制造业交互外部性的分析［J］．中国工业经济，2013（3）：7－19.

［65］黄玉霞，谢建国．全球价值链下投入服务化与制造业增值能力：基于世界投入产出数据库的实证分析［J］．国际商务（对外经济贸易大学学报），2020（1）：10－26.

［66］黄兆基，刘瑶．开放经济条件下的最优产业政策——横向与纵向的利润转移分析［J］．世界经济文汇，2008（4）：49－63.

［67］霍春辉，张兴瑞．全球价值链分工双面效应下的中国制造产业升级［J］．经济问题，2016（3）：67－71.

［68］贾晋京，关照宇．中国：全球价值链地位升级的意义［J］．开放

导报，2020（1）：26－31.

［69］江洪. 金砖国家对外贸易隐含碳的测算与比较——基于投入产出模型和结构分解的实证分析［J］. 资源科学，2016（12）：2326－2337.

［70］江静，刘志彪，于明超. 生产者服务业发展与制造业效率提升：基于地区和行业面板数据的经验分析［J］. 世界经济，2007（8）：52－62.

［71］姜秀铭. 全球价值链视角下的中美贸易利益研究［D］. 上海：华东师范大学，2019.

［72］蒋庚华，刘菲菲. 自由贸易协定与亚太价值链关联［J］. 世界经济与政治论坛，2022（5）：116－146.

［73］蒋为，孙浦阳. 美国对华反倾销、企业异质性与出口绩效［J］. 数量经济技术经济研究，2016（7）：59－76.

［74］金碚. 关于"高质量发展"的经济学研究［J］. 中国工业经济，2018（4）：5－18.

［75］金京，戴翔. 国际分工演进与我国开放型经济战略选择［J］. 经济管理，2013（2）：1－10.

［76］鞠建东，彭婉，余心玎. "三足鼎立"的新全球化双层治理体系［J］. 世界经济与政治，2020（9）：123－154.

［77］鞠建东，王晓燕，李昕等. 关税争端对中美贸易差额、贸易条件与贸易结构的影响［J］. 国际经济评论，2021（2）：71－92，6.

［78］鞠建东，余心玎. 全球价值链上的中国角色——基于中国行业上游度和海关数据的研究［J］. 南开经济研究，2014（3）：39－52.

［79］卡普林斯基. 夹缝中的全球化——贫困和不平等中的生存与发展［M］. 顾秀林译. 北京：知识产权出版社，2008.

［80］康淑娟. 行业异质性视角下的中国制造业在全球价值链中的地位及影响因素［J］. 国际商务（对外经济贸易大学学报），2018（4）：74－85.

［81］匡增杰，窦大鹏，赵永辉. 服务化转型提升了制造业全球价值链位置吗?：基于跨国视阈的比较分析［J］. 世界经济研究，2023（9）：46－61.

［82］赖伟娟，钟姿华. 中国与欧、美、日制造业全球价值链分工地位的比较研究［J］. 世界经济研究，2017（1）：125－134.

［83］雷少华. 超越地缘政治——产业政策与大国竞争［J］. 世界经济与政治，2019（5）：131 – 154.

［84］黎峰，曹晓蕾，陈思萌. 中美贸易摩擦对中国制造供应链的影响及应对［J］. 经济学家，2019（9）：104 – 112.

［85］黎峰. 国际分工新趋势与中国制造全球价值链攀升［J］. 江海学刊，2019a（3）：80 – 85，254.

［86］黎峰. 全球价值链分工视角下的中美贸易摩擦透析［J］. 南方经济，2019b（7）：1 – 15.

［87］李春顶，何传添，林创伟. 中美贸易摩擦应对政策的效果评估［J］. 中国工业经济，2018（10）：137 – 155.

［88］李捷，余东华，张明志. 信息技术、全要素生产率与制造业转型升级的动力机制：基于"两部门"论的研究［J］. 中央财经大学学报，2017（9）：67 – 78.

［89］李括. 美国科技霸权中的人工智能优势及对全球价值链的重塑［J］. 国际关系研究，2020（1）：26 – 50.

［90］李括. 新冠疫情下美国霸权护持与全球价值链重构：基于权力与相互依赖视角的分析［J］. 国际关系研究，2021（1）：22 – 39.

［91］李磊，刘斌，王小霞. 外资溢出效应与中国全球价值链参与［J］. 世界经济研究，2017（4）：43 – 58.

［92］李楠. 中国国内价值链空间重构：基于价值链长度、合作度与地位指数的考察［J］. 国际经贸探索，2020（8）：55 – 67.

［93］李胜旗，毛其淋. 制造业上游垄断与企业出口国内附加值——来自中国的经验证据［J］. 中国工业经济，2017（3）：101 – 119.

［94］李诗涵. 中美贸易摩擦不断升级出口型制造企业影响加剧［J］. 全国流通经济，2018（34）：17 – 18.

［95］李世杰，李伟. 产业链纵向价格形成机制与中间产品市场垄断机理研究——兼论原料药市场的垄断成因及反垄断规制［J］. 管理世界，2019（12）：70 – 85.

［96］李仕明，唐小我. 完全信息下的激励—努力动态博弈分析［J］. 中国管理科学，2004（10）：116 – 119.

［97］李向阳. 后疫情时期亚洲地区全球价值链的重塑与中日经济合作

的前景 [J]. 日本学刊, 2021 (3): 10-15.

[98] 李心芹, 杜义飞, 李仕明. 产业链中间产品动态定价研究 [J]. 经济师, 2005 (3): 24-25.

[99] 李新华. 降低中美贸易摩擦对民营企业影响 [N]. 江西政协报, 2019-07-09 (003).

[100] 李鑫茹, 孔亦舒, 陈锡康等. 中国对美国贸易反制措施的效果评价——基于非竞争型投入占用产出模型的研究 [J]. 管理评论, 2018 (5): 218-224.

[101] 梁军. 全球价值链框架下发展中国家产业升级研究 [J]. 天津社会科学, 2007 (4): 86-92.

[102] 廖泽芳, 宁凌. 中国的全球价值链地位考察——基于附加值贸易视角 [J]. 国际商务: 对外经济贸易大学学报, 2013 (6): 21-30.

[103] 刘斌, 李川川. 全球价值链上的中国: 开放策略与深度融合 [M]. 北京: 中国社会科学出版社, 2019: 45-59.

[104] 刘斌, 潘彤. 人工智能对制造业价值链分工的影响效应研究 [J]. 数量经济技术经济研究, 2020, 37 (10): 24-44.

[105] 刘斌, 王杰, 魏倩. 对外直接投资与价值链参与: 分工地位与升级模式 [J]. 数量经济技术经济研究, 2015 (12): 39-56.

[106] 刘斌, 王乃嘉, 李川川. 贸易便利化与价值链参与——基于世界投入产出数据库的分析 [J]. 财经研究, 2019 (10): 73-85.

[107] 刘斌, 王乃嘉, 魏倩. 中间品关税减让与企业价值链参与 [J]. 中国软科学, 2015 (8): 34-44.

[108] 刘斌, 魏倩, 吕越等. 制造业服务化与价值链升级 [J]. 经济研究, 2016, 51 (3): 151-162.

[109] 刘冬冬. 全球价值链嵌入是否会驱动中国制造业升级: 基于工艺升级与产品升级协调发展视角 [J]. 产业经济研究, 2020 (5): 58-72.

[110] 刘海云, 吴韧强. 关税结构的政治经济学解释——基于"保护待售"模型的博弈分析 [J]. 经济学季刊, 2007 (10): 345-358.

[111] 刘洪铎, 曹瑜强. 中美两国在全球价值链上的分工地位比较研究——基于行业上游度测算视角 [J]. 上海经济研究, 2016 (12): 11-19.

[112] 刘娟, 刘梦洁, 潘梓桐. 服务外包有助于促进中国制造业企业

"走出去"吗:"两业融合"视角下的准自然实验 [J]. 国际贸易问题, 2023 (12): 132 – 150.

[113] 刘军, 常慧红, 张三峰. 智能化对中国制造业结构优化的影响 [J]. 河海大学学报 (哲学社会科学版), 2019, 21 (4): 35 – 41.

[114] 刘仕国, 吴海英, 马涛等. 利用全球价值链促进产业升级 [J]. 国际经济评论, 2015 (1): 64 – 84, 5 – 6.

[115] 刘巍, 申伟宁. 自由贸易试验区视角下我国攀升全球价值链面临的问题与路径 [J]. 河北大学学报, 2019 (7): 103 – 110.

[116] 刘维刚, 倪红福. 制造业投入服务化与企业技术进步:效应及作用机制 [J]. 财贸经济, 2018 (8): 126 – 140.

[117] 刘依凡, 于津平, 杨继军. 城市群空间集聚与中国制造业企业全球价值链地位 [J]. 经济评论, 2023 (4): 3 – 16.

[118] 刘元春. 中美贸易摩擦的现实影响与前景探究——基于可计算一般均衡方法的经验分析 [J]. 人民论坛·学术前沿, 2018 (16): 6 – 18.

[119] 刘再起, 刘灵, 钟晓. 中国服务业参与全球价值链对就业的影响:基于 WIOT 的经验数据分析 [J]. 理论月刊, 2018 (12): 156 – 163.

[120] 刘志彪, 刘晓昶. 垂直专业化:经济全球化中的贸易和生产模式 [J]. 经济理论与经济管理, 2001 (10): 5 – 10.

[121] 刘志彪, 张杰. 全球代工体系下发展中国家俘获型网络的形成、突破与对策——基于 GVC 与 NVC 的比较视角 [J]. 中国工业经济, 2007 (5): 39 – 47.

[122] 刘志彪. 从全球价值链转向全球创新链:新常态下中国产业发展新动力 [J]. 学术月刊, 2015 (2): 5 – 14.

[123] 龙小宁, 方菲菲, Chandra Piyush. 美国对华反倾销的出口产品种类溢出效应探究 [J]. 世界经济, 2018 (5): 76 – 98.

[124] 龙小宁. 科技创新与实体经济发展 [J]. 中国经济问题, 2018 (6): 21 – 30.

[125] 卢峰. 当代服务外包的经济学观察:产品内分工的分析视角 [J]. 世界经济, 2007 (8): 22 – 35.

[126] 卢峰. 产品内分工 [J]. 经济学季刊, 2004 (4): 55 – 82.

[127] 卢福财, 胡平波. 全球价值网络下中国企业低端锁定的博弈分

析［J］. 中国工业经济，2008（10）：23 - 32.

［128］芦筠. 中美贸易摩擦对中国××企业出口产品成本影响及改善措施［J］. 金融经济，2019（8）：100 - 103.

［129］罗军. 生产性服务进口与制造业全球价值链升级模式——影响机制与调节效应［J］. 国际贸易问题，2019（8）：65 - 79.

［130］吕延方，崔兴华，王冬. 全球价值链参与度与贸易隐含碳［J］. 数量经济技术经济研究，2019（2）：45 - 65.

［131］吕越，陈帅，盛斌. 嵌入全球价值链会导致中国制造的"低端锁定"吗？［J］. 管理世界，2018（8）：11 - 29.

［132］吕越，谷玮，尉亚宁等. 人工智能与全球价值链网络深化［J］. 数量经济技术经济研究，2023，40（1）：128 - 151.

［133］吕越，刘之洋，吕云龙. 中国企业参与全球价值链的持续时间及其决定因素［J］. 数量经济技术经济研究，2017，34（6）：37 - 53.

［134］吕越，罗伟，刘斌. 异质性企业与全球价值链嵌入：基于效率和融资的视角［J］. 世界经济，2015（8）：29 - 55.

［135］吕越，吕云龙. 全球价值链嵌入会改善制造业企业的生产效率吗——基于双重稳健倾向得分加权估计［J］. 财贸经济，2016（3）：109 - 122.

［136］马丹，郁霞，翁作义. 中国制造"低端锁定"破局之路：基于国内外双循环的新视角［J］. 统计与信息论坛，2021（1）：32 - 46.

［137］马弘. 透视中美贸易摩擦：数据告诉我们什么［R］. 清华大学经济管理学院，2018.

［138］马述忠，梁绮慧，张洪胜. 消费者跨境物流信息偏好及其影响因素研究——基于1372家跨境电商企业出口运单数据的统计分析［J］. 管理世界，2020，36（6）：49 - 64，244.

［139］马述忠，张洪胜，王笑笑. 融资约束与全球价值链地位提升——来自中国加工贸易企业的理论与证据［J］. 中国社会科学，2017（1）：83 - 107，206.

［140］马晓东，何伦志. 融入全球价值链能促进本国产业结构升级吗——基于"一带一路"沿线国家数据的实证研究［J］. 国际贸易问题，2018（7）：95 - 107.

［141］马歇尔．经济学原理［M］．北京：商务印书馆，1997．

［142］马盈盈．服务贸易自由化与全球价值链：参与度及分工地位［J］．国际贸易问题，2019（7）：113-127．

［143］毛其淋，许家云．贸易自由化与中国企业出口的国内附加值［J］．世界经济，2019，42（1）：3-25．

［144］孟东梅，姜延书，何思浩．中国服务业在全球价值链中的地位演变——基于增加值核算的研究［J］．经济问题，2017（1）：79-84．

［145］倪红福，龚六堂，陈湘杰．全球价值链中的关税成本效应分析——兼论中美贸易摩擦的价格效应和福利效应［J］．数量经济技术经济研究，2018（8）：74-90．

［146］倪红福，龚六堂，夏杰长．生产分割的演进路径及其影响因素——基于生产阶段数的考察［J］．管理世界，2016（4）：10-23，187．

［147］倪红福，田野．新发展格局下中国产业链升级和价值链重构［J］．中国经济学人：英文版，2021，16（5）：72-102．

［148］倪红福，王海成．企业在全球价值链中的位置及其结构变化［J］．经济研究，2022，57（2）：107-124．

［149］潘安，戴岭．相对技术水平、全球价值链分工与中美经贸摩擦［J］．经济社会体制比较，2020（4）：120-129．

［150］潘安，魏龙．中国对外贸易隐含碳：结构特征与影响因素［J］．经济评论，2016（4）：16-29．

［151］潘安．全球价值链视角下的中美贸易隐含碳研究［J］．统计研究，2018，35（1）：53-64．

［152］潘文卿，李跟强．中国制造业国家价值链存在"微笑曲线"吗？——基于供给与需求双重视角［J］．管理评论，2018（5）：19-28．

［153］庞建刚，张华鑫．基于博弈论的循环经济产业链上下游企业策略选择［J］．统计与决策，2016（16）：178-181．

［154］裴长洪，杨志远，刘洪愧．负面清单管理模式对服务业全球价值链影响的分析［J］．财贸经济，2014（12）：5-16．

［155］彭书舟，李小平，牛晓迪．进口贸易自由化是否影响了企业产出波动？［J］．财经研究，2020，46（4）：125-139．

［156］彭支伟，张伯伟．中间品贸易、价值链嵌入与国际分工收益：

基于中国的分析［J］．世界经济，2017（10）：23－47．

［157］齐鹰飞，Li Y F．跨国投入产出网络中的贸易摩擦——兼析中美贸易摩擦的就业和福利效应［J］．财贸经济，2019（5）：83－95．

［158］钱学锋，李莹，王备．消费者异质性、中间品贸易自由化与个体福利分配［J］．经济学（季刊），2021，21（5）：1661－1690．

［159］钱学锋，裴婷．国内国际双循环新发展格局：理论逻辑与内生动力［J］．重庆大学学报（社会科学版），2021，27（1）：14－26．

［160］钱学锋，张洁，毛海涛．垂直结构、资源误置与产业政策［J］．经济研究，2019（2）：54－67．

［161］乔小勇，李翔宇，吴晓雪．增加值贸易顺差、产业价值链升级对反倾销影响研究：基于美国对华反倾销经验数据［J/OL］．管理评论：1－14［2021－10－15］．https：//doi．org/10．14120/j．cnki．cn11－5057/f．20210312．001．

［162］秦升．全球价值链治理理论：回顾与展望［J］．国外理论动态，2014（12）：14－21．

［163］任靓．特朗普贸易政策与美对华"301"调查［J］．国际贸易问题，2017（12）：153－165．

［164］任永磊，李荣林，高越．人民币汇率与全球价值链嵌入度提升——来自中国企业的实证研究［J］．国际贸易问题，2017（4）：129－140．

［165］任泽平，罗志恒．全球贸易摩擦与大国兴衰［M］．北京：人民出版社，2019．

［166］荣晨，盛朝迅，易宇等．国内大循环的突出堵点和应对举措研究［J］．宏观经济研究，2021（1）：5，18，78．

［167］沈国兵．霸权的操作技术特朗普政府"极限施压"策略剖析［J］．中国战略，2019（5）：78－86．

［168］沈国兵．美国对中国反倾销的宏观决定因素及其影响效应［J］．世界经济，2007（11）：11－23．

［169］沈铭辉，李天国．全球价值链重构新趋势与中国产业链升级路径［J］．新视野，2023（2）：70－78．

［170］盛斌，王浩．银行分支机构扩张与企业出口国内附加值率：基于金融供给地理结构的视角［J］．中国工业经济，2022（2）：99－117．

[171] 施炳展. 中国出口产品的国际分工地位研究: 基于产品内分的视角 [J]. 世界经济研究, 2010 (1): 56 - 62.

[172] 史本叶, 王晓娟. 中美贸易摩擦的传导机制和扩散效应: 基于全球价值链关联效应的研究 [J]. 世界经济研究, 2021 (3): 14 - 29.

[173] 史沛然. "韧性供应链" 战略与中国在全球价值链中的角色再定位 [J]. 太平洋学报, 2022, 30 (9): 62 - 75.

[174] 宋春子. 全球价值链分工对国际贸易摩擦的影响研究——基于中国的案例分析 [D]. 沈阳: 辽宁大学, 2014.

[175] 宋怡茹. 中国高技术产业参与全球价值链重构研究 [D]. 武汉: 武汉理工大学, 2018.

[176] 苏丹妮, 盛斌, 邵朝对等. 全球价值链、本地化产业集聚与企业生产率的互动效应 [J]. 经济研究, 2020, 55 (3): 100 - 115.

[177] 苏丹妮. 全球价值链嵌入如何影响中国企业环境绩效? [J]. 南开经济研究, 2020 (5): 66 - 86.

[178] 苏庆义, 高凌云. 全球价值链分工位置及其演进规律 [J]. 统计研究, 2015 (12): 38 - 45.

[179] 苏庆义. 美国贸易制裁清单与中国反制的特点、影响及启示 [R]. 中国社科院世经政所 IGT (国际贸易研究) 系列讨论稿, No. 201805, 2018.

[180] 孙学敏, 王杰. 全球价值链嵌入的 "生产率效应" ——基于中国微观企业数据的实证研究 [J]. 国际贸易问题, 2016 (3): 3 - 14.

[181] 孙早, 谢慧莹, 刘航. 国内国际双循环新格局下的西部高水平开放型经济发展 [J]. 西安交通大学学报 (社会科学版), 2021, 41 (1): 1 - 7.

[182] 孙照吉. 异质企业视角下全球价值链与中国劳动收入份额研究 [D]. 厦门: 厦门大学, 2018.

[183] 汤志伟, 李昱璇, 张龙鹏. 中美贸易摩擦背景下 "卡脖子" 技术识别方法与突破路径——以电子信息产业为例 [J]. 科技进步与对策, 2021 (1): 1 - 9.

[184] 唐国锋, 李丹. 工业互联网背景下制造业服务化价值创造体系重构研究 [J]. 经济纵横, 2020 (8): 61 - 68.

[185] 唐宜红，张鹏杨. FDI、全球价值链嵌入与出口国内附加值 [J].统计研究，2017（4）：36 - 49.

[186] 唐宜红，张鹏杨. 反倾销对我国出口的动态影响研究——基于双重差分法的实证检验 [J]. 世界经济研究，2016（11）：33 - 46，135 - 136.

[187] 唐志芳，顾乃华. 制造业服务化、全球价值链分工与劳动收入占比：基于 WIOD 数据的经验研究 [J]. 产业经济研究，2018（1）：15 - 27.

[188] 田开兰，杨翠红. 中欧光伏贸易争端对双方经济损益的影响分析 [J]. 系统工程理论与实践，2016（7）：1652 - 1660.

[189] 涂颖清. 以全球价值链理论评中美贸易摩擦 [N]. 中国经济报，2018 - 07 - 16（008）.

[190] 王碧珺，高恺琳. 制度距离对中国跨国企业海外子公司绩效的影响 [J]. 数量经济技术经济研究，2023，40（8）：111 - 130.

[191] 王聪，林桂军. 调查与上市公司全球价值链参与——来自美国对华"双反"调查的经验证据 [J]. 国际金融研究，2019（12）：85 - 93.

[192] 王厚双. 贸易战：离中国有多远？ [M]. 北京：经济日报出版社，2002.

[193] 王金鑫. 制造成本视角下中间品质量对全球价值链地位影响研究 [J]. 价格理论与实践，2023（3）：112 - 115.

[194] 王岚. 融入全球价值链对中国制造业国际分工地位的影响 [J].统计研究，2014（5）：17 - 23.

[195] 王明国. 从制度竞争到制度脱钩——中美国际制度互动的演进逻辑 [J]. 世界经济与政治，2020（10）：72 - 101.

[196] 王维薇. 中间品进口、全要素生产率与出口的二元边际 [D].天津：南开大学，2014.

[197] 王晓萍，胡峰，张月月. 全球价值链动态优化架构下的中国制造业升级——基于价值"三环流"协同驱动的视角 [J]. 经济学家，2021（2）：43 - 51.

[198] 王晓星，倪红福. 基于双边进口需求弹性的中美经贸摩擦福利损失测算 [J]. 世界经济，2019（11）：27 - 50.

[199] 王晓燕, 李昕, 鞠建东. 中美加征关税的影响: 一个文献综述 [J]. 上海对外经贸大学学报, 2021 (3): 36 - 48.

[200] 王孝松, 陈金至, 武皖, 闫帅. 汇率波动、全球价值链嵌入与中国企业出口 [J]. 中国工业经济, 2022 (10): 81 - 98.

[201] 王孝松, 翟光宇, 林发勤. 反倾销对中国出口的抑制效应探究 [J]. 世界经济, 2015 (5): 36 - 58.

[202] 王孝松, 吕越, 赵春明. 贸易壁垒与全球价值链嵌入——以中国遭遇反倾销为例 [J]. 中国社会科学, 2017 (1): 108 - 124.

[203] 王孝松, 施炳展, 谢申祥等. 贸易壁垒如何影响了中国的出口边际? ——以反倾销为例的经验研究 [J]. 经济研究, 2014 (11): 58 - 71.

[204] 王孝松, 谢申祥. 发展中大国间贸易摩擦的微观形成机制——以印度对华反倾销为例 [J]. 中国社会科学, 2013 (9): 86 - 107.

[205] 王永进, 盛丹, 施炳展等. 基础设施如何提升了出口技术复杂度 [J]. 经济研究, 2010 (7): 103 - 115.

[206] 王勇. 产业动态、国际贸易与经济增长 [J]. 经济学 (季刊), 2018 (2): 753 - 780.

[207] 王元彬, 王林. 国内研发及外溢、中间品进口研发外溢与制造业全球价值链分工地位 [J]. 国际贸易问题, 2022 (8): 53 - 68.

[208] 王园园. 外商直接投资与中国制造业全球价值链升级 [D]. 北京: 对外经济贸易大学, 2019.

[209] 王振国, 张亚斌, 牛猛等. 全球价值链视角下中国出口功能专业化的动态变迁及国际比较 [J]. 中国工业经济, 2020 (6): 62 - 80.

[210] 王直, 魏尚进, 祝坤福. 总贸易核算法: 官方贸易统计与全球价值链的度量 [J]. 中国社会科学, 2015 (9): 108 - 127.

[211] 魏浩, 连慧君, 巫俊. 中美贸易摩擦、美国进口冲击与中国企业创新 [J]. 统计研究, 2019 (8): 46 - 59.

[212] 魏倩. 中外双边投资协定对价值链关联的影响——基于协定异质性的视角 [D]. 北京; 对外经济贸易大学, 2019.

[213] 魏悦羚, 张洪胜. 进口自由化会提升中国出口国内增加值率吗——基于总出口核算框架的重新估计 [J]. 中国工业经济, 2019 (3): 24 - 42.

[214] 温忠麟, 叶宝娟. 中介效应分析: 方法和模型发展 [J]. 心理科学进展, 2014, 22 (5): 731 – 745.

[215] 吴迪. 全球价值链重构背景下我国实现高水平对外开放的战略选择 [J]. 经济学家, 2023 (2): 15 – 24.

[216] 吴明. 全球价值链空间分布测度及中国位置——基于国际投入产出模型的研究 [D]. 昆明: 云南大学, 2012.

[217] 吴杨伟, 王胜. 中国贸易优势培育与重释 [J]. 经济学家, 2017 (5): 36 – 43.

[218] 夏晓艳. 全球价值链参与度对中欧贸易隐含碳影响研究 [D]. 昆明: 云南财经大学, 2020.

[219] 冼国明, 陈依楠, 汪建新. 关税摩擦与全球价值链双向参与——基于 43 个国家的行业数据检验 [J]. 南开经济研究, 2022 (10): 19 – 36.

[220] 向铁梅, 黄静波. 国民经济行业分类与国际标准产业分类中制造业大类分类的比较分析 [J]. 对外经贸实务, 2008 (11): 33 – 36.

[221] 肖挺, 黄先明. 贸易自由化与中国制造企业服务化 [J]. 当代财经, 2021 (1): 112 – 123.

[222] 肖宇, 夏杰长, 倪红福. 中国制造业全球价值链攀升路径 [J]. 数量经济技术经济研究, 2019, 36 (11): 40 – 59.

[223] 谢地, 张巩. 国际贸易和国家利益冲突: 中美贸易战的多重博弈与中国的出路 [J]. 政治经济学评论, 2019 (7): 129 – 149.

[224] 谢建国, 王肖. 中美贸易冲突的贸易后果——基于中美贸易细分产品数据的研究 [J]. 财经理论与实践, 2021 (1): 86 – 93.

[225] 谢锐, 陈湘杰, 朱帮助. 价值链分工网络中心国经济增长的全球包容性研究 [J]. 管理世界, 2020 (12): 65 – 77.

[226] 谢申祥, 蔡熙乾. 中间品生产企业的谈判势力与出口政策 [J]. 世界经济, 2018 (3): 80 – 100.

[227] 谢申祥, 刘培德, 王孝松. 价格竞争、战略性贸易政策调整与企业出口模式选择 [J]. 经济研究, 2018 (10): 127 – 141.

[228] 谢申祥, 王俊力, 高丽. 美国对华反倾销的动因——基于企业视角的经验研究 [J]. 财贸经济, 2016 (8): 97 – 110.

[229] 新华社. 论中美共赢关系之贸易潮涌 [EB/OL]. http://www.xinhuanet.com/world/2017 - 01/17/c_1120331305.htm.

[230] 熊彬, 罗科. 中国制造业投入服务化与价值链功能攀升: 基于内向绿地投资视角 [J]. 国际贸易问题, 2023 (2): 126 -142.

[231] 徐奇渊. 双循环新发展格局: 如何理解和构建 [J]. 金融论坛, 2020, 25 (9): 3 -9.

[232] 许和连, 成丽红, 孙天阳. 离岸服务外包网络与服务业全球价值链提升 [J]. 世界经济, 2018 (6): 77 -101.

[233] 许和连, 成丽红, 孙天阳. 制造业投入服务化对企业出口国内增加值的提升效应: 基于中国制造业微观企业的经验研究 [J]. 中国工业经济, 2017 (10): 62 -80.

[234] 许统生, 陈瑾, 薛智韵. 中国制造业贸易成本的测度 [J]. 中国工业经济, 2011 (7): 15 -25.

[235] 许宪春, 余航. 理解中美贸易不平衡: 统计视角 [J]. 经济学动态, 2018 (7): 27 -36.

[236] 闫云凤. 中美服务业在全球价值链中的地位和竞争力比较 [J]. 河北经贸大学学报, 2018 (3): 81 -88.

[237] 闫志俊, 于津平. 中间品贸易自由化与制造业出口国内附加值: 基于价值链延伸的视角 [J]. 国际贸易问题, 2023 (1): 124 -141.

[238] 杨翠红, 田开兰, 高翔等. 全球价值链研究综述及前景展望 [J]. 系统工程理论与实践, 2020 (8): 1961 -1976.

[239] 杨丹辉, 渠慎宁. 百年未有之大变局下全球价值链重构及国际生产体系调整方向 [J]. 经济纵横, 2021 (3): 61 -71.

[240] 杨飞, 孙文远, 程瑶. 技术赶超是否引发中美贸易摩擦 [J]. 中国工业经济, 2018 (10): 99 -117.

[241] 杨蕙馨, 田洪刚. 中国制造业技术进步与全球价值链位置演变关系再检验: 一个技术进步和参与度的双门槛模型 [J]. 财贸研究, 2020, 31 (11): 27 -40.

[242] 杨军, 周玲玲, 张恪渝. 中美贸易摩擦对中国参与区域价值链的重构效应 [J]. 中国流通经济, 2020 (3): 93 -103.

[243] 杨铭. 人力资本结构、技术创新与全球价值链攀升 [J]. 价格理

论与实践，2023（12）：52-56.

[244] 杨仁发，刘勤玮．生产性服务投入与制造业全球价值链地位：影响机制与实证检验[J]．世界经济研究，2019（4）：71-82.

[245] 杨仁发，郑媛媛．数字经济发展对全球价值链分工演进及韧性影响研究[J]．数量经济技术经济研究，2023（8）：69-89.

[246] 杨曦，杨宇舟．全球价值链下的区域贸易协定：效应模拟与机制分析[J]．世界经济，2022，45（5）：29-56.

[247] 杨先明，侯威，王一帆．数字化投入与中国行业内就业结构变化："升级"抑或"极化"[J]．山西财经大学学报，2022，44（1）：58-68.

[248] 姚树洁，房景．"双循环"发展战略的内在逻辑和理论机制研究[J]．重庆大学学报（社会科学版），2020，26（6）：10-23.

[249] 易靖韬，蒙双．贸易自由化、企业异质性与产品范围调整[J]．世界经济，2018，41（11）：74-97.

[250] 于斌斌．传统产业与战略性新兴产业的创新链接机理——基于产业链上下游企业进化博弈模型的分析[J]．研究与发展管理，2012（3）：100-109.

[251] 于畅，邓洲．工业化后期国产替代的方向调整与推进策略[J]．北京工业大学学报（社会科学版），2021（1）：55-62.

[252] 余淼杰，解恩泽．中间投入贸易自由化与劳动力市场中企业市场势力研究[J]．数量经济技术经济研究，2023，40（5）：92-112.

[253] 余淼杰，金洋，刘亚琳．中美贸易摩擦的缘起与对策——一个文献综述[J]．长安大学学报（社会科学版），2018（5）：42-47.

[254] 余淼杰，金洋，张睿．工业企业产能利用率衡量与生产率估算[J]．经济研究，2018，53（5）：56-71.

[255] 余淼杰，袁东．贸易自由化、加工贸易与成本加成——来自我国制造业企业的证据[J]．管理世界，2016（9）：33-43，54.

[256] 余南平，廖盟．全球价值链重构中的国家产业政策：以美国产业政策变化为分析视角[J]．美国研究，2023，37（2）：74-99.

[257] 余南平．全球价值链对国际权力的形塑及影响[J]．中国社会科学，2022（12）：120-137.

[258] 余心玎，杨军，王苒等．全球价值链背景下中间品贸易政策的选择［J］．世界经济研究，2016（12）：47－59，133．

[259] 余振，周冰惠，谢旭斌等．参与全球价值链重构与中美贸易摩擦［J］．中国工业经济，2018（7）：24－42．

[260] 喻言，任剑新．市场结构变化下中间品区别定价的反垄断经济学分析［J］．现代财经（天津财经大学学报），2014（1）：14－22．

[261] 喻言，任剑新．需求不确定条件下中间品区别定价的竞争效应与反垄断规制［J］．财贸研究，2017（7）：8－20．

[262] 袁凯华，彭水军，陈泓文．国内价值链推动中国制造业出口价值攀升的事实与解释［J］．经济学家，2019（9）：93－103．

[263] 袁征宇，王思语，郑乐凯．制造业投入服务化与中国企业出口产品质量［J］．国际贸易问题，2020（10）：82－96．

[264] 翟东升．中国为什么有前途［M］．北京：机械工业出版社，2015．

[265] 逄建军．"嵌入竞争"，全球价值链位势理论及实证研究［D］．苏州：苏州大学，2013．

[266] 张桂梅．价值链分工下发展中国家贸易利益研究［D］．沈阳：辽宁大学，2011．

[267] 张辉．全球价值链理论与我国产业发展研究［J］．中国工业经济，2004（5）：38－46．

[268] 张惠．中美贸易摩擦对中国出口企业的影响及对策分析［J］．全国流通经济，2018（32）：15－16．

[269] 张杰，陈志远，刘元春．中国出口国内附加值的测算与变化机制［J］．经济研究，2013，48（10）：124－137．

[270] 张杰，刘元春，郑文平．为什么出口会抑制中国企业增加值率？——基于政府行为的考察［J］．管理世界，2013（6）：12－27．

[271] 张杰，郑文平，陈志远．进口与企业生产率——中国的经验证据［J］．经济学（季刊），2015，14（3）：1029－1052．

[272] 张明志，岳帅．基于全球价值链视角的中美贸易摩擦透视［J］．华南师范大学学报（社会科学版），2019（2）：87－92，192．

[273] 张茉楠．贸易摩擦冲击全球"三链"［J］．中国金融，2019

（14）：70 - 72.

　[274] 张鹏杨，唐宜红 . FDI 如何提高我国出口企业国内附加值？——基于全球价值链升级的视角 [J]. 数量经济技术经济研究，2018，35（7）：79 - 96.

　[275] 张晴，于津平 . 投入数字化与全球价值链高端攀升：来自中国制造业企业的微观证据 [J]. 经济评论，2020（6）：72 - 89.

　[276] 张晴，于津平 . 制造业投入数字化与全球价值链中高端跃升——基于投入来源差异的再检验 [J]. 财经研究，2021，47（9）：93 - 107.

　[277] 张少军，刘志彪 . 全球价值链模式的产业转移——动力、影响与对中国产业升级和区域协调发展的启示 [J]. 中国工业经济，2009（11）：5 - 15.

　[278] 张先锋，陈永安，吴飞飞 . 出口产品质量升级能否缓解中国对外贸易摩擦 [J]. 中国工业经济，2018（7）：43 - 61.

　[279] 张艳萍，凌丹，刘慧岭 . 数字经济是否促进中国制造业全球价值链升级？[J]. 科学学研究，2022，40（1）：57 - 68.

　[280] 张宇，蒋殿春 . 数字经济下的国际贸易：理论反思与展望 [J]. 天津社会科学，2021（3）：84 - 92.

　[281] 张宇燕，时殷弘，王正毅等 . 笔谈：金融危机十年来的世界政治变迁 [J]. 世界政治研究，2019（1）：1 - 49.

　[282] 张雨，戴翔，张二震 . 要素分工下贸易保护效应与中美贸易摩擦的长期应对 [J]. 南京社会科学，2020（3）：48 - 53，70.

　[283] 张玉兰，崔日明，郭广珍 . 产业政策、贸易政策与产业升级——基于全球价值链视角 [J]. 国际贸易问题，2020（7）：111 - 128.

　[284] 张志明，代鹏 . 中国增加值出口的就业结构效应——基于 WIOD 数据与 MRIO 模型的分析 [J]. 中南财经政法大学学报，2016（3）：133 - 141.

　[285] 张志明，杜明威 . 全球价值链视角下中美贸易摩擦的非对称贸易效应——基于 MRIO 模型的分析 [J]. 数量经济技术经济研究，2018（12）：22 - 39.

　[286] 张智 . 全球供应链新格局：跨国企业打出"中国 + 1"战略 [N]. 华夏时报，2023 - 04 - 03（006）.

[287] 赵瑾. 国际贸易争端解决的中国方案：开放、协商、平等、合作、共赢 [J]. 国际贸易，2019 (6)：41 – 47.

[288] 赵瑾. 全球化与经济摩擦 [M]. 北京：商务印书馆，2002.

[289] 赵涛，张智，梁上坤. 数字经济、创业活跃度与高质量发展：来自中国城市的经验证据 [J]. 管理世界，2020 (10)：65 – 76.

[290] 郑江淮，郑玉. 新兴经济大国中间产品创新驱动全球价值链攀升：基于中国经验的解释 [J]. 中国工业经济，2020 (5)：61 – 79.

[291] 周金凯. 产业视角下中美贸易失衡、结构性冲击与美国对华贸易政策 [D]. 北京：对外经济贸易大学，2019.

[292] 周洺竹，綦建红，张志彤. 人工智能对全球价值链分工位置的双重影响 [J]. 财经研究，2022，48 (10)：34 – 48，93.

[293] 周升起，兰珍先，付华. 中国制造业在全球价值链国际分工地位再考察——基于"Koopman"等的"GVC"地位指数 [J]. 国际贸易问题，2014 (2)：3 – 12.

[294] 朱凤涛，李仕明，杜义飞. 关于价值链、产业链和供应链的研究辨识 [J]. 管理学家（学术版），2008 (4)：373 – 380，402.

[295] 朱钟棣，鲍晓华. 反倾销措施对产业的关联影响——反倾销税价格效应的投入产出分析 [J]. 经济研究，2004 (1)：83 – 92.

[296] 祝树金，谢煜，段凡. 制造业服务化、技术创新与企业出口产品质量 [J]. 经济评论，2019 (6)：3 – 16.

[297] 邹宏元，崔冉. 实际汇率和关税税率变动对中国进出口的影响 [J]. 数量经济技术经济研究，2020，37 (2)：143 – 161.

[298] Ackerberg D A, Caves K, Frazer G. Identification Properties of Recent Production Function Estimators [J]. Econometrica, 2015, 83 (6): 2411 – 2451.

[299] Aichele R., Heiland I., Where is the Value Added? Trade Liberalization and Production Networks [J]. Journal of International Economics, 2018, 115: 130 – 144.

[300] Amiti M, Konings J. Trade Liberalization, Intermediate Inputs and Productivity: Evidence from Indonesia [J]. American Economic Review, 2007, 93 (5): 1611 – 1638.

［301］ Antoniades A. Heterogeneous Firms, Quality and Trade ［J］. Journal of Internal Economics, 2015, 95（2）: 263 – 273.

［302］ Antràs P, Chor D, Fally T, et al. Measuring the Upstreamness of Production and Trade Flows ［J］. American Economic Review, 2012, 102（3）: 412 – 416.

［303］ Antràs P, Gortari G. On the Geography of Global Value Chains ［M］. Social Science Electronic Publishing, 2017.

［304］ Antràs P, Helpman E. Global Souring ［J］. Journal of Political Economy, 2004, 112（3）: 552 – 580.

［305］ Antràs P. Chor D. Organizing the Global Value Chain ［J］. Econometrica, 2013, 81（6）: 2127 – 2204.

［306］ Antràs P. Conceptual aspects of global value chains ［J］. The World Bank Economic Review, 2020, 34（3）: 551 – 574.

［307］ Antràs P. Global production: a contracting perspective ［M］. Princeton: Princeton University Press. 2016.

［308］ Antràs P. Incomplete Contracts and the Product Cycle ［J］. American Economic Review, 2005, 95（4）: 1054 – 1073.

［309］ Arndt S W. Globalization and the Open Economy ［J］. The North American Journal of Economics and Finance, 1997, 8（1）: 71 – 79.

［310］ Arnold J M, Javorcik B, Lipscomb M, et al. Services reform and manufacturing performance: evidence from India ［J］. The Economic Journal, 2016, 126（590）: 1 – 39.

［311］ Autor D H, Dorn D, Gordon H H. The China Shock: Learning from Labor Market Adjustment to Large Changes in Trade ［J］. Annual Review of Economics, 2016, 8（1）: 205 – 240.

［312］ Autor D H, Dorn D, Hanson G H. Untangling Trade and Technology: Evidence from Local Labor Markets ［J］. The Economic Journal, 2013, 125（584）: 621 – 646.

［313］ Autor D, Dorn D. The Growth of Low Skill Service Jobs and the Polarization of the US Labor Market ［J］. American Economic Review, 2013, 103（5）: 1553 – 1597.

[314] Baldwin R, Freeman R. Risks and Global Supply Chains: What We Know and What We Need to Know [J]. Annual Review of Economics, 2022, 14 (1): 153 – 180.

[315] Baldwin R, Magee C. Is Trade Policy for Sale? Congressional Voting on Recent Trade Bills [J]. Public Choice, 2000, 105 (1 – 2): 79 – 101.

[316] Baldwin R, Robert – Nicoud F. Trade-in-goods and Trade-in-tasks: An Integrating Framework [J]. Journal of International Economics, 2014, 92 (1): 51 – 62.

[317] Baldwin R, Venables A. Spiders and Snakes: Offshoring and Agglomeration in the Global Economy [J]. Journal of International Economics, 2013, 90 (2): 245 – 254.

[318] Baldwin R. Globalization: The great unbundling [R]. Helsinki: Economic Council of Finland, 2006.

[319] Bamieh O, Fiorini M, Hoekman H. Services Input Intensity and U. S. Manufacturing Employment: Responses to the China Shock [J]. Review of Industrial Organization, 2017, 57 (2): 333 – 349.

[320] Baqaee D R, Farhi E. Networks, Barriers, and Trade [R]. NBER Working Paper, No. 26108, 2019.

[321] Bekkers E, Schroeter S. An Economic Analysis of the Us – China Trade Conflict [R]. World Trade Organization Staff Working Papers, No. ERSD – 2020 – 04, 2020.

[322] Bhagwati J, Panagariya A, Srinivasan T N. The Muddles over Off-shoring [J]. Journal of Economic Perspectives, 2004, 18 (4): 93 – 114.

[323] Bièvre D, Yildirim A, Poletti A. About the Melting of Icebergs: Discovering the Political – Economic Determinants of Dispute Initiation and Resolution in the WTO [M]//Elsig M, Hoekman B, Pauwelyn J. The World Trade Organization: Past Performance and Ongoing Challenges. Cambridge: Cambridge University Press, 2016.

[324] Blonigen B A. Industrial Policy and Downstream Export Performance [J]. The Economic Journal, 2015, 126 (595): 1635 – 1659.

[325] Blonigen B, Bown C. Antidumping and Retaliation Threats [J].

International Economics, 2003, 60 (2): 249 – 273.

［326］ Borin A, Mancini M. Measuring what matters in global value chains and value-added trade ［R］. Policy Research Working Paper, 2019.

［327］ Bown C P, Crowley M A. Trade Deflection and Trade Depression ［J］. International Economics, 2007, 72 (1): 176 – 201.

［328］ Brander J A, Spencer B J. Trade Warfare: Tariffs and Cartels ［J］. Journal of International Economics, 1984, 16 (3 – 4): 227 – 242.

［329］ Brandt L, Van Biesebroeck J, Zhang Y. Creative Accounting or Creative Destruction? Firm-level Productivity Growth in Chinese Manufacturing ［J］. Journal of Development Economics, 2012, 97 (2): 339 – 351.

［330］ Broad C, Limao N, Weinstein D E. Optimal Tariff and Market Power: The Evidence ［J］. The American Economic Review, 2008, 98 (5): 2032 – 2065.

［331］ Buckley P J. The Impact of the Global Factory on Economic Development ［J］. Journal of World Business, 2009, 44 (2): 131 – 143.

［332］ Burstein A T, Vogel J. Globalization, Technology, and the Skill Premium: A Quantitative Analysis ［R］. NBER Working Paper, 2010.

［333］ Caliendo L, Parro F. Estimates of the Trade and Welfare Effects of NAFTA ［J］. Review of Economic Studies, 2015, 82 (1): 1 – 44.

［334］ Chor D, Manova K, Yu Z. Growing Like China: Firm Performance and Global Production Line Position ［J］. Journal of International Economics, 2021, 130, 103445.

［335］ Chor D, Manova K, Yu Z. The Global Production Line Position of Chinese Firms ［R］. Discussion Papers No. 2020 – 11, University of Nottingham, GEP, 2020.

［336］ Coe N M, Yeung H W C. Global Production Networks: Theorizing Economic Development in an Interconnected World ［M］. New York: Oxford University Press, 2015: 267.

［337］ Costinot A, Vogel J, Wang S. An Elementary Theory of Global Supply Chains ［J］. The Review of Economic Studies, 2013, 80 (1): 109 – 144.

［338］ Diakantoni A, Escaith H, Roberts M, et al. Accumulating Trade

Costs and Competitiveness in Global Value Chains [R]. WTO Staff Working Papers No. ERSD – 2017 – 02, 2017.

[339] Dietzenbacher E, Romero Luna I, Bosma N S. Using Average Propagation Lengths to Identify Production Chains in the Andalusian Economy [J]. Estudios de Economia Aplicada, 2005, 23 (2): 405 – 422.

[340] Donaldson D. Railroads of The Raj: Estimating the Economic Impact of Transportation Infrastructure [J]. American Economic Review, 2018, 108 (4 – 5): 899 – 934.

[341] Eaton J, Kortum S. Technology, Geography, and Trade [J]. Econometrica, 2002, 70 (5): 1741 – 1779.

[342] Fabiano F, Daviron B. China Reshaping Green Value Chain Initiatives: Between Global and Southern Standards [J]. Third World Quarterly, 2024, 45 (1): 151 – 170.

[343] Fally T. Production Staging: Measurement and Facts [R]. Working Paper of University of Colorado – Boulder, 2012.

[344] Feenstra R C, Ma H, Xu Y. US Exports and Employment [J]. Journal of International Economics, 2019, 120: 46 – 58.

[345] Feenstra R C, Sasahara A. The "China Shock", Exports and U. S. Employment: A Global Input – Output Analysis [J]. Review of International Economics, 2018, 26 (5): 1053 – 1083.

[346] Feenstra R, Hanson G. Globalization, Outsourcing, and Wage Inequality [J]. American Economic Review, 1996 (2): 240 – 245.

[347] Feenstra R, Hanson G. The Impact of Outsourcing and High – Technology Capital on Wages: Estimates for the US, 1979 – 1990 [J]. The Quarterly Journal of Economics, 1999, 114 (3): 907 – 940.

[348] Feenstra R. Hanson G, Swenson D. Offshore Assembly from the United States: Production Characteristics of the 9802 Program [C]//The Impact of International Trade on Wages. NBER, 2000: 85 – 125.

[349] Francois J, Hoekman B. Services and policy [J]. Journal of Economic Literature, 2010, 48 (3): 642 – 692.

[350] Francois J, Manchin M, Tomberge P. Services Linkages and the

Value-added Content of Trade [J]. World Economy, 2016, 38 (1): 1631 - 1649.

[351] Francois J, Manchin M, Tomberger P. Services linkages and the value-added content of trade [J]. The World Economy, 2015, 38 (11): 1631 - 1649.

[352] Fransen L, Kolk A, Rivera – Santos M. The Multiplicity of International Corporate Social Responsibility Standards: Implications for Global Value Chain Governance [J]. Multinational Business Review, 2019, 27 (4): 397 - 426.

[353] Fuller C, Phelps N A. Revisiting the Multinational Enterprise in Global Production Networks [J]. Journal of Economic Geography, 2018, 18 (1): 139 - 161.

[354] Gawande K, Krishna P, Olarreaga M. Lobbying Competition over Trade Policy [J]. International Economic Review, 2012, 53 (1): 115 - 132.

[355] Gereffi G, Humphrey J, Sturgeon T. The Governance of Global Value Chains [J]. Review of International Political Economy, 2005, 12 (1): 78 - 104.

[356] Gereffi G. Beyond the Producer-driven/Buyer-driven Dichotomy: The Evolution of Global Value Chains in the Internet Era [J]. IDS Bulletin, 2001, 32 (3): 30 - 40.

[357] Gereffi G. The Organization of Buyer – Driven Global Commodity Chains: How U. S. Retailers Shape Overseas Production Networks [M]//Gereffi G, Korzeniewicz M (eds.). Commodity Chains and Global Capitalism. London: Praeger, 1993.

[358] Gonzaga G, Fiho G, Terra C. Trade Liberalization and the Evolution of Skill Earnings Differentials in Brazil [J]. International Economics, 2006, 68 (2): 345 - 367.

[359] Greenland A, Lopresti J. Import Exposure and Human Capital Adjustment: Evidence from the U. S. [J]. Journal of International Economics, 2016, 100: 50 - 60.

[360] Grossman G M, Helpman E. Rent Dissipation, Free Riding, and

Trade Policy [J]. European Economic Review, 1996, 40 (3): 795 – 803.

[361] Grossman G M, Helpman E. Trade Wars and Trade Talks [J]. Journal of Political Economy, 1995, 103 (4): 675 – 708.

[362] Grossman G M, Rossi – Hansberg E. Trading tasks: A simple theory of offshoring [J]. American Economic Review, 2008, 98 (5): 1978 – 1997.

[363] Grossman G, Helpman E, Lhuillier H. Supply Chain Resilience: Should Policy Promote Diversification or Reshoring? [R]. NBER Working Paper, 2021, No. 29330.

[364] Grossman G, Helpman E. Protection for Sale [J]. International Economics, 2000: 407 – 430.

[365] Halpern L, Koren M, Szeidl A. Imported Inputs and Productivity [J]. American Economic Review, 2015, 105 (12): 3660 – 3703.

[366] Harding T, Javorcik B S. Foreign Direct Investment and Export Upgrading [J]. Review of Economics and Statistics, 2012, 94 (4): 964 – 980.

[367] Hausmann R, Hwang J, Rodrik D. What you export matters [J]. Journal of economic growth, 2007, 12 (1): 1 – 25.

[368] Head K, Ries J. Increasing Returns versus National Product Differentiation as an Explanation for the Pattern of U. S. – Canada Trade [J]. American Economic Review, 2001, 91 (4): 858 – 876.

[369] Heise S, Pierce J R, Schaur G. Trade Policy and the Structure of Supply Chains [R]. Mimeo, 2015.

[370] Heuser C, Mattoo A. Services trade and global value chains, global value chain development report 2017: measuring and analyzing the impact of GVCs on economic development [R]. Washington, D C: World Bank/IDE – JETRO/OECD/UIBE/WTO, 2017.

[371] Hijzen A. Trade in Intermediates and the Rise in Wage Inequality in the UK: A GNP Function Approach [J]. SSRN Electronic Journal, 2004 (1).

[372] Hummels D L, Ishii J, Yi K M. The Nature and Growth of Vertical Specialization in World Trade [J]. Journal of International Economics, 2001, 54 (1): 75 – 96.

[373] Humphrey J, Schmitz H. Governance and Upgrading: Linking Indus-

trial Cluster and Global Value Chain Research [R]. IDS Working Paper, No. 120, 2000.

[374] Humphrey J, Schmitz H. How does Insertion in Global Value Chains Affect Upgrading in Industrial Clusters? [J]. Regional Studies, 2002, 36 (9): 1017 – 1027.

[375] Jakubik A, Stolzenburg V. Footloose Global Value Chains: How Trade Costs Make a Difference [J]. Review of Industrial Organization, 2020, 57 (2): 245 – 261.

[376] Jakubik A, Stolzenburg V. The "China Shock" Revisited: Insights from Value Added Trade Flows [J]. Journal of Economic Geography, 2021, 21 (1): 67 – 95.

[377] James W E. The Rise of Anti – Dumping: Does Regionalism Promote Administered Protection [J]. Asian Pacific Economic Literature, 2000, 14 (2): 14 – 26.

[378] Johnson R C, Moxnes A. GVCs and Trade Elasticities with Multistage Production [R]. National Bureau of Economic Research Working Paper No. 26018, 2019.

[379] Johnson R, Noguera R C. Accounting for Intermediates: Production Sharing and Trade in Value Added [J]. Journal of International Economics, 2012, 86 (2): 224 – 236.

[380] Jones R W, Kierzkowski H. The Role of Services in Production and International Trade: A Theoretical Framework [M]//Jones R W, and Anne O. Krueger A O (eds). The Political Economy of International Trade: Essays in Honor of Robert E. Baldwin. Oxford: Basil Blackwell, 1990.

[381] Kano L, Tsang E W K, Yeung H W C. Global Value Chains: A Review of the Multi-disciplinary Literature [J]. Journal of International Business Studies, 2020, 51: 577 – 622.

[382] Karimova G, Heidbrink L, Brinkmann J, et al. Global Standards and the Philosophy of Consumption: Toward a Consumer – Driven Governance of Global Value Chains [J]. Business Ethics, the Environment & Responsibility, 2023, Special Issue: 1 – 15.

[383] Kee H L, Tang H. Domestic Value Added in Exports: Theory and Firm Evidence from China? [J]. American Economic Review, 2016, 106 (6): 1402 –1436.

[384] Kim S Y, Spilker G. Global Value Chains and the Political Economy of WTO Disputes [J]. The Review of International Organizations, 2019, 14 (4): 239 –260.

[385] Kogut B. Designing Global Strategies: Comparative and Competitive Value –Added Chains [J]. MIT Sloan Management Review, 1985, 26 (04): 15 –28.

[386] Konings J, Vandenbussche H. Antidumping Protection Hurts Exporters: Firm –Level Evidence [J]. Review of World Economics, 2013, 149 (2): 295 –320.

[387] Koopman R, Powers W, Wang Z, et al. Give Credit Where Credit Is Due: Tracing Value Added in Global Production Chains [R]. NBER Working Paper, No. 16426, 2010.

[388] Koopman R, Wang Z, Wei S J. Tracing Value-added and Double Counting in Gross Exports [J]. The American Economic Review, 2014, 104 (2): 459 –494.

[389] Koopman R, Wang Z, Wei S. Tracing value-added and double counting in gross exports [J]. American Economic Review, 2014, 104 (2): 459 –494.

[390] Kraljic P. Purchasing must Become Supply Management [J]. Harvard Business Review, 1983, 61 (5): 109 –117.

[391] Kranich J. Too Much R&D – Vertical Differentiation in a Model of Monopolistic Competition [R]. University of Lüneburg Working Paper Series in Economics, 2007.

[392] Krupp C M, Skeath S. Evidence on the Upstream and Downstream Impacts of Antidumping Cases [J]. North American Journal of Economics and Finance, 2002, 13 (2): 63 –178.

[393] Krupp C. Antidumping Cases in the US Chemical Industry: A Panel Data Approach [J]. The Journal of Industrial Economics, 1994, 42 (3): 299 –311.

［394］ Lall S, Weiss J A, Zhang J. The sophistication of exports: a new trade measure ［J］. World development, 2006, 34 (2): 222 –237.

［395］ Lee E, Yi K M. Global Value Chains and Inequality with Endogenous Labor Supply ［J］. Journal of International Economics, 2018, 115 (6): 223 –241.

［396］ Levinsohn J, Petrin A. Estimating Production Functions Using Inputs to Control for Unobservables ［J］. Review of Economic Studies, 2003, 70 (2): 317 –341.

［397］ Lodefalk M. The Role of Services for Manufacturing Firm Exports ［J］. Review of World Economics, 2014, 150 (1): 59 –82.

［398］ Lopresti J. Multiproduct Firms and Product Scope Adjustment in Trade ［J］. Journal of International Economics, 2016, 100 (5): 160 –173.

［399］ Los B, TIMMER M P. Measuring bilateral exports of value added: A unified framework ［R］. NBER working paper, 2018: 24896.

［400］ Lu Y, Tao Z G, Zhang Y. How Do Exporters Respond to Antidumping Investigations ［J］. Journal of International Economics, 2013, 91 (2): 290 – 300.

［401］ Ludema R D, Yu Z. Tariff Pass – Through, Firm Heterogeneity and Product Quality ［J］. Journal of International Economics, 2016, 103: 234 –249.

［402］ Luthje B. Electronics Contract Manufacturing: Global Production and the International Division of Labor in the Age of the Internet ［J］. Industry and Innovation, 2002, 9 (3): 227 –247.

［403］ Mayer T, Melitz M J, Ottaviano G I P. Market Size, Competition, and the Product Mix of Exporters ［J］. American Economic Review, 2014, 104 (2): 495 –536.

［404］ McCorriston S, Sheldon I M. The Effects of Vertical Markets on trade Policy Reform ［J］. Oxford Economic Papers, 1996, 48 (4): 664 –672.

［405］ Michaely M. Trade income levels and dependence ［M］. Amsterdam: North-holland, 1984: 14 –36.

［406］ Mill J S. Essays on Some Unsettled Questions of Political Economy ［M］. London: Bibliobazaar, 2007: 1844.

［407］ Monarch R. It's Not You, It's me: Breakups in US – China Trade

Relationships [R]. US Census Bureau, Center for Economic Studies Papers, 2014.

[408] Moreno R, Lopez – Bazo E, Antis M. Public Infrastructure and the Performance of Manufacturing Industries: Short and Long-run Effects [J]. Regional Science and Urban Economics, 2002, 32 (1): 97 – 121.

[409] Muro M, et al. How China's Proposed Tariffs Could Affect U. S. Workers and Industries [R]. Brookings Institute Metropolitan Policy Program, April 2018.

[410] Nagengast A J, Stehrer R. Collateral imbalances in intra – European trade?: accounting for the differences between gross and value-added trade balances [J]. The world economy, 2016, 39 (9): 75 – 86.

[411] Novy D, Taylor A M. Trade and Uncertainty [R]. NBER Working Paper, No. 19941, 2014.

[412] Parro F. Capital-skill Complementarity and the Skill Premium in a Quantitative Model of Trade [J]. American Economic Journal: Macroeconomics, 2013, 5 (2): 72 – 117.

[413] Ponte S, Gibbon P. Quality Standards, Conventions and the Governance of Global Value Chains [J]. Economy and Society, 2005, 34 (1): 1 – 31.

[414] Porter M. Competitive Advantage: Creating and Sustaining Superior Performance [M]. New York: Free Press, 1985.

[415] Prusa T J. Anti – Dumping: A Growing Problem in International Trade [J]. World Economy, 2005, 28 (5): 683 – 700.

[416] Robertson R. Trade and Wages: Two Puzzles from Mexico [J]. World Economy, 2007, 30 (9): 1378 – 1398.

[417] Samuelson, P. Conservation Laws in Economics [J]. Japan and the World Economy [J]. 2004, 16 (3): 243 – 246.

[418] Schott P. Across-product versus within-product specialization in international trade [J]. The Quarterly Journal of Economics, 2004, 119 (2): 647 – 678.

[419] Schrage S, Gilbert D U. Addressing Governance Gaps in Global Value Chains: Introducing a Systematic Typology [J]. Journal of Business Ethics, 2021, 170: 657 – 672.

[420] Shikher S. Putting Industries into the Eaton – Kortum Model [J].

Journal of International Trade and Economic Development, 2012, 21 (6): 807 –
837.

[421] Simonovska I. Waugh M E. The Elasticity of Trade: Estimates and
Evidence [J]. Journal of International Economics, 2014, 92 (1): 34 – 50.

[422] Smorodinskaya N V, Katukov D D, Malygin V E. Global value
chains in the age of uncertainty: Advantages, vulnerabilities, and ways for en-
hancing resilience [J]. Baltic Region, 2021, 13 (3): 78 – 107.

[423] Spencer B J, Brander J A. Tariff Protection and Imperfect Competi-
tion [R]. Queen's University, Economics Department Working Papers, 1984.

[424] Stephanie L W. Digital technology-enabled governance for sustain-
ability in global value chains: A framework and future research agenda [J].
Journal of Industrial and Business Economics, 2023, 50 (1): 175 – 192.

[425] Timmer M P, Erumban A A, Los B, et al. Slicing Up Global Value
Chains [J]. Journal of Economic Perspectives, 2014, 28 (2): 99 – 118.

[426] Timmer M, Erumban A A, Gouma R et al. The World Input – Out-
put Database (WIOD): Contents, Sources and Methods [R]. Institute for Inter-
national and Development Economics Discussion Papers 20120401, 2012.

[427] Vandenbussche H, Viegelahn C. Input Reallocation within Firms
[R]. Working Papers of Department of Economics, Leuven 545917, 2016.

[428] Venables A J, Baldwin R. Relocating the Value Chain: Off Shoring
and Agglomeration in the Global Economy [R]. University of Oxford, Department
of Economics Discussion Paper Series, No. 544, 2011.

[429] Wang Z, Wei S J, Yu X D, et al. Re-examining the Effects of
Trading with China on Local Labor Markets: A Supply Chain Perspective [R].
NBER Working Paper Series, 2018.

[430] Wang Z, Wei S J, Yu X D. Characterizing Global Value Chains:
Production Length and Upstream [J]. NBER Working Paper Series, 2017b.

[431] Wang Z, Wei S J, Yu X D. Measures of Participation in Global Val-
ue Chain and Global Business Cycles [J]. NBER Working Paper, 2017a: 6 – 15.

[432] Wang Z, Wei S J, Zhu K, et al. Quantifying International Produc-
tion Sharing at the Bilateral and Sector Levels [R]. Social Science Electronic

Publishing, 2013. https://www. nber. org/papers/w19677.

[433] Ye M, Meng B, Wei S J. Measuring Smile Curves in Global Value Chains [R]. IDE Discussion Papers, No. 530, 2015.

[434] Yeaple S R. A Simple Model of Firm Heterogeneity, International Trade, and Wages [J]. Journal of International Economics, 2005, 65 (1): 1 – 20.

[435] Yildirim A B. Domestic Political Implications of Global Value Chains: Explaining EU Responses to Litigation at the World Trade Organization [J]. Comparative European Politics, 2018, 16 (4): 549 – 580.

[436] Yildirim A B. OvercomingResistance to Compliance: Internationalization of Production and the Politics of WTO Dispute Settlement [D]. Antwerp: University of Antwerp, 2017.